AF821813

Unbundling in der russischen Elektrizitätswirtschaft im Vergleich zum deutschen und europäischen Energierecht

Veröffentlichungen des Instituts für deutsches und europäisches Wirtschafts-, Wettbewerbs- und Regulierungsrecht der Freien Universität Berlin

Herausgegeben von Franz Jürgen Säcker

Band 34

PETER LANG

Frankfurt am Main · Berlin · Bern · Bruxelles · New York · Oxford · Wien

Elena Timofeeva

Unbundling in der russischen Elektrizitätswirtschaft im Vergleich zum deutschen und europäischen Energierecht

PETER LANG
Internationaler Verlag der Wissenschaften

Bibliografische Information der Deutschen Nationalbibliothek
Die Deutsche Nationalbibliothek verzeichnet diese Publikation in der Deutschen Nationalbibliografie; detaillierte bibliografische Daten sind im Internet über http://dnb.d-nb.de abrufbar.

Zugl.: Berlin, Freie Univ., Diss., 2012

Gedruckt auf alterungsbeständigem,
säurefreiem Papier.

D 188
ISSN 1863-494X
ISBN 978-3-631-63885-9

© Peter Lang GmbH
Internationaler Verlag der Wissenschaften
Frankfurt am Main 2012
Alle Rechte vorbehalten.

Das Werk einschließlich aller seiner Teile ist urheberrechtlich geschützt. Jede Verwertung außerhalb der engen Grenzen des Urheberrechtsgesetzes ist ohne Zustimmung des Verlages unzulässig und strafbar. Das gilt insbesondere für Vervielfältigungen, Übersetzungen, Mikroverfilmungen und die Einspeicherung und Verarbeitung in elektronischen Systemen.

www.peterlang.de

Vorwort

Diese Arbeit wurde im Wintersemester 2012 von dem Fachbereich Rechtswissenschaft der Freien Universität Berlin als Dissertation angenommen. Gesetze, Rechtsprechung und Literatur konnten bis Februar 2011 berücksichtigt werden.

Mein herzlicher Dank gilt meinem Doktorvater Herrn Prof. Dr. Dr. Dr. h.c. Franz Jürgen Säcker. Er hat das Interesse für das Energierecht und die Energiewirtschaft angeregt und die Arbeit in vielfältiger Weise gefördert. Die Tätigkeit als wissenschaftliche Mitarbeiterin an seinem Institut war für mich eine große Bereicherung.

Danken möchte ich auch Herrn Prof. Dr. Burkhard Breig für seine wertvollen Kommentare in dem Zweitgutachten.

Herrn Henri Lukas danke ich für die umfangreiche sprachliche Korrektur dieser Arbeit und freundschaftliche Unterstützung.

Dankbar bin ich der FAZIT-Stiftung Gemeinnützigen Verlagsgesellschaft mbH, die meine Promotion durch ein Stipendium förderte.

Auf dem gesamten Weg bis zu dieser Veröffentlichung hatte ich liebevolle Unterstützung meiner Familie und Freunde, die ich sehr wertschätze.

Berlin, Juli 2012

Elena Timofeeva

Inhaltsübersicht

Inhaltsverzeichnis

Abkürzungsverzeichnis

1. Gesetze

AEUV	Vertrag über die Arbeitsweise der Europäischen Union, Konsolidierte Fassung, ABl. EU vom 9.5.2008 Nr. C 115 S. 47
AktG	Aktiengesetz (BGBl. I S. 1089), zuletzt geändert durch Art. 6 G v. 9.12.2010 I 1900
AktG-Rus	Föderalgesetz über Aktiengesellschaften [Federal'nyj zakon "Ob akcionernych obščestvach] vom 26.12.1995, zuletzt geändert am 28.12.2010, SZ RF vom 1.1.1996, Nr. 1, Pos.1
BuchführungsG	Föderalgesetz über die Buchführung [Federal'nyj zakon „O buchgalterskom učëte], vom 21.11.1996 Nr. 129-FZ, zuletzt geändert am 28.9.2010, SZ RF 25.11.1996, Nr. 48, Pos. 5369
BV	Besondere Vorgaben – Verordnung der Regierung der RF „Über die Besonderheiten des Funktionierens solcher Wirtschaftssubjekte, die im Bereich der Elektrizitätswirtschaft überwiegend zur Deckung des eigenen Produktionsbedarfs tätig sind" [Postanovlenie Pravitel'stva RF „Ob osobennostjach funkcionirovanija chozjajstvujuščich sub''ektov, osuščestvljajuščich dejatel'nost' v oblasti ėlektroėnergetiki preimuščestvenno dlja udovletvorenija sobstvennych proizvodvtvennych nužd"] vom 6.6.2006 Nr. 355, zuletzt geändert am 14.2.2009, SZ RF vom 9.6.2006, Nr. 24, Pos. 2608
EGV	Vertrag zur Gründung der Europäischen Gemeinschaft, Konsolidierte Fassung, ABl. EU vom 29.12.2006 Nr. C321 E S. 37
EnWG	Gesetz über die Elektrizitäts- und Gasversorgung (Energiewirtschaftsgesetz) (BGBl. I S. 1970, 3621), zuletzt geändert durch Art. 2 G v. 4.11.2010 I 1483
EltRL-1996	Richtlinie 96/92/EG des Europäischen Parlaments und des Rates betreffend gemeinsame Vorschriften für den Elektrizitätsbinnenmarkt vom 19.12.1996, ABl. EU Nr. L 027 vom 30.1.1997, S. 20
EltRL-2003	Richtlinie 2003/54/EG des Europäischen Parlaments und des Rates vom 26.6.2003 über gemeinsame Vorschriften für den Elektrizitätsbinnenmarkt und zur Aufhebung der Richtlinie 96/92/EG, ABl. EU Nr. L 176 vom 15.7.2003, S. 37
EltRL-2009	Richtlinie 2009/72/EG des Europäischen Parlaments und des Rates vom 13. Juli 2009 über gemeinsame Vorschriften für den Elektrizitätsbinnenmarkt und zur Aufhebung der Richtlinie

	2003/54/EG, ABl. EU Nr. L 211 vom 14.8.2009, S. 55
EltWG	Föderalgesetz über die Elektrizitätswirtschaft [Federal'nyj zakon „Ob ėlektroėnergetike"] vom 26.3.2003 Nr. 35-FZ, SZ RF vom 31.3.2003, Nr. 13, Pos. 1177, zuletzt geändert am 7.2.2011
EndkundenmarktVO	Regeln der Einzelhandelsmärkte für Strom in der Übergangszeit während der Elektrizitätswirtschaftsreform, genehmigt durch die Verordnung der Regierung der Russischen Föderation [Pravila funkcionirovanija rozničnych rynkov ėlektričeskoj ėnergii v perechodnyj period reformirovanija ėlektroėnergetiki, utv. Postanovleniem Pravitel'stva RF] vom 31.8.2006 Nr. 476, zuletzt geändert am 27.11.2010, SZ RF vom 11.9.2006, Nr. 37, Pos. 3876
FAS-Ordnung	Ordnung der Föderalen Antimonopolbehörde, genehmigt durch die Verordnung der Föderalen Regierung [Položenie o Federal'noj antimonopol'noj službe, utv. Postanovleniem Pravitel'stva Rossijskoj Federacii] vom 30.6.2004 Nr. 331, zuletzt geändert am 15.6.2010, SZ RF vom 2.8.2004, Nr. 31, Pos. 3259.
GmbHG	Gesetz betreffend die Gesellschaften mit beschränkter Haftung (BGBl. I S. 2509), zuletzt geändert durch Art. 5 G v. 31.7.2009 I 2509
GmbHG-Rus	Föderalgesetz über Gesellschaften mit beschränkter Haftung [Federal'nyj zakon ob obščestvach s ograničennoj otvetstvennost'ju], vom 08.2.1998 Nr. 14-FZ, SZ RF vom 16.2.1998, Nr. 7, Pos. 785, zuletzt geändert am 28.12.2010
GWB	Gesetz gegen Wettbewerbsbeschränkungen in der Fassung der Bekanntmachung (BGBl. I S. 2114; 2009 I S. 3850), zuletzt geändert durch Art. 20 Nr. 1 G v. 9.12.2004 I 3220
HGB	Handelsgesetzbuch vom 10.5.1897 (BGBl. I S. 1768), zuletzt geändert durch Art. 18 G v. 8.12.2010 I 1768
InformationsVO	Standards der Informationsoffenlegung durch Subjekte des Großhandelsmarktes und der Einzelhandelsmärkte für Elektrizität, genehmigt durch die Verordnung der Regierung der RF [Standarty raskrytija informacii sub''ektami optovogo i rozničnogo rynkov ėlektričeskoj ėnergii, utv. Postanovleniem Pravitel'stva RF] vom 21.1.2004 Nr. 24, zuletzt geändert am 9.8.2010, SZ RF vom 26.1.2004, Nr. 4, Pos. 282.
NatMonopG	Föderalgesetz über natürliche Monopole [Federal'nyj zakon „O estestvennych monopolijach"] vom 17.8.1995 Nr. 147-FZ, zuletzt geändert am 25.12.2008, SZ RF 21.8.1995 Nr. 34, Pos. 3426
OWiGB-Rus	Gesetzbuch der Russischen Föderation über Ordnungswidrigkeiten [Kodeks Rossijskoj Federacii ob administrativnych pravonarušeni-

jach] vom 30.12.2001 Nr. 195-FZ, zuletzt geändert am 7.2.2011, SZ RF vom 7.1.2002, Nr. 1 (Teil 1), Pos. 1

RechnungslegungsVO	Verordnung der Föderalen Regierung über die Einführung einer getrennten Kostenerfassung nach den Tätigkeiten in der Elektrizitätswirtschaft [Postanovlenie Pravitel'stva Rossijskoj Federacii „O vvedenii razdel'nogo učëta zatrat po vidam dejatel'nosti v elektroenergetike"] vom 6.7.1998, zuletzt geändert am 2.4.2002, SZ RF vom 13.7.1998, Nr. 28, Pos. 3357
RosatomG	Föderalgesetz über die staatliche Körperschaft für Kernenergie „Rosatom" [Federal'nyj zakon „O gosudarstvennoj korporacii po atomnoj ėnergii „Rosatom"] vom 1.12.2007 Nr. 317-FZ, zuletzt geändert am 29.12.2010, SZ RF vom 3.12.2007, Nr. 49, Pos. 6078
RosimuschestvoVO	Ordnung der Föderalagentur zur Verwaltung des föderalen Vermögens, genehmigt durch Verordnung der Föderalen Regierung [Položenie o Federal'nom agentstve po upravleniju gosudarstvennym imuščestvom, utv. Postanovleniem Pravitel'stva RF] vom 5.6.2008 Nr. 432, zuletzt geändert am 30.4.2009, SZ RF vom 9.6.2008, Nr. 23, Pos. 2721
SteuerGB-Rus	Steuergesetzbuch der RF [Nalogovyj kodeks RF], Teil1: Föderalgesetz vom 31.7.1998 Nr. 146-FZ, zuletzt geändert am 28.12.2010, SZ RF vom 3.8.1998, Nr. 31, Pos. 3824; Teil 2: Föderalgesetz vom 5.8.2000 Nr. 117-FZ, zuletzt geändert am 28.12.2010, SZ RF vom 7.8.2000, Nr. 32, Pos. 3340
StrukturVO	Präsidialerlass über das System und die Struktur der föderalen Exekutivorgane [Ukaz Prezidenta RF „O sisteme i strukture federal'nych organov ispolnitel'noj vlasti] vom 9.3.2004, zuletzt geändert am 22.6.2010, SZ RF vom 15.3.2004, Nr. 11, Pos. 945
UnbundlingKontrollVO	Verordnung der Föderalen Regierung „Über die Genehmigung der Regeln zur Kontrolle über die Einhaltung durch juristische Personen und Einzelunternehmer des Verbotes einer gleichzeitiger Ausübung der Stromdurchleitung bzw. der operativen Dispatcher-Steuerung in der Elektrizitätswirtschaft und der Stromerzeugung bzw. des Stromhandels und über die Änderung der Ordnung der Föderalen Antimonopolbehörde, genehmigt durch die Verordnung der Regierung der Russischen Föderation vom 30. Juni 2004 Nr. 331" [Postanovlenie Pravitel'stva Rossijskoj Federacii „Ob utverždenii pravil osuščestvlenija kontrolja za sobljudeniem juridičeskimi licami i individual'nymi predprinimateljami zapreta na sovmeščenie dejatel'nosti po peredače ėlektričeskoj ėnergii i operativno-dispetčerskomu upravleniju v ėlektroėnergetike s dejatel'nost'ju po proizvodstvu i kuple-prodaže ėlektričeskoj ėnergii i o vnesenii izmenenija v Položenija o Federal'noj antimonopol'noj službe, utverždënnoe Postanovleniem Pravitel'stva Rossijskoj Federacii ot 30 ijunja 2004 g. Nr. 331"] vom 27.10.2006

	Nr. 628, SZ RF vom 6.11.2006, Nr. 45, Pos. 4706
ÜbergangsG	Föderalgesetz über die Besonderheiten des Funktionierens der Elektrizitätswirtschaft während der Übergangszeit zur Elektrizitätswirtschaftsreform
Verf. RF	Verfassung der Russischen Föderation [Konstitucija Rossijskoj Federacii], vom 12.12.1993, zuletzt geändert am 30.12.2008, SZ RF vom 26.1.2009, Nr. 4, Pos. 445
VwVfG	Verwaltungsverfahrensgesetz (BGBl. I S. 2827), zuletzt geändert durch Art. 2 Abs. 1 G v. 14.8.2009 I 2827
VwVG	Verwaltungs-Vollstreckungsgesetz (BGBl. I S. 2258), zuletzt geändert durch Art. 4 Abs. 1 G v. 29.7.2009 I 2258
WettbG-1991	Gesetz über den Wettbewerb und die Beschränkung monopolistischer Tätigkeiten auf den Warenmärkten [Zakon RSFSR „O konkurencii i ograničenii monopolističeskoj dejatel'nosti na tovarnych rynkach"] vom 21.3.1991 Nr. 948-1, zuletzt geändert am 26.7.2006, BNA Nr. 2-3, 1992
WettbG-2006	Föderalgesetz zum Schutz des Wettbewerbs [Federal'nyj zakon "O zaščite konkurencii] vom 26.7.2006 Nr. 135-FZ, zuletzt geändert am 29.11.2010, SZ RF vom 31.7.2006, Nr. 31 (Teil 1), Pos. 3434
ZGB	Zivilgesetzbuch der RF [Graždanskij kodeks RF] Teil 1: Föderalgesetz vom 30.11.1994 Nr. 51-FZ, zuletzt geändert am7.2.2011, SZ RF vom 5.12.1994, Nr. 32, Pos. 3301

2. Zeitschriften

ABl. EU	Amtsblatt der Europäischen Union
BNA	Bjulleten' normativnych aktov
BGBl.	Bundesgesetzblatt
BT-Drucks.	Bundestagsdrucksache
DB	Der Betrieb: Betriebswirtschaft, Steuerrecht, Wirtschaftsrecht, Arbeitsrecht. – Verl.-Gruppe Handelsblatt
DVBl	Deutsches Verwaltungsblatt. Heymanns
ET	Energierechtliche Tagesfragen. – ETV Energieverlag

EuR	Europarecht. – Nomos
EuZW	Europäische Zeitschrift für Wirtschaftsrecht. – Beck
ew	EW, das Magazin für Energie-Wirtschaft. – Verband der Elektrizitätswirtschaft
RdE	Recht der Energiewirtschaft. – Heymanns
RG	Zeitung Rossijskaja gazeta
SZ RF	Sobranie zakonodatel'stva [Gesetzessammlung]
ZNER	Zeitschrift für neues Energierecht. – Ponte-Press

3. Sonstige

a. A.	anderer Ansicht
a. F.	alte Fassung
Abs.	Absatz
Az.	Aktenzeichen
AG	Aktiengesellschaft
AO	Aktiengesellschaft russischen Rechts
AO-Energo	Aktiengesellschaft für Elektrizitätsversorgung
Art.	Artikel
Aufl.	Auflage
BGH	Bundesgerichtshof
BKartA	Bundeskartellamt
BNetzA	Bundesnetzagentur
bspw.	beispielsweise
bzw.	beziehungsweise
d. h.	das heißt
Diss.	Dissertation

EG	Europäische Gemeinschaft
ehem.	ehemalig
endg.	endgültig
ENES	Einheitliches nationales (gesamtrussisches) Elektrizitätsnetz (Nationales Übertragungsnetz)
Erw.	Erwägungsgrund
EU	Europäische Union
EuGH	Europäischer Gerichtshof
f.	fortfolgende(r/s)
FAS	Föderale Antimonopolbehörde [Federal'naja antimonopol'naja služba]
ff.	Fortfolgende
Fn.	Fußnote
FIG / FPG	Finanz-Industrie-Gruppe
FSK EES	Föderale Netzgesellschaft des Einheitlichen Elektrizitätssystems Russlands
FST	Föderale Tarifbehörde [Federal'naja služba po tarifam]
GbR	Gesellschaft bürgerlichen Rechts
ggf.	gegebenenfalls
GmbH	Gesellschaft mit beschränkter Haftung
GWh	Gigawattstunde
h. M.	herrschende Meinung
Hrsg.	Herausgeber
hrsg.	herausgegeben
i. d. F.	in der Fassung
i. S. d.	im Sinne des/der
i. V. m.	in Verbindung mit

ISO	Independent System Operator (unabhängiger Netzbetreiber)
ITO	Independent Transmission Operator (unabhängiger Übertragungsnetzbetreiber)
lit.	Litera
MĖS	Stromübertragungsnetz (Filiale der FSK EES)
MMSK	Überregionale Übertragungsnetzgesellschaft
MRSK	Überregionale Verteilnetzgesellschaft(en)
MSK	Übertragungsnetzgesellschaft
MW	Megawatt
KOM	EU-Kommission
Nr.	Nummer
o. A.	ohne Autor
OAO	offene Aktiengesellschaft russischen Rechts
OGK	Großhandelserzeugungsgesellschaft [optovaja generirujuščaja kompanija]
OLG	Oberlandesgericht
OOO	Gesellschaft mit beschränkter Haftung russischen Rechts
Pkt.	Punkt
Pos.	Position
RAO EES	Russische Aktiengesellschaft „Einheitliches Elektrizitätssystem Russlands“
RAO RŽD	Russische Aktiengesellschaft „Russische Eisenbahn“
RdNr.	Randnummer
RF	Russische Föderation
Rs.	Rechtssache
S.	Satz; Seite
TĖC	Heiz- und Kraftzentrale

TGK	regionale Erzeugungsgesellschaft [territorial'naja generirujuščaja kompanija]
Tz.	Textzeichen
u. a.	und andere; unter anderem
u. ä.	und ähnliche
Unterabs.	Unterabsatz
v.	vom
vgl.	vergleiche
ZAO	geschlossene Aktiengesellschaft russischen Rechts [zakrytoe akcionernoe obščestvo]
z. B.	zum Beispiel
Ziff.	Ziffer

Einleitung

Diese Untersuchung beschäftigt sich rechtsvergleichend mit der Netzentflechtung in der russischen Elektrizitätswirtschaft im Rahmen deren Liberalisierung – vor dem Hintergrund der europarechtlichen Entwicklungen in diesem Bereich und insbesondere der Erfahrungen bei deren Umsetzung in Deutschland.

Trotz bestehender Unterschiede in der Organisation der Strombranche sowie inhaltlicher und rechtstechnischer Unterschiede gesetzlicher Entflechtungsvorgaben ist der deutsche Rechtsrahmen für Russland aus dogmatischer Sicht äußerst interessant. In Deutschland stellt eine rechtsvergleichende Darstellung der russischen Unbundling-Vorgaben noch ein Beispiel für eine Strukturreform des Stromsektors mit Veränderung der Eigentumsverhältnisse dar, ähnlich wie sie in einer Reihe von EU-Mitgliedstaaten durchgeführt wurde.

Obwohl Elektrizität aufgrund eingeschränkter Transportmöglichkeiten und -wirtschaftlichkeit eine beschränkt handelbare Ware darstellt, lässt sich außerdem potenziell eine gegenseitige Beeinflussung beider Rechtsordnungen auch im Bereich des Unbundling im Hinblick auf grenzüberschreitende Investitionen erblicken. Einerseits besteht bei den deutschen Energiekonzernen ein Interesse am russischen Stromerzeugungsmarkt. Eine russische Tochtergesellschaft des deutschen Energiekonzerns E.ON – das überregionale Stromversorgungsunternehmen OGK-4 – unterliegt unmittelbar den russischen Entflechtungsvorschriften. Andererseits kann sich das Unbundling-Regime für Energienetze in der EU nach Einführung der sogenannten Drittstaaten-Klausel in den neuen Energiebinnenmarktrichtlinien potenziell auf russische Unternehmen auswirken. Im Rahmen eines Zertifizierungsverfahrens für die von Personen aus Drittländern kontrollierten Energienetzeigentümer oder -betreiber gemäß Art. 11 EltRL-2009 wird überprüft, ob die ausländische Kontrollperson den Entflechtungsanforderungen nach dieser Richtlinie genügt. Davon betroffen sind auch russische Energieunternehmen mit potenziellem Interesse an Investitionen in den EU-Energiesektor.

In der deutschen juristischen Doktrin und Praxis ist das Thema Unbundling heute umfassend und äußerst detailliert erforscht, auch wenn mit häufigen Änderungen des Regelungsrahmens immer neue Rechtsfragen aufgeworfen werden. In Russland bleiben – trotz bereits umfangreicher Rechtsprechung – viele rechtliche Details noch nicht genügend geklärt. Vor allem fehlt, soweit ersichtlich, die Auseinandersetzung damit, inwieweit nach vollständiger Umsetzung geltender Vorschriften tatsächliche Unabhängigkeit der Stromnetzbetreiber sichergestellt werden kann.

Vor diesem Hintergrund wird bei dieser Untersuchung wie folgt vorgegangen. Im ersten Teil der Arbeit soll der wesentliche Inhalt der europarechtlichen

Vorgaben zur Netzentflechtung und deren Umsetzung im deutschen Energiewirtschaftsgesetz in gestraffter Form geschildert werden. Die Darstellung soll als Ausgangsbasis für den weiteren Rechtsvergleich dienen. Es werden vor allem diejenigen Aspekte in den Fokus genommen, die für den späteren Vergleich mit dem russischen Recht besonders wichtig erscheinen: das Modell der Eigentumsentflechtung nach der geltenden EU-Richtlinie für den Elektrizitätsbinnenmarkt, Ausnahmen vom Unbundling und dessen Durchsetzungsinstrumente.

Der zweite Teil widmet sich der Auseinandersetzung mit den russischen Entflechtungsvorschriften, die analysiert und in ein logisches System gebracht werden. Durch Erläuterung einzelner Begriffe, derer sich entsprechende rechtliche Konstruktionen bedienen, und durch ihre Einbindung in verschiedene allgemeine Bereiche des russischen Rechts (Zivil-, Wettbewerbs-, Gesellschaftsrecht u. a.) wird der Regelungsgehalt des Unbundling untersucht.

Nach Behandlung jedes einzelnen Aspektes wird eine Parallele zum deutschen bzw. EU-Energierecht gezogen. Die rechtsvergleichende Methode äußert sich außerdem im Aufbau der Abhandlung: er richtet sich nach der von den EU-Richtlinien vorgegebenen Systematik, die für russische Kommentierungen zu diesem Thema eher nicht typisch ist. Bereits die Zuordnung ähnlicher Regelungen – gegebenenfalls auch trotz inhaltlicher oder rechtstechnischer Unterschiede – zu entsprechenden Unbundling-Aspekten in europarechtlichem Verständnis impliziert eine rechtsvergleichende Auswertung.

Zu Beginn wird auf die zentrale Unbundling-Vorschrift eingegangen – das Verbot gleichzeitiger Betätigung in den elektrizitätswirtschaftlichen Monopol- und Wettbewerbsbereichen zunächst für juristische Personen sowie später für assoziierte und verbundene Unternehmen bzw. Unternehmensgruppen. Aufgrund fortbestehender – gesetzlich vorgeschriebener sowie faktischer – Beteiligungen des Staates in den Monopol- und Wettbewerbssparten des Stromsektors werden Auswirkungen der staatlichen Beteiligungen auf eine effektive Netzentflechtung untersucht.

Nachkommend werden Ausnahmen von dem oben genannten Verflechtungsverbot geschildert. Danach folgt eine Besprechung der Vorschrift zur buchhalterischen Entflechtung und der Situation bei Behandlung wettbewerbsrelevanter Informationen aus dem Netzbetrieb. Der letzte Abschnitt befasst sich mit verfahrensrechtlichen Fragen der Aufsicht über die Einhaltung der Unbundling-Vorgaben und deren Durchsetzung.

Die zentrale Fragestellung dieser Arbeit besteht darin zu bewerten, inwiefern der geltende russische Rechtsrahmen eine effektive Netzentflechtung gewährleistet, bei der das Ziel einer tatsächlichen Unabhängigkeit der Stromnetzbetreiber erreicht wird. Gegebenenfalls werden Verbesserungsbedarf aufgezeigt und entsprechende Ansätze für Gesetzesänderungen formuliert.

A. Unbundling nach deutschem und europäischem Energierecht

I. Überblick über die deutsche Elektrizitätswirtschaft

In ihren Ursprüngen war die deutsche Stromwirtschaft weder in technischer Hinsicht noch im Hinblick auf Eigentumsverhältnisse zentralistisch gestaltet. Die Stromversorgung entwickelte sich zunächst auf kommunaler Ebene. Seit den 1920er Jahren bemühten sich die Länder um Aufbau landesweiter Stromversorgungssysteme, was mit der Gründung staatlicher Gesellschaften verbunden war.[1] In 1960-80-er Jahren erfolgte die schrittweise Überführung staatlicher und kommunaler Stromversorgungsunternehmen in private Hand.[2] Außerdem wurden Anfang der 1990er Jahre Stromversorgungsunternehmen in den neuen Bundesländern privatisiert. An dem Verbundunternehmen VEAG, in dem die ostdeutschen Braunkohle- und Kernkraftwerke sowie das Verbundnetz zusammengefasst wurden, und an den regionalen Weiterverteilern erhielten die westdeutschen Verbundunternehmen Mehrheitsbeteiligungen; Stadtwerke wurden an die Kommunen überführt.[3]

Vor Beginn der Liberalisierung war die deutsche Stromwirtschaft von Gebietsmonopolen geprägt. Es existierten acht voneinander abgetrennte Versorgungsgebiete, die jeweils von einem der größeren Verbundunternehmen[4] beliefert wurden. Das Gebietsmonopol war durch sogenannte Demarkationsverträge gesichert, die auf eine räumliche Abgrenzung des Strommarktes abzielten.[5]

Sowohl vor als auch nach der Liberalisierung zeichnete sich in der Strombranche eine Tendenz zur umfassenden vertikalen Integration – von der Gasproduktion bis zur Stromversorgung von Letztverbrauchern – und Konzentration ab. Vor der Marktöffnung waren die Verbundunternehmen in ihren jeweiligen Netzgebieten bereits marktbeherrschend. Mit der Aufhebung der Netzgebietsbe-

---

1 *Monstadt/Naumann*, Netzgebundene Infrastrukturen unter Änderungsdruck – Sektoranalyse, S. 15.

2 Siehe ebenda, S. 15 ff.

3 Ausführlich dazu: Mathhes, Stromwirtschaft und die deutsche Einheit: eine Fallstudie zur Transformation der Elektrizitätswirtschaft, S. 506 ff.

4 Badenwerk AG, Bewag AG, EVS AG, HEW AG, RWE AG, VEBA AG (PreussenElektra), VEW AG, VIAG AG (Bayernwerk), siehe *Zenke/Neveling/Lokau*, Konzentration in der Energiewirtschaft, S. 8 f.

5 *Zenke/Neveling/Lokau*, Konzentration in der Energiewirtschaft, S. 9 ff; *Säcker* in: Säcker (Hrsg.), Handbuch zum deutsch-russischen Energierecht, S. 2 f.

grenzung veränderte sich formell diese Beurteilung, was die Möglichkeit für Genehmigung weiterer Anteilserwerbe eröffnete.[6] Im Ergebnis der Zusammenschlüsse zwischen den Verbundunternehmen sowie des Erwerbs von Anteilen an mehreren regionalen und lokalen Versorgern bildeten sich zum Anfang 2000er Jahre vier große, vertikal integrierte Energiekonzerne: E.ON, RWE, EnBW und Vattenfall Europe, auf die insgesamt ca. 80 % des Stromerzeugungsmarktes entfallen[7]. Nur mit der Gesamtleistung der von diesen Unternehmen betriebenen 25 größten deutschen Kraftwerke könnte über 64 % des deutschen Strombedarfs gedeckt werden.[8]

Alle Stromübertragungsnetze befanden sich bis vor kurzem im Eigentum der vier genannten Energiekonzerne.[9] E.ON AG veräußerte mit Wirkung zum 31.12.2009 den Übertragungsnetzbetreiber transpower stromübertragungs GmbH (transpower) an den niederländischen Netzbetreiber TenneT Holding.[10] Im Mai 2010 veräußerte Vattenfall Europe den Übertragungsnetzbetreiber 50Hertz Transmission an den belgischen Netzbetreiber Elia System Operator (60 %) und den Infrastrukturfonds Industry Funds Management, IFM (40 %).[11] Die restlichen zwei Übertragungsnetzbetreiber Amprion und EnBW Transportnetze behalten ihre Konzernzugehörigkeit zu RWE bzw. EnBW. Ein Großteil der Stromverteilernetze befindet sich im kommunalen Besitz.

---

6 *Zenke/Neveling/Lokau*, Konzentration in der Energiewirtschaft, S. 34 f.; zur Konzentration der vier großen Energiekonzerne siehe auch: Leprich, Die vier großen deutschen Unternehmen unter der Lupe, S. 9 f.

7 *Leprich*, Die vier großen deutschen Unternehmen unter der Lupe, S. 2.

8 Sektoruntersuchung Stromerzeugung/Stromgroßhandel (B10-9/09), Bundeskartellamt, Januar 2011, S. 46.

9 Gutachten über die freiwillige Übertragung der Energieübertragungsnetze, die Errichtung einer bundesweiten Netzgesellschaft und die regulatorischen Rahmenbedingungen. Hogan & Hartson Raue L.L.P. 2009. S. 7.

10 Siehe Pressemitteilung der E.ON AG vom 25.2.2010, abrufbar unter: http://www.eon.com/de/media/news-detail.jsp?id=9584&year=2010

11 Siehe Pressemitteilung der Vattenfall Europe vom 19.5.2010, abrufbar unter: http://www.vattenfall.de/de/pressemitteilungen-archiv.htm?newsid=BF3F18893D47495A8C7213 E367FFA3AD

II. Der deutsche und EU-Rechtsrahmen zur Netzentflechtung im Strombereich

1. Historischer Überblick

Nachdem der deutschen Wettbewerbspolitik im Energiebereich über Jahrzehnte die Leitidee zugrunde gelegen hatte, die „volkswirtschaftlich schädlichen Auswirkungen des Wettbewerbs“[12] zu verhindern, vollzog sich in den 1990er Jahren unter dem Einfluss neuer volkswirtschaftlicher Erkenntnisse ein Paradigmenwechsel. Für den Gesamtbereich der Versorgung mit Strom (wie auch Gas), der traditionell als ein natürliches Monopol galt und aus der allgemeinen Wettbewerbspolitik ausgenommen war, wurde eine differenzierte Betrachtung vorgenommen. Es wird nun davon ausgegangen, dass in den Bereichen Stromerzeugung und Stromvertrieb ein Anbieterwettbewerb möglich ist. Der Wettbewerb kann hier zur Effizienzsteigerung beitragen und muss daher aktiv gefördert werden, unter anderem durch Sicherstellung eines diskriminierungsfreien Zugangs zu den Stromnetzen, die weiterhin als natürliches Monopol gelten.[13]

Die Netzentflechtung (Unbundling) als einer der Kernpunkte der Energieregulierung versteht sich in Bezug auf den Stromsektor als Maßnahmen zur Sicherstellung einer effektiven Trennung des Netzbetriebs von den stromwirtschaftlichen Wettbewerbsbereichen, um einen unabhängigen bzw. wettbewerbsneutralen Netzbetrieb zu gewährleisten. Außerdem soll sie eine transparente, wahrheitsgemäße Buchführung sicherstellen, die Quersubventionen zwischen den Sparten verhindert und somit für eine effektive Entgeltregulierung im Strombereich unerlässlich ist.[14]

Die Liberalisierung im deutschen Stromsektor ging von der EU-Ebene aus und begann mit der Aufhebung der Bereichsausnahme für leitungsgebundene Energie[15] aufgrund der EG-Richtlinie zum Strombinnenmarkt 1996 (EltRL-1996)[16]. Die Richtlinie setzte das Ziel der Schaffung eines europäischen Binnenmarktes für Elektrizität und enthielt unter anderem die ersten Vorschriften zur Netzentflechtung. Alle Elektrizitätsunternehmen wurden gemäß Art. 14

12 Präambel zum Energiewirtschaftsgesetz 1935, zitiert nach: *Steger/Büdenbender/Feess/Nelles*, Die Regulierung elektrischer Netze: Offene Fragen und Lösungsansätze, S. 43.

13 Siehe bspw. Sektoruntersuchung Stromerzeugung/Stromgroßhandel (B10-9/09), Bundeskartellamt, Januar 2011. S. 46.

14 BT-Drucks. 15/3917, S. 51.

15 *Zenke/Neveling/Lokau*, Konzentration in der Energiewirtschaft, S. 13.

16 Richtlinie 96/92/EG des Europäischen Parlaments und des Rates betreffend gemeinsame Vorschriften für den Elektrizitätsbinnenmarkt vom 19.12.1996, ABl. EU Nr. L 027 vom 19.12.1996, S. 20.

Abs. 2 EltRL-1996 ungeachtet ihrer Eigentumsverhältnisse und Rechtsform zur Erstellung, Veröffentlichung und Prüfung ihrer Jahresabschlüsse nach Vorgaben für Kapitalgesellschaften verpflichtet. In ihrer internen Rechnungslegung haben sie getrennte Konten für ihre Erzeugungs-, Übertragungs- und Verteilungsaktivitäten zu führen – so, als würden entsprechende Tätigkeiten durch eigenständige Firmen erfolgen (Art. 14 Abs. 3 EltRL-1996). Neben der buchhalterischen Entflechtung wurde in Art. 7 Abs. 6 EltRL-1996 vorgesehen, dass ein Übertragungsnetzbetreiber „zumindest auf Verwaltungsebene" unabhängig von den anderen Bereichen sein soll. Übertragungs- und Verteilernetzbetreiber wurden zu einem vertraulichen Umgang mit wirtschaftlich sensiblen Informationen verpflichtet, die sie aus der Netztätigkeit erlangen (Art. 9 bzw. 12 EltRL-1996).

Da die genannten Maßnahmen sich als nicht ausreichend erwiesen, um die Unabhängigkeit der Netzbetreiber sicherzustellen, wurden mit der nächsten Generation der EG-Richtlinien zum Energiebinnenmarkt 2003[17] (sogenannte Beschleunigungsrichtlinien) die rechtliche Entflechtung von Energieversorgungsunternehmen eingeführt[18] sowie die Anforderungen zur funktionalen Unabhängigkeit konkretisiert. Dabei wurde ausdrücklich auf eine eigentumsmäßige Trennung verzichtet, wobei zur Sicherstellung eines „nichtdiskriminierenden Entscheidungsprozesses" im Netzbereich auf organisatorische Maßnahmen abgestellt wurde.[19]

Nachstehend werden die Unbundling-Vorgaben nach der europäischen Stromrichtlinie 2003 geschildert, wie sie in Deutschland im geltenden Energiewirtschaftsgesetz 2005[20] umgesetzt wurden.

2. Entflechtungsregelungen im Energiewirtschaftsgesetz 2005

a) rechtliche Entflechtung

Gemäß Art. 10 Abs. 1 und Art. 15 Abs. 1 EltRL-2003 müssen Netzbetreiber, die zu einem vertikal integrierten Unternehmen gehören, hinsichtlich ihrer Rechts-

---

17 Für den Strombereich: Richtlinie 2003/54/EG des Europäischen Parlaments und des Rates vom 26. Juni 2003 über gemeinsame Vorschriften für den Elektrizitätsbinnenmarkt und zur Aufhebung der Richtlinie 96/92/EG, ABl. EU Nr. L 176 vom 14.8.2009, S. 37.

18 Vgl. Erw. 8 EltRL-2003.

19 Vgl. Erw. 8 Abs. 3 sowie Art. 10 Abs. 1 S. 2 und Art. 15 Abs. 1 S. 2 EltRL-2003.

20 Gesetz über die Elektrizitäts- und Gasversorgung (Energiewirtschaftsgesetz) vom 7.7.2005 (BGBl. I S. 1970, 3621), zuletzt geändert durch Art. 2 G v. 4.11.2010 I 1483.

form von den übrigen elektrizitätswirtschaftlichen Tätigkeiten unabhängig sein. In Deutschland wurde diese Norm in § 7 Abs. 1 EnWG umgesetzt. Vertikal integrierte Stromversorgungsunternehmen werden im Gesetz durch den Begriff Kontrolle nach der EU-Fusionskontrollverordnung definiert. Gemeint sind solche Unternehmen oder Gruppen von Unternehmen, die im Strom- oder Gasbereich tätig sind und dabei – in Bezug auf den Strombereich – gleichzeitig mindestens eine der Monopolfunktionen (Übertragung und Verteilung) und eine der Wettbewerbsfunktionen (Erzeugung und Vertrieb) wahrnehmen – vgl. § 3 Nr. 38 EnWG.

Die Unabhängigkeit hinsichtlich der Rechtsform bedeutet praktisch die Aussonderung des Netzbetriebs in eine eigene juristische Person. Das Gesetz beinhaltet dabei keine Einschränkungen bezüglich der Eigentums- und Nutzungsverhältnisse an dem in jeweiligen Tätigkeitsbereichen genutzten Vermögen. Nach dem geltenden Rechtsrahmen sind auch sogenannte „schlanke" Lösungen formell zulässig, bei denen die Netzgesellschaft über keine ausreichende eigene materielle und personelle Basis für ihre wirtschaftlichen Aktivitäten verfügt, sondern das bei anderen konzernangehörigen Gesellschaften verbleibende Vermögen bzw. Personal nutzt.[21]

Das Legal Unbundling soll das praktische Funktionieren der Entflechtung der Rechnungslegung sichern,[22] da innerhalb ein und derselben juristischen Person eine Spartentrennung mit separatem Accounting vor allem angesichts der schwierigen Zuordnung von Gemeinkosten nur schwer möglich und noch schwerer kontrollierbar ist.

b) operationelle Entflechtung

Da bei einem bloßen Legal Unbundling weitreichende Einflussmöglichkeiten auf die Netzgesellschaft im Konzern fortbestehen, wurden in § 8 EnWG zusätzliche Maßnahmen zur Sicherstellung einer funktionalen Unabhängigkeit in Entscheidungen bezüglich des operativen Netzbetriebs festgelegt. Im Rahmen der personellen Entflechtung müssen die Leitungspersonen und sonstige Entscheidungspersonen in Fragen, die für einen diskriminierungsfreien Netzzugang wesentlich sind, dem Netzbetreiber angehören und dürfen nicht dem konzerneigenen Vertrieb angehören (§ 8 Abs. 2 Nr. 1 EnWG). Es muss ihre berufliche Handlungsunabhängigkeit sowie fachliche Weisungskompetenz gegenüber dem

21 Siehe dazu bspw. *Appel/Beisheim/Edelmann/Kaufmann* in: ET 2006, 36, 36 ff.; Britsch/Rausch in: PriceWaterhouseCoopers, Entflechtung und Regulierung, S. 39ff.

22 Vgl. bspw. *Säcker/Schönborn* in: Berliner Kommentar, zu § 7, RdNr. 3.

mit dem Netzbetrieb befassten Personal auch anderer Gesellschaften im Konzern gewährleistet sein.

Über die Entscheidungsebene hinaus soll ein sogenanntes Gleichbehandlungsprogramm zur Wettbewerbsneutralität des Personals beitragen. Die „verbindlichen Maßnahmen zur diskriminierungsfreien Ausübung des Netzgeschäfts" (§ 8 Abs. 5 S. 1 EnWG) sind den Mitarbeitern mitzuteilen, deren Einhaltung ist von einem unabhängigen Gleichbehandlungsbeauftragten zu überwachen und durch Festlegung von Mitarbeiterpflichten und möglichen Sanktionen zu sichern.

§ 8 Abs. 4 EnWG schreibt Maßnahmen zur Sicherstellung einer tatsächlichen Entscheidungsunabhängigkeit des Netzbetreibers in Bezug auf den Netzbetrieb, insbesondere in Fragen des Netzzugangs und des Netzausbaus, vor. Die Ausübung der Kontrolle des vertikal integrierten Energieversorgungsunternehmens gegenüber der Netzgesellschaft in Hinblick auf ihre Rentabilität ist nur zulässig, insoweit dies zur Wahrnehmung seiner „berechtigten Interessen" erforderlich ist und sich nicht auf den laufenden Netzbetrieb bezieht. Dabei sind ein diskriminierungsfreier Netzbetrieb und bedarfsgerechter Netzausbau nach § 11 EnWG sowie die Wahrnehmung der Systemverantwortung des Netzbetreibers nach § 16 EnWG zu gewährleisten.

c) informatorische Entflechtung

Hinsichtlich der informatorischen Entflechtung der Netzbetreiber wurde die Geheimhaltung wirtschaftlich sensibler Informationen in Art. 12 und 16 EltRL-2003 durch eine Verpflichtung ergänzt, jede Offenlegung wettbewerbsrelevanter Informationen über eigene Tätigkeiten diskriminierungsfrei zu gestalten. Diese Vorgaben wurden in § 10 EnWG ins deutsche Recht umgesetzt.

Wirtschaftlich sensibel bzw. geheim zu halten sind solche Informationen über fremd versorgte Netzkunden, die vom konzerneigenen Vertrieb zu deren Vorteil genutzt werden können, beispielsweise für eine gezielte Kundenakquisition aufgrund entsprechender Verbrauchsdaten, Auskünfte über Bonität u. Ä.[23] Diskriminierungsfrei offen zu legende wirtschaftlich relevante Informationen sind Daten über die Tätigkeit des Netzbetreibers, aus denen Netzkunden Vorteile ziehen können.[24] Beides bezieht sich auf Informationen, die im Zusammen-

---

23 Siehe bspw. *Britsch/Küper* in: PriceWaterhouseCoopers, Entflechtung und Regulierung, S. 32; *Setz* in: Berliner Kommentar, zu § 9, RdNr. 33.

24 Gemeinsame Auslegungsgrundsätzen der Regulierungsbehörden des Bundes und der Länder zu den Entflechtungsbestimmungen in §§ 6-10 EnWG, vom 01.03.2006. – S. 25. Siehe auch: *Otto*, RdE, 261, 267.

hang mit dem Netzbetrieb erlangt wurden und ansonsten nicht aus anderen Quellen verfügbar sind.[25]

d) gesellschaftsrechtliche Aspekte zur Sicherstellung der Unabhängigkeit des Netzbetreibers

Nach Erlass des Energiewirtschaftsgesetzes 2005 gab es in deutschem Schrifttum umfassende Diskussionen darüber, welche gesellschaftsrechtlichen Modelle sich für die Umsetzung der Entflechtungsvorgaben eignen.[26] Dabei kommen, erstens, die Unbundlingkonformität einzelner Gesellschaftsformen und, zweitens, die gesamte Struktur des vertikal integrierten Energieversorgungsunternehmens zum Tragen.

Bei der Untersuchung der Unbundlingkonformität einzelner Gesellschaftsformen wird auf unterschiedliche Einfluss- und Informationsmöglichkeiten des vertikal integrierten Energieversorgungsunternehmens gegenüber der Netzgesellschaft abgestellt, die sich je nach der Rechtsform Letzterer unterscheiden. Insbesondere wird Folgendes berücksichtigt:

- das Weisungsrecht der Gesellschafter und des Aufsichtsrates gegenüber dem Geschäftsführer bzw. Vorstand;
- das Auskunftsrecht der Gesellschafter und des Aufsichtsrates;
- das Zustimmungsrecht für Rechtsgeschäfte im Aufsichtsrat und in der Hauptversammlung;
- die Mitwirkung bei der Bestellung und Abberufung des Geschäftsführers bzw. des Vorstandes und des Aufsichtsrates.[27]

Die Rechtsform einer Aktiengesellschaft entspricht am nächsten den Unbundling-Anforderungen. Im Vergleich zu einer Gesellschaft mit beschränkter Haftung bietet sie eine größere Unabhängigkeit der operativen Geschäftsleitung, da der Vorstand keinen Weisungen unterliegt: weder der Aufsichtsrat (§ 111 Abs. 4 S. 1 AktG) noch grundsätzlich die Hauptversammlung (§ 119 Abs. 2 AktG) können über Fragen der Geschäftsführung entscheiden.[28] Darüber hinaus sind Einflussmöglichkeiten auf die Geschäftsführung durch vorzeitige Abberufung von Vorstandsmitgliedern geringer, zumal dafür ein wichtiger Grund vorausgesetzt wird – § 82 Abs. 3 AktG. In einer GmbH kann die Bestellung des Geschäftsführers gemäß § 38 Abs. 1 GmbHG zu jeder Zeit widerrufen werden.

---

25 *Setz* in: BerlKomm EnR, zu § 9, RdNr. 30.

26 Siehe bspw.: *Klees/Spreckelmeyer* in: Klees/Lagerfeldt, S. 45-59; *König/Schellberg/Spiekermann*, RdE 2007, 72-76; *Roth*, Unbundlingkonforme Netzorganisation, S. 93ff.; Säcker, DB 2004, 691-695.

27 Vgl. bspw. *Roth*, Unbundlingkonforme Netzorganisation, S. 105.

28 Vgl. § 46 Nr. 6 GmbHG.

Bei der Wahl der GmbH als Rechtsform des Netzbetreibers wird deshalb empfohlen, im Gesellschaftsvertrag das Weisungsrecht gegenüber der Geschäftsführung in Bezug auf den operativen Netzbetrieb einzuschränken.[29] Außerdem ist darauf zu achten, dass die Vergütung des Netzmanagements nicht vom Konzernergebnis abhängig gemacht werden darf.[30]

Für beide Rechtsformen stellt sich außerdem das Problem der Informations- und Einsichtsrechte der Gesellschafter und gegebenenfalls des Aufsichtsrates gegenüber der Geschäftsführung, die in § 90, § 111 Abs. 2 AktG bzw. § 51 Abs. 1 GmbHG begründet werden. In beiden Fällen lässt sich jedoch die Einhaltung entsprechender Entflechtungsvorschriften durch Verweis auf die Berechtigung zur Auskunftsverweigerung und Verschwiegenheitspflicht gemäß § 93 Abs. 1 AktG bzw. § 51a Abs. 2 GmbHG sicherstellen.[31]

Zusammenfassend lässt sich festhalten, dass sowohl eine Aktiengesellschaft als auch eine Gesellschaft mit beschränkter Haftung als mit den Unbundling-Vorgaben vereinbar erachtet werden.[32] Gegebenenfalls können jedoch einige zusätzliche Einschränkungen erforderlich sein, um die oben genannten Möglichkeiten für den Einfluss auf das Netzmanagement und den Informationsaustausch auszuschließen.

Im Hinblick auf die gesellschaftsrechtliche Konstruktion kann die Entflechtung in drei grundlegenden Varianten vorgenommen werden: Netzbetreiber als Tochtergesellschaft, als Obergesellschaft und als Schwestergesellschaft in einem Gleichordnungskonzern.[33] Im ersten Fall wird die Wettbewerbsneutralität des Netzbetriebs durch die Kontrollbefugnisse des vertikal integrierten Unternehmens als Muttergesellschaft gegenüber der Netztochter gefährdet.[34] Im zweiten Fall kann es zu einer mangelnden Unabhängigkeit bei finanziellem Interesse der Netzgesellschaft am Geschäftsergebnis des konzerneigenen Vertriebs aufgrund ihrer Kapitalbeteiligung kommen.[35]

---

29 *Säcker*, RdE 2005, 83, 89.

30 *Säcker* in: RdE 2006, 85, 87; Setz, Operationelle Entflechtung, S. 70 ff.

31 Siehe bspw. *Roth*, Unbundlingkonforme Netzorganisation, S. 112, 124.

32 Vgl. BT-Drucks. 15/3917, S. 52.

33 Siehe dazu bspw.: *Säcker/Schönborn* in: BerlKomm EnR, zu § 7, RdNr. 23 ff.; Säcker, RdE 2005, 87-93; ders., DB 2004, 691-695; Britsch/Rausch in: PriceWaterhouse-Coopers, Entflechtung und Regulierung, S. 38 ff.; Beisheim, ew 2003, 26-29.

34 Vgl. bspw. *Säcker*, RdE 2005, 87, 90.

35 Konkretisierung der gemeinsamen Auslegungsgrundsätze der Regulierungsbehörden der Länder und des Bundes zu den Entflechtungsbestimmungen in §§ 6-10 EnWG, vom 21.10.2008, S. 11 ff.

e) Entflechtung der Rechnungslegung

Art. 19 EltRL-2003 schreibt eine zwingende Veröffentlichung und Überprüfung der Jahresabschlüsse aller Energieversorgungsunternehmen ungeachtet deren Rechtsform vor, und zwar gemäß geltenden nationalen Regelungen entsprechend der Vierten gesellschaftsrechtlichen Richtlinie 78/660/EWG über den Jahresabschluss von Gesellschaften bestimmter Rechtsformen[36]. Diese Regelung wurde noch aus der Vorgängerrichtlinie 1996 übernommen und in Deutschland mit § 10 Abs. 1 EnWG umgesetzt. Dort ist vorgesehen, dass sich die Aufstellung, Überprüfung und Veröffentlichung der Jahresabschlüsse ungeachtet der Rechtsform nach den Vorschriften des HGB für Rechnungslegung von Kapitalgesellschaften richtet. Dies bedeutet zum einen, dass sämtliche im HGB vorgesehenen rechtsformbezogenen Befreiungen bzw. Erleichterungen im Geltungsbereich des § 10 EnWG keine Anwendung finden. Gleichzeitig bleibt die Privilegierung kleiner und mittlerer Kapitalgesellschaften i. S .d. § 267 Abs. 1 bzw. 2 HGB von den Vorschriften im § 10 EnWG unberührt.[37] [38]

Wichtig ist insbesondere, dass im Anwendungsbereich des § 10 EnWG die Befreiung von Kapitalgesellschaften, die Tochtergesellschaften eines nach § 296 HGB zur Aufstellung eines Konzernabschlusses verpflichteter Muttergesellschaft sind, nicht gilt. Dies ist für das Erreichen des Normzwecks einer getrennten Rechnungslegung im Energiesektor unerlässlich. Ohne diese Klarstellung wäre der Sinn einer buchhalterischen Entflechtung ausgehöhlt, da sie sich ausgerechnet an vertikal integrierte Unternehmen bzw. deren Teile richtet.[39]

3. Entflechtung in der Stromrichtlinie 2009

Im Ergebnis einer seit 2005 durchgeführten Sektorenuntersuchung zum Elektrizitäts- und Gasbinnenmarkt stellte die Kommission einen dringenden Handlungsbedarf bei der „Durchsetzung einer effektiven Entflechtung von Netz- und

---

36 Vierte Richtlinie 78/660/EWG des Rates vom 25. Juli 1978 aufgrund von Artikel 54 Absatz 3 Buchstabe g) des Vertrages über den Jahresabschluß von Gesellschaften bestimmter Rechtsformen, ABl. EU Nr. L 222 vom 14.8.1978, S. 11.

37 Gemeinsame Auslegungsgrundsätze der Regulierungsbehörden des Bundes und der Länder zu den Entflechtungsbestimmungen in §§ 6-1 EnWG, Tz. 4.2.1.

38 Siehe Übersicht aller Erleichterungen bei *Wörner*, Handels- und Steuerbilanz nach neuem Recht, S. 256.

39 So auch *Busse von Colbe* in: BerlKomm EnR zu § 10, RdNr. 12.

Versorgungstätigkeiten“[40] fest. Insbesondere betonte sie eine hemmende Auswirkung der teilweise fortbestehenden vertikalen Integration auf Anreize für Netzinvestitionen, was seinerseits den Marktzutritt für neue Teilnehmer erschwere.[41] Ferner reiche die rechtliche Entflechtung nicht aus, um einen wettbewerbsneutralen Umgang mit wirtschaftlich sensiblen Informationen und einen diskriminierungsfreien Netzzugang in vollem Maße zu gewährleisten.[42] Vor diesem Hintergrund plädierte die Kommission für verschärfte gesetzliche Netzentflechtungsmaßnahmen, um tatsächliche Unabhängigkeit der Netzbetreiber sicherzustellen.

Auf der Grundlage der Vorschläge der Kommission[43] und unter Berücksichtigung der europäischen Diskussion[44] wurden in der neuen Richtlinie zum Binnenmarkt für Elektrizität 2009[45] drei Entflechtungsmodelle für Übertragungsnetzbetreiber vorgesehen, deren Wahl den Mitgliedstaaten überlassen wurde: Eigentumsentflechtung (Ownership Unbundling), Benennung eines unabhängigen Netzbetreibers (Independent System Operator, ISO) oder das Modell eines unabhängigen Übertragungsnetzbetreibers (Independent Transmission Operator, ITO).

Laut den Eckpunkten des Bundeswirtschaftsministeriums sollen im neuen Energiewirtschaftsgesetz 2011 alle drei Unbundling-Alternativen ausgestaltet sein.[46]

a) Ownership Unbundling

Die Vorgaben zur eigentumsmäßigen Entflechtung der Übertragungsnetzbetreiber sind in Art. 9 Abs. 1 ff. EltRL-2009 festgelegt. Da dieses Entflechtungsmodell für den weiteren Rechtsvergleich in erster Linie zum Tragen kommt, bietet sich an dieser Stelle eine ausführlichere Darstellung an. Es sind zwei Arten von Einschränkungen vorgesehen: in Bezug auf Kontrollmöglichkeit und gleichzei-

---

40 KOM (2006) 851 endg. Mitteilung der Kommission – Untersuchung der europäischen Gas- und Elektrizitätssektoren gemäß Art. 17 der Verordnung (EG) Nr. 1/2003 (Abschlussbericht), 10.1.2007, Tz. 5.

41 Ebenda, Tz. 18 f.

42 KOM (2006) 841 endg. Mitteilung der Kommission an den Rat und das Europäische Parlament – Aussichten für den Erdgas- und Elektrizitätsbinnenmarkt, 10.1.2007, S. 11.

43 Ebenda, S. 12 f.

44 Vgl. dazu bspw. *Säcker/Schönborn* in: BerlKomm EnR, zu § 6, RdNr. 10 ff.

45 Richtlinie 2009/72/EG des Europäischen Parlaments und des Rates vom 13. Juli 2009 über gemeinsame Vorschriften für den Elektrizitätsbinnenmarkt und zur Aufhebung der Richtlinie 2003/54/EG, ABl. EU Nr. L 211 vom 14.8.2009, S. 55.

46 Eckpunkte zur EnWG-Novelle 2011, S. 2.

tige Ausübung der Rechte, einschließlich der Bestellung von Leitungsorganen entsprechender Unternehmen, und in Bezug auf gleichzeitige Wahrnehmung der Aufgaben von Mitgliedern der Leitungsorgane. Das sogenannte Ownership Unbundling für Übertragungsnetzbetreiber wird also primär durch strukturelle Vorgaben eingeführt. Zunächst soll sichergestellt werden, dass der Eigentümer der Übertragungsnetze stets auch den Netzbetrieb übernimmt (Art. 9 Abs. 1 EltRL-2009).

Zur Formulierung der neuen Entflechtungsvorgaben bedient sich der europäische Normgeber der Begriffe „direkte oder indirekte Kontrolle" und „Rechte" an entsprechenden Unternehmen. Der Regelungsinhalt des Art. 9 Abs. 1 lit. b EltRL-2009 lässt sich wie folgt zusammenfassen: ein und dieselbe Person darf nicht gleichzeitig Kontrolle an einem Übertragungsnetzbetreiber und einem Stromerzeugungs- bzw. Stromversorgungsunternehmen ausüben. Ebenfalls untersagt ist gleichzeitige Kontrolle an einem Unternehmen einer Sparte und Ausübung von Rechten an einem Unternehmen einer anderen Sparte. Gleichzeitige Ausübung von Rechten an zwei voneinander zu trennenden Unternehmen ist dagegen zulässig. In anderen Worten ist gleichzeitige Ausübung von Rechten an Unternehmen, die in den voneinander zu trennenden Bereichen tätig sind, unbedenklich, solange sie keine Möglichkeit eines bestimmenden Einflusses zumindest auf eines der Unternehmen begründen.

Als Nächstes sind die Begriffe „Kontrolle" und „Rechte" zu erläutern. Aus dem Erwägungsgrund 13 der Elektrizitätsrichtlinie 2009 geht ausdrücklich hervor, dass der in der Richtlinie verwendete Begriff „Kontrolle" dem in Art. 3 FKVO definierten Kontrollbegriff entspricht. Dort wird Kontrolle als die Möglichkeit eines bestimmenden Einflusses auf die Tätigkeit eines Unternehmens verstanden, die durch Rechte, Verträge und andere Mittel begründet wird und im Wege einer Gesamtbetrachtung aller tatsächlichen und rechtlichen Umstände zu beurteilen ist – vgl. Art. 3 Abs. 2 Unterabs. 1 FKVO.

Die Unterscheidung zwischen direkter und indirekter Kontrolle kommt in Art. 3 Abs. 3 FKVO zum Ausdruck. Direkte Kontrolle bezieht sich auf Fälle, bei denen die betreffende Person aus entsprechenden Rechten oder Verträgen selbst berechtigt ist (lit. a). Bei indirekter Kontrolle handelt es sich um bloße Befugnis zur Ausübung der Rechte, wobei die Person nicht unmittelbar selbst berechtigt ist (lit. b). Durch die indirekte Kontrolle werden die Einschränkungen in Art. 9 Abs. 1 lit. b und c EltRL-2009 insbesondere auf die Gesellschafter von Stromversorgungsunternehmen erstreckt.[47]

Aus Platzgründen kann hier auf den fusionsrechtlichen Kontrollbegriff nicht ausführlich eingegangen werden. Dabei ist auf die ständige Rechtsprechung des

---

47 *Möllinger*, Eigentumsrechtliche Entflechtung der Übertragungsnetzbetreiber, S. 171 f.

EuGH, das Auslegungspapier der EU-Kommission[48] sowie umfassende Kommentierungen[49] zu verweisen.

Es ist bemerkenswert, dass der fusionsrechtliche Begriff der Kontrolle ebenfalls in der Vorgängerrichtlinie von 2003 benutzt wurde, und zwar zur Definition eines vertikal integrierten Unternehmens. Nach dem alten Rechtsrahmen waren vertikal integrierte Energieunternehmen zum buchhalterischen, rechtlichen, informatorischen und operationellen Unbundling verpflichtet. Mit dem neuen Modell des Ownership Unbundling nach der Stromrichtlinie 2009 werden nun vertikal integrierte Unternehmen als solche zerschlagen.

Der in Art. 9 Abs. 1 EltRL-2009 genutzte Begriff „Rechte“ wird in Abs. 2 des Artikels durch eine nicht abschließende Aufzählung erläutert. Er beinhaltet insbesondere die Befugnis zur Ausübung von Stimmrechten, die Befugnis Mitglieder des Aufsichtsrates und sonstiger Leitungsorgane zu bestellen sowie eine Mehrheitsbeteiligung. Aus einer Gegenüberstellung des ersten und dritten Tatbestandes ergibt sich, dass die Befugnis zur Ausübung auch einer Stimme das „Halten der Rechte“ darstellt. Allerdings sind Beteiligungen, die zu keiner Stimmenausübung berechtigen (etwa Vorzugsaktien) zulässig, solange es keine Mehrheitsbeteiligungen sind.[50] [51]

Wobei bei der Kontrollausübung sowohl auf direkte als auch auf indirekte Kontrolle abgestellt wird, umfassen die in Art. 9 Abs. 1 lit. b EltRL-2009 aufgezählten Tatbestände keine indirekte Ausübung der Rechte.[52] Noch deutlicher kommt diese Interpretation im englischen Text der Richtlinie zum Ausdruck durch die Wiederholung des Wortes „exercise“: „directly or indirectly exercise control or exercise any right over an undertaking“ (Art. 9 (1) (b) (i), (ii)). Dies bedeutet, dass ein Übertragungsnetzbetreiber selbst Rechte an einem Erzeugungs- oder Vertriebsunternehmen ausüben darf, soweit die ihn kontrollierende Person nicht anderweitig Rechte an diesem Unternehmen hält. Die Kontrollperson kann diese Rechte nämlich indirekt (mittelbar) ausüben. Dasselbe gilt auch

48 Mitteilung der Kommission über den Begriff des Zusammenschlusses der Verordnung (EWG) Nr. 4064/89 des Rates über die Kontrolle von Unternehmenszusammenschlüssen, ABl. EU C 066 vom 02.03.1998, S. 5-13.

49 Vgl. *Boesche* in: BerlKomm EnR, zu § 3. RdNr. 109 ff. mit weiteren Nachweisen.

50 Vgl. § 16 Abs. 1, 1. Alt. AktG. Die 2. Alternative (Mehrheit der Stimmrechte) scheidet aufgrund von Art. 9 Abs. 2 lit. A EltRL-2009 aus.

51 Vgl. *Möllinger*, Eigentumsrechtliche Entflechtung der Übertragungsnetzbetreiber, S. 175.

52 Eine andere Ansicht vertritt Möllinger, Eigentumsrechtliche Entflechtung der Übertragungsnetzbetreiber, S. 176.

umgekehrt für die Ausübung von Rechten an einem Übertragungsnetzbetreiber durch ein im Bereich der Erzeugung oder Versorgung tätiges Unternehmen.[53]

Nach Art. 9 Abs. 7 EltRL-2009 soll sichergestellt werden, dass keine Übergabe von wirtschaftlich sensiblen Informationen oder des Personals vom Übertragungsnetzbetreiber an in den Bereichen Erzeugung und Vertrieb tätige Unternehmen stattfindet.

b) Sonderregelung für die öffentliche Hand

Eine Sonderregelung gilt im Rahmen der Eigentumsentflechtung für staatlich kontrollierte Unternehmen. Gemäß Art. 9 Abs. 6 EltRL-2009 reicht es bereits aus, wenn die Kontrolle über den Netzbereich einerseits und die Erzeugung bzw. den Vertrieb andererseits von zwei voneinander getrennten öffentlichrechtlichen Stellen wahrgenommen wird. Darüber, was unter eine öffentlichrechtliche Stelle ('public body')[54] fallen kann, gibt es keine hinreichende Bestimmtheit. Aus dem Erwägungsgrund 23 zur Richtlinie ergibt sich, dass der Mitgliedstaat im Einzelfall die tatsächliche Unabhängigkeit des Netzbetreibers nachweisen muss. Dies entfließt dem in diesem Erwägungsgrund genannten Grundsatz der Nichtdiskriminierung zwischen öffentlichem und privatem Sektor. Trotzdem wird in der Literatur bereits jetzt vor einer Ungleichbehandlung staatlicher und privater Unternehmen gewarnt.[55]

Die Regelung ist mit Beschränkungen in Art. 345 AEUV (ehem. Art. 295 EGV) verbunden, wonach die Eigentumsordnung in den verschiedenen Mitgliedsstaaten vom EU-Recht unberührt gelassen wird.[56] Die Anwendung der Vorschriften in Art. 9 EltRL-2009 auf ein staatlich kontrolliertes Stromübertragungsnetz würde zwingend bedeuten, dass der Staat keine Beteiligungen, Stimmrechte, Organbesetzungsbefugnisse oder sonstige Einflussmöglichkeit auf Stromerzeugungs- bzw. Stromvertriebsunternehmen haben darf. Zum Zeitpunkt

---

53 Zu demselben Ergebnis kommt *Schmidt-Preuß*, ET 2009, 82, 83.

54 Vgl. Kommentar von *Ehricke* zum Begriff der „Stelle" i. S. d. Art. 23 Abs. 1 S. 1 EltRL-2003 bezüglich der Bestellung nationaler Regulierungsbehörden. Eine Stelle sei weit zu verstehen als „sämtliche Verwaltungsapparate oder Einheiten zur Aufgabenwahrnehmung im staatlichen Interesse". *Ehricke*, Die Regulierungsbehörde für Strom und Gas, S. 39.

55 *Pießkalla*, EuZW 2008, 199, 204.

56 *Bourwieg/Antoni*, ET 2008, 36, 36 (Fn. 6) ; *Callies*, ET 2007, 92-99; *Pießkalla*, EuZW 2008, 199, 201 ff.

des Erlasses der neuen Stromrichtlinie war dies EU-weit bei 24 Übertragungsnetzbetreibern der Fall.[57]

c) unabhängiger Netzbetreiber (ISO)

Beim Modell eines unabhängigen Netzbetreibers (Independent System Operator, ISO) wird das Eigentum am Übertragungsnetz im Konzern belassen. Zur Wahrnehmung der Funktion des Netzbetriebs wird ein vom vertikal integrierten Versorger unabhängiges Unternehmen bestellt. Der unabhängige Netzbetreiber nach Art. 13 EltRL-2009 soll dieselben Unabhängigkeitsanforderungen erfüllen, wie ein eigentumsmäßig entflochtener Netzbetreiber nach Art. 9 EltRL-2009,[58] außer der Voraussetzung in Abs. 1 lit. a, dass er Eigentümer des von ihm betriebenen Übertragungsnetzes sein muss. ISO muss über die erforderlichen finanziellen, technischen, personellen und materiellen Ressourcen verfügen, um die Aufgaben eines Übertragungsnetzbetreibers auszuüben (Art. 13 Abs. 2 lit. b EltRL-2009). Der Netzeigentümer wird zur rechtlichen und operationellen Entflechtung verpflichtet – Art. 14 EltRL-2009.

Der unabhängige Netzbetreiber verpflichtet sich zur Umsetzung eines Netzausbauplans und beschließt erforderliche Investitionen, die einer Genehmigung der Regulierungsbehörde unterliegen. Der Netzeigentümer verpflichtet sich zur Finanzierung entsprechender Maßnahmen, zur Sicherung von Haftungsrisiken im Zusammenhang mit dem Netzvermögen und zur Gewährung von Garantien zur Erleichterung von Finanzierung erforderlicher Netzausbaumaßnahmen – Art. 13 Abs. 5 EltRL-2009.

Gemäß Art. 16 EltRL-2009 werden sowohl Betreiber als auch Eigentümer von Übertragungsnetzen verpflichtet die Vertraulichkeit wirtschaftlich sensibler Informationen aus dem Netzbereich zu wahren. In diesem Zusammenhang werden konkretisierende Vorgaben bezüglich sogenannter Shared Services getroffen. Grundsätzlich darf der Übertragungsnetzeigentümer keine gemeinsamen Einrichtungen, insbesondere keine Rechtsabteilungen, mit anderen Teilen des vertikal integrierten Unternehmens nutzen, mit Ausnahme von rein administrativen Abteilungen und IT-Diensten – Art. 16 Abs. 1 EltRL-2009.

Aufgrund der Tatsache das der Netzeigentümer alle finanziellen Verpflichtungen und Risiken in Bezug auf das Netzvermögen trägt und dabei keinerlei Einfluss auf oder Kontrolle über das Netzgeschäft und die Investitionsplanung behält, wurde das ISO-Modell in der deutschen Literatur einer scharfen Kritik

57 *Bourwieg/Antoni*, ET 2008, 36, 36 ; *Möllinger*, Eigentumsrechtliche Entflechtung der Übertragungsnetzbetreiber, S. 177 f.

58 *Bourwieg/Antoni*, ET 2008, 36, 36.

unterworfen, auch unter verfassungsrechtlichen Gesichtspunkten.[59] Jedenfalls wird von Umsetzung dieser Variante mehrfach abgeraten.[60]

d) unabhängiger Übertragungsnetzbetreiber (ITO)

Im Rahmen des dritten Modells wird das Übertragungsnetz ebenfalls im Eigentum des vertikal integrierten Unternehmens belassen. Es wird von einem konzernzugehörigen Netzbetreiber betrieben, an den verschärfte Unabhängigkeitsanforderungen gestellt werden (unabhängiger Übertragungsnetzbetreiber, ITO). Insbesondere zählen zu seinen Aufgaben ausdrücklich der Betrieb, Wartung und Ausbau des Übertragungsnetzes (Art. 17 Abs. 2 lit. e EltRL-2009) sowie die Investitionsplanung (lit. f).

Es wird eine volle Ausstattung des Netzbetreibers mit allen für die Wahrnehmung seiner Aufgaben erforderlichen personellen, technischen, materiellen und finanziellen Ressourcen vorausgesetzt, indem das Übertragungsnetz sich im Eigentum des ITO befinden und das im Bereich der Stromübertragung tätige Personal bei ihm angestellt sein müssen. Das vertikal integrierte Unternehmen wird verpflichtet, angemessene finanzielle Ressourcen für Investitionsmaßnahmen bereitzustellen – Art. 17 Abs. 1 EltRL-2009.

An den ITO werden im Vergleich mit der Beschleunigungsrichtlinie 2003 verschärfte Anforderungen zur operationellen bzw. personellen Entflechtung gestellt. Außer der vollen Ressourcenausstattung des Übertragungsnetzbetreibers und seiner wirksamen Entscheidungsbefugnisse über diese Ressourcen wird es ihm untersagt, direkt oder indirekt Anteile an konzerneigenen Erzeugungs- und Vertriebsunternehmen oder Gewinnrechte zu halten. Entsprechende Tochterunternehmen dürfen ihrerseits weder direkt noch indirekt Anteile am Übertragungsnetzbetreiber halten. Es wird ausdrücklich darauf hinwiesen, dass die tatsächliche Unabhängigkeit des ITO durch „die gesamte Verwaltungsstruktur und Unternehmenssatzung" gewährleistet werden soll. Vgl. Art. 17 Abs. 1 ff. EltRL-2009.

Detaillierte Vorgaben zur personellen Unabhängigkeit des ITO finden sich in Art. 19 EltRL-2009. Insbesondere soll tatsächliche Unabhängigkeit des leitenden Personals im Rahmen seiner Beschäftigungsverhältnisse, durch Ausschluss beruflicher Tätigkeit in anderen Teilen des vertikal integrierten Unternehmens drei Jahre vor und vier Jahre nach der Tätigkeit im Übertragungsnetzbetreiber sowie durch Ausschluss von Beteiligungen bzw. Gewinnrechten des Personals am ITO gewährleistet werden.

59 *Säcker*, ET 2007, 86, 87 ff.; *Schmidt-Preuß*, ET 2009, 82, 83.

60 *Säcker*, ET 2007, 86, 90.

Das Interesse des vertikal integrierten Unternehmens am Geschäftsergebnis und an Rentabilität des Netzbetreibers werden durch ein im ITO zu bildendes Aufsichtsorgan gemäß Art. 20 EltRL-2009 sichergestellt. Das Aufsichtsorgan entscheidet über grundlegende allgemeine Finanzfragen, jedoch nicht über den laufenden Netzbetrieb und die Investitionsmaßnahmen zum Netzausbau.

e) Verteilernetzbetreiber

Die Entflechtungsvorschriften für die Verteilernetzbetreiber bleiben im Vergleich mit der Beschleunigungsrichtlinie im Wesentlichen unverändert: sie unterliegen einer rechtlichen, operationellen, informatorischen sowie buchhalterischen Entflechtung. Hinzu kommt lediglich eine neue ergänzende Anforderung zur Vermeidung von Verwechslung der Identität des Verteilernetzbetreibers mit der Vertriebssparte des vertikal integrierten Unternehmens im Hinblick auf die Kommunikationsaktivitäten und die Markenpolitik – Art. 26 Abs. 3 EltRL-2009.

4. Ausnahmen von den Entflechtungsvorgaben

a) Freistellungsspielraum nach der Beschleunigungsrichtlinie 2003

In der Beschleunigungsrichtlinie zum Strombinnenmarkt war eine mögliche Freistellung kleiner Elektrizitätsunternehmen von einigen bzw. allen Entflechtungsvorschriften vorgesehen. Konkrete diesbezügliche Regelungen wurden den Mitgliedsstaaten überlassen. Das Ziel der Ausnahme bestand laut Erwägungsgrund 11 zur Richtlinie in der Vermeidung einer finanziell und administrativ unverhältnismäßig starken Belastung dieser Unternehmen, die sich aus einer Restrukturierung ergeben könnte.

Gemäß Art. 15 Abs. 2 S. 3 EltRL-2003 war eine Ausnahme von rechtlicher und operationeller – jedoch nicht von informatorischer und buchhalterischer – Entflechtung für Verteilernetzbetreiber mit weniger als 100.000 angeschlossenen Kunden oder für kleine isolierte Netze möglich. Ein kleines, isoliertes Netz definiert sich in Art. 2 Nr. 26 EltRL-2003 als ein Netz mit einem Verbrauch von weniger als 3.000 GWh im Jahr 1996, das bis zu einem Wert von weniger als 5 % seines Jahresverbrauchs mit anderen Netzen in Verbund geschaltet werden kann.

Darüber hinaus war in Art. 26 EltRL-2003 die Möglichkeit für eine noch weiter reichende Freistellung kleiner isolierter Netze vorgesehen. Die Ausnahme erstreckt sich auf Kapitel IV mit Entflechtungsregelungen für Übertragungsnetzbetreiber, auf Kapitel V mit Entflechtungsregelungen für Verteilernetzbetreiber und auf Kapitel VI mit „Entflechtung der Rechnungslegung“. Somit sind sämtliche Unbundling-Vorgaben erfasst. Sie bedarf einer Zustimmung der Europäischen Kommission; der beantragende Mitgliedstaat muss dabei erhebliche Probleme für den Betrieb seiner kleinen isolierten Netze im Zusammenhang mit diesen Vorgaben nachweisen – Art. 26 Abs. 1 EltRL-2003.

Aufgrund Art. 26 Abs. 1 EltRL-2003 ergingen Entscheidungen zur Ausnahme für die Republik Malta[61], Zypern[62] sowie die Inselgruppen der Azoren[63] und Madeira[64] (Portugal).[65] Diese Entscheidungen stützte die Kommission nicht nur auf die Werte zum Jahresverbrauch im betroffenen Netz und zur Kapazität seiner Verknüpfungen mit anderen Netzen[66], sondern auch auf den Nachweis, dass „wegen der Größe und der Struktur des Strommarktes" auf der jeweiligen Insel „das Ziel eines vom Wettbewerb geprägten Strommarktes zurzeit nicht oder nicht ohne Weiteres erreicht werden kann". Darüber hinaus wurde berücksichtigt, dass sich die Umsetzung der Richtlinienvorgaben für das entsprechende Elektrizitätssystem unter Umständen negativ auf die Versorgungssicherheit auswirken und zu Strompreiserhöhungen führen könnte.[67]

b) Ausnahmen im Energiewirtschaftsgesetz 2005

Entsprechend den geschilderten europarechtlichen Vorschriften legte der deutsche Gesetzgeber im Energiewirtschaftsgesetz 2005 zwei Arten von Ausnahmen mit unterschiedlichem Umfang und unterschiedlichen Tatbeständen fest: nach § 7 Abs. 2 und § 8 Abs. 6 EnWG für Verteilernetzbetreiber mit einer geringen Kundenzahl und nach § 110 Abs. 1 EnWG für sogenannte Objektnetze.

---

61 Entscheidung der Kommission 2006/859/EG vom 28.11.2006 zur Ausnahme der Republik Malta von Bestimmungen der Richtlinie 2003/54/EG des Europäischen Parlaments und des Rates, ABl. EU Nr. L 332 vom 30.11.2006, S. 32–33.

62 Entscheidung 2006/653/EG der Kommission vom 25. September 2006 Ausnahme der Republik Zypern von Bestimmungen der Richtlinie 2003/54/EG des Europäischen Parlaments und des Rates, ABl. EU Nr. L 270 vom 29.9.2006, S. 72.

63 Entscheidung der Kommission 2004/920/EG vom 20.12.2004 über eine Ausnahme der Inselgruppe der Azoren von Bestimmungen der Richtlinie 2003/54/EG des Europäischen Parlaments und des Rates, ABl. EU 2003 Nr. L 389 vom 30.12.2004, S. 31.

64 Entscheidung der Kommission 2006/375/EG vom 23.5.2006 Ausnahme der Inselgruppe Madeira von Bestimmungen der Richtlinie 2003/54/EG, ABl. EU 2006 Nr. L 142 vom 30.5.2006, S. 35.

65 *Boesche/Wolf*, NZER 2008, 123, 123 f.

66 Siehe bspw. Erwägungsgrund 2 der Entscheidung der Kommission 2006/859/EG vom 28.11.2006 zur Ausnahme der Republik Malta von Bestimmungen der Richtlinie 2003/54/EG des Europäischen Parlaments und des Rates, ABl EU Nr. L 332 vom 30.11.2006, S. 32.

67 Ebenda, Erw. 3.

aa) de-minimis-Regelung

Nach § 7 Abs. 2 EnWG sind vertikal integrierte Stromversorgungsunternehmen, an deren Netze weniger als 100.000 Kunden angeschlossen sind, von der Verpflichtung zur rechtlichen Entflechtung ausgenommen. In § 8 Abs. 6 EnWG ist für diese Unternehmen eine Ausnahme auch von operationeller Entflechtung festgelegt. Bei der Kundenzahlberechnung werden sowohl unmittelbare als auch mittelbare Anschlüsse berücksichtigt, um größeren Unternehmen Umgehungsmöglichkeiten zu verschließen. Der Zweck der Freistellung besteht darin, die Verhältnismäßigkeit der Umsetzungsmaßnahmen zum Ziel der Unbundling-Vorgaben bei kleinen Unternehmen zu wahren.[68] [69]

Die deutsche Norm entspricht genau der Ausnahmeermächtigung in Art. 15 Abs. 2 S. 3 EltRL-2003. Entsprechend dem Eckpunktepapier zur Novellierung des EnWG 2011 soll die *de-minimis*-Regel auch in der neuen Fassung bestehen bleiben.[70]

bb) Objektnetze

Den zweiten Ausnahmetatbestand bilden Objektnetze, die gemäß § 110 Abs. 1 EnWG von sämtlichen Vorschriften zur Entflechtung (Teil 2 des Gesetzes) und zum Netzbetrieb, einschließlich des Anspruchs auf diskriminierungsfreien Netzanschluss und Netzzugang freigestellt sind.[71] § 110 Abs. 1 EnWG beinhaltet drei Tatbestände: Industrienetze (Nr. 1), private Netze mit einem gemeinsamen Geschäftszweck (Nr. 2) und Netze zur Eigenversorgung (Nr. 3).

§ 110 Abs. 1 Nr. 1 EnWG dient der Freistellung größerer, energieintensiver Industriebetriebe mit eigenen Stromerzeugungsanlagen und Netzen, die überwiegend zum Stromtransport innerhalb des eigenen Betriebes genutzt werden.[72] Im Vordergrund der Betrachtung steht ein „räumlich zusammengehörendes Betriebsgebiet", so dass eventuell verbundene Unternehmen im Konzern zusammen berücksichtigt werden. Der Begriff der überwiegenden Versorgung bzw. Transports wird im Gesetz nicht definiert. Diesbezüglich finden sich in der Literatur weit gestreute Meinungen: die angenommenen Schwellenwerte für die

---

68 BT-Drucks. 15/3917, S. 52 f.

69 Ausführlicher dazu siehe bspw.: *Säcker/Schönborn* in: BerlKomm EnR, zu § 7, RdNr. 6 ff.

70 Eckpunkte zur EnWG-Novelle 2011, S. 5.

71 Siehe ein ausführliches Literaturverzeichnis zu den Objektnetzen bei *Säcker/Wolf*, S. 22 f.

72 *Boesche* in: Berliner Kommentar, zu § 110, RdNr. 6; *Rosin*, RdE 2006, 9, 11.

Versorgung Dritter reichen von „unter 5 %“ in Anlehnung an die Definition eines kleinen, isolierten Netzes in der EltRL-2003[73] bis „unter 50 %“[74].

§ 110 Abs. 1 Nr. 2 EnWG bezieht sich auf Netze in räumlich zusammengehörenden privaten Gebieten, die der Energieversorgung bestimmbarer Letztverbraucher dienen. Vorausgesetzt wird ein gemeinsamer übergeordneter Geschäftszweck, der über reine Vermietungs- und Verpachtungsverhältnisse hinausgeht und durch die Anwendung entsprechender EnWG-Normen, einschließlich Unbundling, unzumutbar erschwert würde. Aufgrund der Gesetzgebungshistorie wird davon ausgegangen, dass es sich hier um ähnliche Versorgungskonstellationen handelt, wie bei den Industrienetzen, nur außerhalb des Industriebereichs – vor allem im Dienstleistungssektor.[75] Beispielhaft fallen darunter kleine Bahnhöfe und kleine Flughäfen, bei denen klar ist, dass die dort angesiedelten Geschäfte im Hinblick auf ihre Anzahl, Größe und Angebot dem übergeordneten Geschäftszweck der Passagierbeförderung dienen.[76]

Bei § 110 Abs. 1 Nr. 3 EnWG handelt es sich um Netze zur überwiegenden Eigenversorgung. Darunter fällt gemäß § 110 Abs. 4 EnWG sowohl Versorgung aus Eigenanlagen, als auch Versorgung durch einen Dritten aus Anlagen, die ausschließlich oder überwiegend für die Versorgung von bestimmbaren Letztverbrauchern bestimmt sind. Dieser Tatbestand weist weitgehende Ähnlichkeiten zu den Industrienetzen gemäß Nr. 1 auf.[77] In beiden Fällen handelt es sich um überwiegende Eigenversorgung. Ausgehend von dem Wortlaut in Nr. 1 muss die Stromerzeugung bei der Ausnahme für Industrienetze nicht zwingend durch das freigestellte Unternehmen erfolgen, da auf den Zweck des Transports abgestellt wird. Es spricht nichts dagegen, dass auch im Fall von Industrienetzen die Elektrizität nicht selbst erzeugt, sondern von Dritten (allerdings nicht notwendigerweise im Rahmen von Strom-Contracting[78]) bezogen und durch ein eigenes Netz für das eigene Betriebsgebiet verteilt wird, davon kann ein unwesentlicher Anteil an weitere Letztverbraucher abgesetzt werden. Der Unterschied besteht darin, dass die Eigenversorgung gemäß Nr. 3 über den Industriebereich hinausreicht. Ferner gilt nach Nr. 3 ein strikterer Maßstab für die räumliche Zusammengehörigkeit des Netzgebietes, was durch den Wortlaut bzw. den Verweis auf ein „eng zusammengehörendes“ Gebiet zum Ausdruck kommt.

---

73 *Boesche/Wolf*, ZNER 2005, 285, 296.

74 *Rosin*, RdE 2006, 9, 12.

75 *Rosin*, RdE 2006, 9, 13 mit weiteren Nachweisen.

76 Ausführlicher zur Abgrenzung von ausnahmefähigen und nicht ausnahmefähigen Fallkonstellationen siehe: *Boesche* in: BerlKomm EnR, zu § 110 EnWG, RdNr. 19 ff.

77 Vgl. ebenda, RdNr. 10.

78 Vgl. dazu *Boesche* in: BerlKomm EnR, zu § 110 RdNr. 31; Rosin, RdE 2006, 9, 14.

Die drei Ausnahmetatbestände gelten nicht für Netze der allgemeinen Versorgung i. S. d. § 3 Nr. 17 EnWG. Letztere setzen Verteilung von Energie an Dritte sowie eine solche Auslegung des Netzes voraus, dass es nicht für die Versorgung feststehender oder bestimmbarer Letztverbraucher vorbestimmt ist, sondern grundsätzlich für jeden Letztverbraucher zur Verfügung steht. Des Weiteren wird für alle Arten von Objektnetzen eine dauerhafte personelle, technische und wirtschaftliche Leistungsfähigkeit des Netzbetreibers vorausgesetzt – § 110 Abs. 1, letzter Satzteil.

Das Freistellungsverfahren für alle Arten von Objektnetzen besteht darin, dass die zuständige Regulierungsbehörde auf Antrag über das Vorliegen von Voraussetzungen für eine Ausnahme im Einzelfall entscheidet – § 110 Abs. 4 EnWG. Es wird von einem konstitutiven Charakter der Entscheidung ausgegangen.[79]

c) aktuelle europarechtliche Entwicklungen

aa) citiworks-Urteil

Die deutsche Ausnahmevorschrift in § 110 Abs. 1 Nr. 1 EnWG wurde in der Entscheidung des Europäischen Gerichtshofes in der Rechtssache citiworks[80] für europarechtswidrig erklärt. Der Rechtsstreit bezog sich auf die Stromversorgungssituation im Flughafen Leipzig/Halle, wo das Stromversorgungsunternehmen citiworks einen Netzzugangsanspruch gegenüber dem Betreiber des Flughafen-Energieversorgungsnetzes FLH geltend machte und sich dabei auf die Unvereinbarkeit der oben genannten Ausnahme mit Art. 20 EltRL-2003 berief[81].

In der Entscheidung bejaht der EuGH, dass das betroffene Elektrizitätsnetz als ein Verteilernetz in den Anwendungsbereich der Richtlinie fällt (RdNr. 47 ff.). Nach Überprüfung denkbarer Rechtsgrundlagen kommt er zum Ergebnis, dass die fragliche deutsche Regelung von keiner der in der Stromrichtlinie vorgesehenen Freistellungsgrundlagen umfasst ist. Im Hinblick auf Art. 26 Abs. 1 EltRL-2003 sei festzustellen, dass die danach erforderliche Genehmigung der Ausnahmeregelung durch die Kommission weder von der Bundesrepublik Deutschland beantragt noch gewährt wurde.[82] Auch Art. 3 Abs. 8 EltRL-2003, der die Mitgliedstaaten insbesondere zur Nichtanwendung der Bestimmungen

---

79 *Boesche* in: BerlKomm EnR, zu § 110, RdNr. 53. Für einen deklaratorischen Charakter plädiert: *Rosin*, RdE 2006, 9, 16; vgl. auch Ziff. 25 EuGH v. 22.5.2008, Rs. C-439/06 – citiworks.

80 EuGH v. 22.5.2008, Rs. C-439/06 – citiworks.

81 OLG Dresden Beschluss vom 17.10.2006, Az. W 1109/06Kart, A.

82 Tz. 64.

zum Netzzugang ermächtigt, „soweit ihre Anwendung die Erfüllung der den Elektrizitätsunternehmen übertragenen gemeinwirtschaftlichen Verpflichtungen de jure oder de facto verhindern würde", komme hier nicht zur Anwendung, da dies nicht als Begründung für § 110 Abs. 1 Nr. 1 diente bzw. von der Deutschen Regierung erklärt wurde.[83] (Auf die im Urteil besprochene Anwendbarkeit von Art. 20 Abs. 2 EltRL-2003 wird hier aufgrund fehlender Relevanz für Ausnahmen von den Unbundling-Vorgaben nicht eingegangen.) Daraus folgert das Gericht eine Unvereinbarkeit von § 110 Abs. 1 Nr. 1 EnWG mit der Stromrichtlinie 2003.[84]

Diese Schlussfolgerung des EuGH lässt sich mit derselben Argumentation auf die Ausnahmetatbestände in § 110 Abs. 1 Nr. 2 und 3 EnWG erstrecken.[85] Allerdings stand in der Rechtssache citiworks, wie bereits erwähnt, die Ausnahme von der Verpflichtung gegenüber Dritten zur Netzzugangsgewährung gemäß Art. 20 EltRL-2003 bzw. Teil 3, insbesondere § 20 EnWG im Vordergrund. Es ist daher zu hinterfragen, inwiefern auch eine dermaßen weitreichende Ausnahme von den Entflechtungsvorgaben mit den europarechtlichen Vorgaben vereinbar ist.

Dabei ist folgender Unterschied zu beachten. Für Ausnahmen von den Verpflichtungen zur Netzzugangsgewährung ist maßgeblich, ob ein potenzielles, wettbewerbsrelevantes Interesse Dritter an der Netznutzung besteht. Für die Freistellung vom Unbundling kommt außerdem die Überlegung hinzu, dass ein gegenüber dem Entflechtungsziel unverhältnismäßiger organisatorischer und finanzieller Aufwand für das betroffene Unternehmen vermieden werden soll. Vor diesem Hintergrund kommt zusätzlich die Unternehmensgröße zum Tragen. Der Jahresverbrauch und die Anzahl angeschlossener Kunden spiegeln den Umfang der Versorgungstätigkeiten wider und die Schaltungskapazität des Netzes bestimmt seinen Auswirkungsgrad auf den Wettbewerb im Strombinnenmarkt.

In allen drei oben geschilderten Tatbeständen des § 110 Abs. 1 EnWG werden weder Obergrenzen des durchschnittlichen Jahresverbrauchs noch die maximale Zahl versorgter Kunden bestimmt, wie dies in Art. 15 Abs. 2 Unterabs. 6 EltRL-2003 vorgesehen war, so dass nur Art. 26 EltRL-2003 als Ermächtigungsgrundlage für diese Freistellung in Betracht kommt. Jedoch fehlte es auch hier bereits an einer Genehmigung der fraglichen nationalen Ausnahmeregelung durch die Kommission. Vor diesem Hintergrund erscheint die Ausnahme von

---

83 Tz. 61.

84 Tz. 65.

85 *Boesche/Wolf*, ZNER 2008, 123, 126; *Becker*, EuZW 2008, 409, 410; *Kühling/Pisal*, IR 2009, 74, 76; *Säcker/Wolf*, S. 23; OLG Düsseldorf Beschluss vom 27.5.2009 Az. VI-3 Kart 29/08(V), Tz. 2.2.

Objektnetzen i. S. d. § 110 Abs. 1 EnWG in ihrer geltenden Fassung nicht europarechtskonform.

Diese Frage tritt in den Hintergrund mit dem Wirksamwerden der neuen Stromrichtlinie 2009, mit der auf der europäischen Ebene einige Änderungen zu den Ausnahmen von den regulierungsrechtlichen Vorschriften vorgenommen werden.

bb) Ausnahmen nach der Stromrichtlinie 2009

Die Ausnahmemöglichkeit für Verteilernetze mit weniger als 100.000 angeschlossenen Kunden und für kleine isolierte Netze (ehemalig Art. 18 Abs. 1 EltRL-2003) ging komplett in die neue Richtlinie über – vgl. Art. 26 Abs. 1 EltRL-2009. Dabei wurden sowohl die Definition eines kleinen, isolierten Netzes als auch der Freistellungsumfang (sämtliche Unbundling-Vorgaben) ohne Änderungen übernommen.

Dasselbe betrifft die Regelung in Art. 26 Abs. 1 EltRL-2003 (s. o. unter a), die sich in Art. 44 Abs. 1 EltRL-2009 wiederfindet. Darüber hinaus fand die Ausnahme für Übertragungsnetze in Zypern und Luxemburg sowie für Übertragungs- und Verteilernetze in Malta nun ausdrücklich Eingang in den Richtlinientext – Art. 44 Abs. 2 EltRL-2009.

Neu eingeführt wurden unter Einfluss des citiworks-Urteils[86] Regelungen zu geschlossenen Verteilernetzen in Art. 28 EltRL-2009. Darunter verstehen sich Netze in einem geographisch begrenzten Industrie- oder Gewerbegebiet oder Gebiet, in dem Leistungen gemeinsam genutzt werden. Sie dienen der Verteilung von Energie, und zwar in erster Linie an den Netzeigentümer oder -betreiber oder an mit ihm verbundene Unternehmen. Die Tätigkeiten oder Produktionsverfahren der Benutzer dieses Netzes müssen miteinander technisch oder sicherheitstechnisch verknüpft sein. Mit einem geschlossenen Netz dürfen keine Haushaltskunden versorgt werden.[87] Entsprechend Erwägungsgrund 30 zur Richtlinie dient diese Freistellung der „optimalen Effizienz integrierter Energieversorgung". Als Beispiele werden Bahnhofsgebäude, Flughäfen, Krankenhäuser, große Campingplätze mit integrierter Versorgung sowie Standorte der Chemieindustrie angeführt.

Die Tatbestandsmerkmale in Art. 28 Abs. 1 EltRL-2009 wie auch die Beispiele weisen auf eine Ähnlichkeit mit der Ausnahme gemäß § 110 Abs. 1 Nr. 1 EnWG. Eine zusätzliche Anforderung nach der neuen Richtlinie besteht in Ausschluss der Versorgung von Haushaltskunden. Entscheidend ist der Umfang einer zulässigen Ausnahme: geschlossene Verteilernetze werden von den Rege-

---

86 Vgl. dazu *Säcker/Wolf*, S. 24 ff.; Kühling/Pisal, IR 2009, 74, 78.

87 Vgl. Art. 28 Abs. 1 EltRL-2009.

lungen zur Tarifgenehmigung und der Beschaffung von Verlustenergie befreit. Aufgrund eines fehlenden ausdrücklichen Verweises auf eine Ausnahme von allen oder einigen Entflechtungsanforderungen in Art. 28 Abs. 1 EltRL-2009 lässt sich darauf schließen, dass diese vom europäischen Normgeber nicht gewollt ist. Daraus ergibt sich entsprechender Änderungsbedarf bei der anstehenden EnWG-Novellierung nicht nur im Hinblick auf den Netzzugang, sondern auch auf das Entflechtungsregime.

III. Kontrolle über die Einhaltung der Entflechtungsregelungen

1. Die zuständige Behörde

Das deutsche Energiewirtschaftsgesetz enthält keine speziellen Regelungen zur Durchsetzung der Unbundling-Vorgaben. Diese sind aus den allgemeinen Vorschriften über die Regulierungsbehörden und die Kontrolle sämtlicher Bestimmungen des EnWG abzuleiten.[88] Da die besonderen Aufsichtsbefugnisse der Regulierungsbehörde gemäß § 29 ff. EnWG sich nicht auf die Entflechtungsvorschriften (Teil 2 EnWG) erstrecken, kommt hier nur § 65 EnWG als Rechtsgrundlage für das Tätigwerden der Bundesnetzagentur bzw. der Landesregulierungsbehörden in Betracht. Von dieser Vorschrift ist jede Nichteinhaltung des EnWG oder aufgrund dessen ergangener Rechtsvorschriften erfasst.

Gemäß § 54 Abs. 2 Nr. 4 EnWG obliegt die Überwachung der Vorschriften zur Entflechtung den Landesregulierungsbehörden, solange an die Netze des betroffenen Energieunternehmens weniger als 100 000 Kunden angeschlossen sind und es sich um keine Elektrizitäts- bzw. Gasverteilernetze handelt, die über das Gebiet eines Bundeslandes hinausreichen. In sonstigen Fällen ist die Bundesnetzagentur zuständig. In ihre Kompetenz fallen somit alle Übertragungsnetze sowie Verteilernetze mit mehr als 100 000 angeschlossenen Kunden und länderübergreifende Netze.[89] Die vertikale Kompetenzabgrenzung wird also nach der Unternehmensgröße sowie nach der Relevanz für ein bzw. mehrere Bundesländer vorgenommen.

Im ursprünglichen Entwurf des EnWG war eine ausschließliche Aufsichtsbefugnis der Bundesnetzagentur im Bereich der Entflechtung vorgesehen.[90] Begründet wurde dies damit, dass die Wahrnehmung dieser Aufgabe durch Lan-

---

88 Vgl. *Angenendt/Gramlich/Pawlik*, LKV 2006, 49, 52.

89 *Britsch* in: PriceWaterhouseCoopers, Entflechtung und Regulierung, S. 228.

90 BT-Drucks. 15/3917, S. 26.

desregulierungsbehörden zu einem erhöhten Verwaltungsaufwand führen würde. Dabei wären die zusätzlichen Fachkräfte ungleichmäßig ausgelastet, da der Bedarf nach Aufsichtsmaßnahmen wegen Nichteinhaltung der Entflechtungsvorgaben zeitlich und territorial unregelmäßig verteilt sei. Außerdem könne die ausschließliche Kompetenz der Bundesbehörde zu einer einheitlichen Rechtsanwendung beitragen.[91] Jedoch konnte die Bundesnetzagentur ihre alleinige Zuständigkeit nicht durchsetzen.[92]

Gemäß § 58 Abs. 1 EnWG ist die Bundesnetzagentur bei Entscheidungen im Rahmen der Aufsicht über die Einhaltung der Entflechtungsvorschriften zur Zusammenarbeit mit den Kartellbehörden verpflichtet. Entscheidungen gemäß § 65 i. V. m. §§ 6-10 EnWG trifft sie im Einvernehmen mit dem Bundeskartellamt, jedoch nur hinsichtlich der Bestimmung des Verpflichteten.[93] Dabei handelt es sich um die Qualifikation als vertikal integriertes Unternehmen unter Anwendung von § 3 Nr. 38 EnWG bzw. des fusionskontrollrechtlichen Begriffs der Kontrolle nach Art. 3 Abs. 2 der EG-Verordnung Nr. 139/2004.

2. Behördliche Kontrollbefugnisse

Die Befugnisse zur Aufsicht über die Einhaltung der Entflechtungsregelungen werden in erster Linie in § 65 EnWG begründet. § 65 EnWG beinhaltet zwei Arten von Befugnissen der Regulierungsbehörden. Erstens kann die Behörde gemäß § 65 Abs. 1 EnWG die Abstellung eines Verhaltens verlangen, das gegen die Vorschriften des EnWG und der auf dessen Grundlage ergangenen Rechtsverordnungen verstößt. Zweitens, wenn ein Unternehmen seinen Verpflichtungen aus diesen Vorschriften nicht nachkommt, kann die Behörde gemäß § 65 Abs. 2 EnWG positive Maßnahmen anordnen.

Im Zusammenhang mit der Befugnis aus § 65 Abs. 2 EnWG stellt sich die Frage nach dem möglichen Inhalt bzw. der Eingriffsintensität entsprechender Verfügungen. Der Wortlaut von § 65 Abs. 2 EnWG entspricht weitgehend den Vorschriften des GWB über die allgemeine kartellbehördliche Aufsicht.[94] § 32 Abs. 2 GWB besagt, dass die Kartellbehörde alle Maßnahmen zur Abstellung einer Zuwiderhandlung gegen das Kartellgesetz anordnen kann. Die Maßnahmen sollten für diesen Zweck erforderlich und demgegenüber verhältnismäßig

---

91 BT-Drucks. 15/3917, S. 68 ff.

92 *Säcker/Rabensdorf* in: Säcker (Hrsg.), Handbuch zum deutsch-russischen Energierecht, S. 545.

93 *Staebe*, DVBl 2004, 853, 857.

94 BT-Drucks. 15/3917, S. 70.

sein.[95] Im EnWG werden zwar die Voraussetzungen der Erforderlichkeit und Verhältnismäßigkeit nicht ausdrücklich benannt. Dies wird jedoch in der Kommentierung auch für das EnWG unmittelbar aus dem Rechtsstaatlichkeitsprinzip gefolgert.[96] Angesichts der parallel laufenden Formulierungen in beiden Gesetzen könnte § 65 Abs. 2 EnWG, analog zu § 32 Abs. 2 GWB, als Grundlage für die Anordnung konkreter Maßnahmen zur Entflechtung verstanden werden.[97]

Vorweg ist festzuhalten, dass in § 111 GWB unter den energierechtlichen Spezialvorschriften, welche die Anwendung des allgemeinen Kartellrechts ausschließen, die Entflechtungsregelungen in Teil 3 EnWG nicht ausdrücklich benannt sind. Somit steht diese Vorschrift zum Verhältnis zwischen dem EnWG und dem GWB einer analogen Auslegung von § 65 EnWG anhand § 32 GWB nicht im Wege.

In der Gesetzesbegründung wird § 65 Abs. 1 EnWG in ein analoges Verhältnis zu § 32 GWB und § 65 Abs. 2 EnWG – zu § 126 Abs. 2 des Telekommunikationsgesetzes (TKG) gestellt.[98] Der fehlende Hinweis auf GWB bei der letzteren Vorschrift könnte darauf zurückzuführen sein, dass beim Verfassen der Gesetzesbegründung noch die alte, von § 32 Abs. 2 EnWG abweichende Fassung des § 32 Abs. 2 GWB galt.

Vor der Novellierung 2005 sprach diese Vorschrift ausschließlich von Untersagungen bzw. ließ keine positive Tenorierung zu, es sei denn die anzuordnenden positiven Maßnahmen stellten die einzige Möglichkeit der Einhaltung dar.[99] Gemäß § 65 Abs. 2 EnWG kann die Behörde über Abstellungsverfügungen hinaus erforderliche Maßnahmen anordnen, was dem aktuellen Wortlaut von § 32 Abs. 2 GWB entspricht. Dieser Vergleich spricht dafür, dass die Anordnung konkreter Maßnahmen von § 65 Abs. 2 EnWG umfasst ist.

In Bezug auf die Entflechtung im Energiebereich bleibt auch nach dieser Schlussfolgerung fraglich, inwieweit die behördlichen Verfügungen konkret zu formulieren sind. Zum einen muss die Verfügung, wie jeder Verwaltungsakt, nach § 37 Abs. 1 VwVfG inhaltlich hinreichend bestimmt sein.[100] Die herrschende Meinung geht davon aus, dass der Bestimmtheitsgrad eines Verwaltungsaktes sich nicht nur nach dem allgemeinen Rechtsstaatsprinzip, sondern

---

95 Näher dazu: *Bornkamm* in: Langen/Bunte (Hrsg.), Kommentar zum deutschen und europäischen Kartellrecht, Bd. 1, zu § 32, RdNr. 25, 27.

96 *Paul* in: BerlKomm EnR, zu § 65 RdNr. 15.

97 *Paul* in: BerlKomm EnR, zu § 65, Rd.Nr. 3 ff.

98 BT-Drucks. 15/3917, S. 70.

99 *Bornkamm* in: Langen/Bunte (Hrsg.), Kommentar zum deutschen und europäischen Kartellrecht, Bd. 1, zu § 32, RdNr. 22 f.

100 Näher dazu bspw. *Ramsauer*, VwVfG, zu § 37, RdNr. 5 ff.

auch dem Wesen materieller Rechtsnormen im konkreten Fall richten soll.[101] Daher sind die Normen über die rechtliche Entflechtung aus diesem Blickwinkel zu betrachten. Die hinreichende Bestimmtheit setzt unter anderem auch eine Vollstreckbarkeit der Entscheidung voraus, so dass der Verwaltungsvollstreckung keine Konkretisierung überlassen wird.[102]

In der Praxis wird die Entflechtungsmodalität in Entscheidungen der Bundesnetzagentur wegen Nichteinhaltung der Vorschriften von § 7 EnWG nicht konkretisiert.[103] Es finden sich jedoch auch Beispiele für genauere Vorgaben. So ordnete die sächsische Landesregulierungsbehörde im Verfahren gegen die Städtischen Werke Borna an, „den Betrieb von Strom- und Gasnetz an die Städtische Werke Borna Netz GmbH zu übergeben".[104]

Neben den Aufsichtsbefugnissen begründet § 35 EnWG Befugnisse der Regulierungsbehörden zum Monitoring. Gemäß § 35 Abs. 1 Nr. 5 EnWG fällt darunter die tatsächliche Entflechtung der Rechnungslegung zur Verhinderung von Quersubventionen.[105] Aber auch sonstige Aspekte der Entflechtung sind unter Ausmaß an Transparenz und Wettbewerb (§ 35 Nr. 10 EnWG) mit umfasst.[106]

3. Verfahren

Für die Aufsicht über die Entflechtungsmaßnahmen gelten im deutschen Energierecht die allgemeinen Verfahrensvorschriften von § 65 ff. EnWG. Diese Vorschriften entsprechen weitgehend den Verfahrensbestimmungen im Gesetz gegen Wettbewerbsbeschränkungen (§ 54 ff. GWB).[107] Schließlich finden auch die allgemeinen Vorschriften des Verwaltungsverfahrensgesetzes Anwendung.[108]

Das Verfahren wird von der Regulierungsbehörde von Amts wegen oder auf Antrag eingeleitet (§ 66 Abs. EnWG). Das Verfahren gemäß § 65 EnWG ist objektiv bzw. verschuldensunabhängig.[109] In § 67 Abs. 1 EnWG ist das Recht des

---

101 *Benkel*, NZS 1997 58, 60.

102 *Paul* in: BerlKomm EnR, zu § 65, RdNr. 24.

103 Siehe bspw. Beschluß BNetzA Städtische Werke AG Kassel, Az. BK6-06-062, BK6-07-031, Tz. 2.

104 Einleitung des Verfahrens nach § 65 Abs. 2 EnWG gegen die Städtische Werke Borna GmbH wegen Verstoßes gegen § 7 Abs. 3 EnWG (9.11.2007).

105 Vgl. dazu: *Ehricke*, Die Regulierungsbehörde für Strom und Gas, S. 60 f.

106 *Angenendt/Gramlich/Pawlik*, LKV 2006, 49, 51.

107 BT-Drucks. 15/3917, S. 71 f.; Staebe, DVBl 2004, 853, 862; *Britsch* in: PriceWaterhouseCoopers, Entflechtung und Regulierung, S. 229 f.

108 *Paul* in: BerlKomm EnR, zu § 65, RdNr. 26.

109 *Paul* in: BerlKomm EnR, zu § 65, RdNr. 31.

Betroffenen auf rechtliche Anhörung vorgesehen. Diese Vorschrift kann als *lex specialis* gegenüber der allgemeinen Vorschrift zum Anhörungsrecht im Verwaltungsverfahren in § 28 VwVfG qualifiziert werden[110] mit der Folge, dass die dort in Abs. 2 und 3 vorgesehene Möglichkeit von der Anhörung abzusehen, im Geltungsbereich des Energiewirtschaftsgesetzes keine Anwendung findet.[111] Entscheidungen der Regulierungsbehörde sind zu begründen – § 73 Abs. 1 EnWG.

Im Rahmen der Ermittlungen steht der Regulierungsbehörde das Recht zu, soweit erforderlich, von Unternehmen Auskunft über ihre technischen und wirtschaftlichen Verhältnisse zu verlangen, einschließlich entsprechender Auskünfte über verbundene Unternehmen, sowie die geschäftlichen Unterlagen vor Ort einzusehen und zu prüfen – vgl. § 69 Abs. 1 EnWG. Auf Anforderung des zuständigen Amtsgerichts können in begründeten Fällen Durchsuchungen vorgenommen werden (§ 69 Abs. 4 EnWG).

Gegen eine Entscheidung der Regulierungsbehörde gemäß § 65 EnWG kann der Betroffene eine Beschwerde vor Gericht erheben, die in § 75 ff. EnWG geregelt ist.[112] Während solche Beschwerden grundsätzlich keine aufschiebende Wirkung haben, wird in § 78 EnWG eine Ausnahme hiervon für Entscheidungen zur Durchsetzung der Verpflichtungen aus §§ 7 und 8 EnWG begründet. Die Ausnahme hängt mit unter Umständen weitreichenden Auswirkungen der zu vollziehenden Maßnahmen zusammen.[113] Vor allem die Rückabwicklung einer Unternehmensumwandlung wäre bei einer erfolgreichen Anfechtung der Entscheidung mit einem unvertretbaren Aufwand verbunden.

4. Sanktionen

Der Durchsetzung der energierechtlichen Entflechtungsvorgaben dienen zwei allgemeine, im Energiewirtschaftsgesetz vorgesehene Rechtsinstrumente: das Zwangsgeld (§ 94 EnWG) und das Bußgeld (§ 95 EnWG).

a) Bußgeld

Eine Zuwiderhandlung gegen eine vollziehbare Anordnung nach § 65 Abs. 1 oder 2 EnWG stellt gemäß § 95 Abs. 1 Nr. 3 lit. a, 2. Alt. eine Ordnungswidrig-

110 *Paul* in: BerlKomm EnR, zu § 67, RdNr. 2.

111 a. A.: *Bruhn* in: BerlKomm EnR, zu § 72, RdNr. 8.

112 Siehe dazu: *Britsch* in: PriceWaterhouseCoopers, Entflechtung und Regulierung, S. 234 ff.

113 *Stockmann* in: BerlKomm EnR, zu § 76, RdNr. 1.

keit dar, die mit einer Bußgeldstrafe geahndet wird. Das Bußgeld beträgt in diesem Fall bis zu 100 000 Euro – vgl. § 95 Abs. 2 S. 1 EnWG. Da Anordnungen wegen Nichteinhaltung der Entflechtungsvorschriften in §§ 6 ff. EnWG unter § 65 Abs. 1 bzw. 2 EnWG fallen, sichert diese Sanktion also auch deren Umsetzung.

An die Tatsache einer Nichtbefolgung von Entflechtungsvorgaben an sich werden noch keine negativen Rechtsfolgen geknüpft. Sie treten erst mit der Feststellung einer Zuwiderhandlung gegen Gesetzesvorschriften und Nichtbefolgung einer ergangenen Anordnung der Regulierungsbehörde zur deren Einhaltung ein.[114]

Im Hinblick auf die Voraussetzung der Vollziehbarkeit ist die ausnahmsweise vorgesehene aufschiebende Wirkung der Beschwerde gegen eine Anordnung im Bereich der rechtlichen und operationellen Entflechtung gemäß § 76 Abs. 1 EnWG zu beachten. Solange die Vollziehung der Anordnung aufgrund einer Beschwerde ausgesetzt ist, greift keine Bußgeldsanktion.

Im Eckpunktepapier wird eine Umgestaltung der Bußgeldvorschrift des Energiewirtschaftsgesetzes, insbesondere im Hinblick auf die Durchsetzung der Entflechtungsvorschriften, angekündigt,[115] jedoch ohne nähere Konkretisierung.

b) Zwangsgeld

Parallel zur Verhängung von Bußgeldern sieht das Energiewirtschaftsgesetz die Möglichkeit vor, Anordnungen der Regulierungsbehörde mit Hilfe von Zwangsgeld durchzusetzen. Dabei gelten allgemeine Vorschriften des Verwaltungsvollzuges. Zwangsgeld eignet sich als Vollstreckungsmittel für die Erzwingung insbesondere solcher Handlungen, die nur vom Adressaten der Anordnung selbst vorgenommen werden können (sogenannte unvertretbare Handlungen).[116] Dies trifft wohl auf alle denkbaren Entflechtungsmaßnahmen zu: Umstrukturierungen, Änderungen im Leitungspersonal, in der Informationsverwaltung, Buchführung u. a.

Im Unterschied zu Bußgeld, handelt es sich beim Zwangsgeld um keine Sanktion für eine begangene Rechtswidrigkeit, sondern lediglich um ein Vollzugsinstrument zur Erzwingung eines bestimmten Verhaltens. Dementsprechend ist das Zwangsgeld verschuldensunabhängig.[117]

---

114 Vgl. *Langerfeldt* in: Klees/Langerfeldt (Hrsg.), Entflechtung in der deutschen Energiewirtschaft, S. 211.

115 Eckpunkte zur EnWG-Novelle 2011, S. 8.

116 *App* in: Engelhardt/App (Hrsg.), VwVG und VwZG, zu § 11, RdNr. 6.

117 Ebenda, RdNr. 1.

Die Höhe des Zwangsgeldes ist im Energiewirtschaftsgesetz zwischen 1 000 Euro und 10 Millionen Euro festgelegt (§ 94 S. 2 EnWG). Somit liegt sie wesentlich unter der allgemeinen Höhe nach § 11 Abs. 2 VwVG, die drei bis 2 000 Deutsche Mark beträgt.[118] In der Praxis wurde in einer Reihe von Entscheidungen wegen Verstößen gegen §§ 7, 8 oder 9 EnWG gleichzeitig mit der Feststellung des Verstoßes und der Aufforderung, entsprechenden Entflechtungsvorschriften nachzukommen, ein Zwangsgeld im Falle einer nicht fristgemäßen oder unvollständigen Umsetzung der Anordnung angedroht.[119] Seine Höhe schwankte je nach Einzelfall zwischen 300 000 und 385 000 Euro.

5. EU-Rechtsrahmen. Neuregelungen in der Stromrichtlinie 2009

Die EG-Stromrichtlinie 2003, die der geltenden Fassung des deutschen Energiewirtschaftsgesetzes zugrunde lag, enthielt keine systematischen Vorgaben zu den Aufsichtsmechanismen zur Einhaltung der Entflechtungsregelungen. Zu nennen sind lediglich einzelne relevante Vorschriften in Art. 23 EltRL-2003. Gemäß Abs. 1 dieses Artikels werden die nationalen Regulierungsbehörden mit der Durchführung von Monitoring betraut, insbesondere in Bezug auf die tatsächliche Entflechtung der Rechnungslegung (lit. e) sowie das Ausmaß von Transparenz und Wettbewerb (lit. h).[120] Ferner wurden die Mitgliedstaaten gemäß Art. 23 Abs. 9 EltRL-2003 verpflichtet, geeignete Maßnahmen bei Verstößen gegen die in der Richtlinie vorgesehenen Geheimhaltungspflichten einzuführen, einschließlich Verwaltungs- oder Strafverfahren. Darunter fallen auch die Vertraulichkeitsanforderungen für Übertragungs- und Verteilnetzbetreiber (Art. 12 bzw. 16 EltRL-2003).

---

118 *Staebe* in: BerlKomm EnR, zu § 94, RdNr. 2.

119 Siehe bspw. „Einleitung eines Verfahrens nach § 65 Abs. 2 EnWG gegen die Stadtwerke Annaberg-Buchholz-Energie AG und Stadtwerke Annaberg-Buchholz Netz GmbH wegen Verstoßes gegen §§ 8 und 9 EnWG", abrufbar unter: http://www.eichwesen.sachsen.de/set/431/Entscheidung%20gegen%20Stadtwerke%20 Annaberg-Buchholz%20Netz%20GmbH%20vom%2018.pdf; „Einleitung eines Verfahrens nach § 65 Abs. 2 EnWG gegen die Städtischen Werke Borna wegen Verstoßes gegen § 7 Abs. 3. EnWG", abrufbar unter: http://www.smwa.sachsen.de/set/431/Entscheidung%20gegen%20St%C3%A4dtische% 20Werke%20Borna%20GmbH%20vom%2024.pdf.

120 Die europarechtlich vorgesehenen Monitoringaufgaben der nationalen Regulierungsbehörden fanden Eingang in das deutsche Energiewirtschaftsgesetz in § 35. Vgl. *Staebe*, DVBl 2004, 853, 861.

Mir der neuen Stromrichtlinie 2009 hat der Umfang der EU-Regelungen zu den Befugnissen nationaler Regulierungsbehörden, auch in Bezug auf die Netzentflechtung, erheblich zugenommen. Letztere fallen unter die Aufgabe in Art. 37 Abs. 1 lit. b: die Regulierungsbehörde gewährleistet, dass Übertragungs- und Verteilernetzbetreiber sowie alle anderen Elektrizitätsunternehmen ihren Verpflichtungen aus den Richtlinien und sonstigen EU-rechtlichen Vorschriften nachkommen. Relevant ist außerdem die in lit. j festgelegte Aufgabe, den Grad und die Wirksamkeit der Marktöffnung und den Umfang des Wettbewerbs zu beobachten.

Besonders einschneidende Befugnisse werden der Regulierungsbehörde in Bezug auf die unabhängigen Netzbetreiber und Netzeigentümer im Rahmen des ISO-Modells sowie auf den Übertragungsnetzbetreiber beim ITO-Modell eingeräumt. Um die tatsächliche Einhaltung der gesetzlichen Verpflichtungen durch den entflochtenen Netzbetreiber sicherzustellen, beobachtet die Behörde insbesondere „die Beziehungen und die Kommunikation“ bzw. „den Schriftverkehr“[121] zwischen dem unabhängigen Netzbetreiber und dem Netzeigentümer (Art. 37 Abs. 2 lit. b EltRL-2009), einschließlich der Befugnis in ihren Räumlichkeiten – auch ohne Ankündigung – Kontrollen durchzuführen (lit. e). In Bezug auf den Übertragungsnetzbetreiber im ITO-Modell sollen die behördlichen Befugnisse darüber hinaus bis zur fortlaufenden Kontrolle der geschäftlichen und finanziellen Beziehungen, einschließlich Darlehen (Art. 37 Abs. 5 lit. d) EltRL-2009) sowie Genehmigung sämtlicher geschäftlicher und finanzieller Vereinbarungen (lit. e) zwischen dem vertikal integrierten Unternehmen und dem Übertragungsnetzbetreiber reichen.

Die vorgenannten Befugnisse reichen teilweise sogar weiter, als die Nachprüfungsbefugnisse der Kommission und der nationalen Wettbewerbsbehörden nach §§ 20 ff. der Kartellverfahrensverordnung[122] Die Erweiterung der behördlichen Aufsichtsbefugnisse geht logischerweise einher mit zunehmend materiellem[123] Charakter energierechtlicher Entflechtungsregelungen – neben rein strukturellen Vorgaben.[124]

121 Im englischen Text der Richtlinie wird das Wort „communications“ verwendet.

122 Verordnung (EG) Nr. 1/2003 des Rates vom 16.12.2002 zur Durchführung der in den Artikeln 81 und 82 des Vertrages niedergelegten Wettbewerbsregeln, ABl. EU Nr. L. 1 vom 4.1.2003, S. 1.

123 Vgl. *Säcker*, RdE 2005, 85, 85 f., der vom „formellen“ und „materiellen“ Unbundling spricht.

124 Vgl. *Gärditz* in: Löwer (Hrsg.), Neuere europäische Vorgaben für den Energiebinnenmarkt, S. 27.

Im Hinblick auf die bevorstehende EnWG-Novelle 2011 sieht das Bundeswirtschaftsministerium einen Umgestaltungsbedarf in diesem Bereich.[125] Dafür wird eine inhaltliche Interpretation der umzusetzenden Richtlinienvorgaben notwendig sein. Insbesondere ist fraglich, was unter der zu überwachenden „Kommunikation" zwischen Unternehmen zu verstehen ist, die in der englischen Fassung dem Wort „communications" entspricht. Dieses wurde in Bezug auf den ISO mit „Kommunikation" (Art. 37 Abs. 3 lit. b EltRL-2009) und in Bezug auf den ITO – mit „Schriftverkehr" (Art. 37 Abs. 5 lit. b EltRL-2009) übersetzt. Es wird zu klären sein, ob in der Tat der Schriftwechsel zwischen dem Netzbetreiber und dem vertikal integrierten Unternehmen oder aber generell sämtlicher Informationsaustausch gemeint ist und welche Mittel für eine entsprechende Überwachung durch die Regulierungsbehörde zulässig sind.[126]

Als ein weiteres neues Kontrollinstrument der Regulierungsbehörden wird in Art. 10 EltRL-2009 ein Zertifizierungsverfahren für Übertragungsnetzbetreiber eingeführt. Bei der Zertifizierung durch die nationale Regulierungsbehörde wird die Einhaltung der Anforderungen in Art. 9 EltRL-2009 zum Ownership Unbundling überprüft. Im Folgenden haben betroffene Unternehmen alle Änderungen mitzuteilen, die zu einem Verstoß gegen diese Norm führen können. Auf diese Weise sowie von Amts wegen kann die Behörde entsprechende Entwicklungen fortwährend überwachen.[127]

---

125 Eckpunkte zur EnWG-Novelle 2011, S. 8.

126 Vgl. dazu *Gärditz* in: Löwer (Hrsg.), Neuere europäische Vorgaben für den Energiebinnenmarkt, S. 28, der unter Kommunikation „im Bedarfsfall Brief-, Telefon- und Emailverkehr" subsumiert. Dementsprechend vergleicht er diesbezügliche Richtlinienvorschriften mit „nachrichtendienstlichen Mitteln" und unterwirft sie einer scharfen Kritik wegen eines Verstoßes gegen den gemeinschaftsrechtlichen Verhältnismäßigkeitsgrundsatz (ebenda, S. 29).

127 Siehe dazu: *Gundel/Germelmann*, EuZW 2009, 763, 768.

B. Unbundling in der russischen Elektrizitätswirtschaft im Rechtsvergleich

I. Überblick über die russische Elektrizitätswirtschaft

1. Struktur der russischen Elektrizitätswirtschaft vor der Reform

Bevor die Restrukturierung der russischen Elektrizitätswirtschaft zu besprechen ist eine kurze Darstellung ihrer technischen Beschaffenheit und rechtlichen Organisation vor der Reform notwendig. Einen wichtigen Faktor für die Entwicklung der Stromwirtschaft in Russland bilden ihre geographischen Merkmale. Dank der räumlichen Ausdehnung ihres Territoriums, das neun Zeitzonen umfasst, und unterschiedlicher Lastenverteilung in verschiedenen Zeitzonen können Kraftwerke Strom abwechselnd für das eigene und für andere Gebiete produzieren. Darüber hinaus ist Stromerzeugung in einigen Regionen angesichts ungünstiger Naturbedingungen mit unzumutbaren Kosten verbunden. Daher ist es wirtschaftlicher, Erzeugungskapazitäten in benachbarten Regionen zu nutzen, die in der Nacht frei werden.[128]

Diese Idee wurde im Einheitlichen Elektrizitätssystem umgesetzt, dass sich zur Mitte des 20. Jahrhunderts in der Sowjetunion bildete und die Gebiete ihres europäischen Teils, Sibiriens und Transbaikaliens umfasst. Als Ergebnis eines Parallelbetriebs seiner Kraftwerke als ein einheitlicher Erzeuger und des Stromaustauschs durch Stromnetze zwischen angrenzenden Gebieten werden freie Kapazitäten für die Versorgung anderer Regionen genutzt. So wird gleichzeitig eine höhere Stromversorgungssicherheit erreicht, da beim Ausfall von Erzeugungskapazitäten freie Kapazitäten in angrenzenden Gebieten eingesetzt werden können.[129] Dabei handelt es sich um hochkomplizierte technische Vorgänge. Einem System der Netzsteuerung, das ihre Koordination gewährleistet, kommt daher in der russischen Elektrizitätswirtschaft eine enorm wichtige Rolle zu.[130]

---

128 *Matijaščuk*, Besonderheiten der Rechtlichen Regelung von Beziehungen im Zusammenhang mit dem Funktionieren des Großhandelsmarktes für Elektrizität bzw. Leistung, S. 6-8.

129 Ebenda.

130 Näher zur operativen Steuerung der Stromnetze in Russland siehe: *Arkhipchenko/Blinkova* in: Säcker, Handbuch zum deutsch-russischen Energierecht, S. 194 ff.

Bezüglich der Eigentumsverhältnisse und der rechtlichen Organisationsstruktur in der Branche ist anzumerken, dass die Elektrizitätswirtschaft sich zur Sowjetzeit im Staatseigentum befand. Unter den Bedingungen der Planwirtschaft, Nationalisierung und einer kompletten vertikalen Integration sollte eine effiziente Stromversorgung nicht durch Marktmechanismen, sondern durch eine zentrale Optimierung technischer und technologischer Abläufe erreicht werden.[131]

Im Jahre 1992 wurde im Wege der Privatisierung[132] die Russische Aktiengesellschaft für Elektrizität und Elektrifizierung „Einheitliches Elektrizitätssystem Russlands“ (im Folgenden, nach der russischen Abkürzung: RAO EES Russlands, oder RAO EES) gegründet.[133] RAO EES stellte eine Holdinggesellschaft dar, die einige Erzeugungsaktiva (föderale Kraftwerke) sowie Stromübertragungsnetze in ihrem unmittelbaren Besitz hatte. Ferner hielt sie Mehrheitsbeteiligungen an vertikal integrierten regionalen Stromversorgungsunternehmen (sogenannte AO-Energos) sowie an Wartungs-, Service- und einigen anderen, im Strombereich tätigen Unternehmen. Somit konzentrierten sich in RAO EES der Großteil der Stromerzeugung, die Übertragungs- und Verteilernetze, das Dispatching und der Stromvertrieb. Das Kontrollpaket an RAO EES – ca. 52 % der Aktien[134] – gehörte dem Staat, vertreten durch die Föderalagentur zur Verwaltung des föderalen Vermögens[135]. Unter den wichtigsten Minderheitsaktionären (vertreten durch nominale Aktieninhaber) sind zu nennen: Gazprom, die Holding Komplexe Energiesysteme (KES), die Sibirische Kohle- und Elektrizitätsgesellschaft (SUEK)[136], der Rohstoffkonzern Norilskij Nikel u. a.[137]

---

131 *Kudrjavyj, V.*, Die Reformen in der Elektrizitätswirtschaft nach englischem Vorbild, in: Promyšlennye vedomosti, Nr. 7-8 (18-19) April 2001.

132 Zu rechtlichen Problemen bei der Privatisierung im russischen Stromsektor siehe: *Ivanov* in: Moskovskij žurnal meždunarodnogo prava 2005, Sonderheft, S. 190 ff.

133 Erlass des Präsidenten der RF „Über die Organisation der Verwaltung des Stromsektors in der Russischen Föderation angesichts der Privatisierung“ [Ukaz Prezidenta RF „Ob organizacii upravlenija ėnergetičeskim kompleksom Rossijskoj Federacii v uslovijach privatizacii“] vom 15.08.1992 Nr. 923, zuletzt geändert am 10.10.1993, RG, Nr. 196, 03.09.1992; siehe auch Erlass des Präsidenten der RF „Über die Besonderheiten der Umwandlung der staatlichen Unternehmen, Vereine und Organisationen im Brennstoff- und Energiesektor in Aktiengesellschaften [Ukaz Prezidenta RF „Ob osobennostjach preobrazovanja gosudarstvennych predprijatij, ob''edinenij, organizacij toplivno-ėnergetičeskogo kompleksa v akcionernye obščestva] vom 14.08.1992 Nr. 922, Sobranie aktov Prezidenta i Pravitel'stva RF, 31.08.1992, Nr. 9, Pos. 591.

134 Siehe Struktur des Aktienkapitals nach dem Stand am 31.3.2008, abrufbar unter: http://www.rao-ees.ru/ru/investor/str_share/show.cgi?sc_struct.htm

135 Federal'noe agentstvo po upravleniju federal'nym imuščestvom.

136 Sibirskaja ugol'naja ėnergetičeskaja kompanija.

Darüber hinaus existierten vier sogenannte unabhängige AO-Energos, die nicht zur RAO EES gehörten: Irkutskenergo[138], Tatenergo, Baschkirenergo und Nowosibirskenergo – RAO EES hatte lediglich einen geringen Anteil an ihrem Kapital. Außerhalb der Holding blieben ferner die Kernkraftwerke, die sich in ausschließlichem Staatseigentum befanden.[139]

2. Ziele der Strukturreform

Die Einführung des Unbundling in Russland mit der Elektrizitätswirtschaftsreform 2003 basierte im Grunde auf denselben volkswirtschaftlichen Überlegungen, wie die Liberalisierung des Energiesektors in der Europäischen Union. Dabei wurden auch vorherige Erfahrungen der Energiemarktöffnung in anderen Ländern, insbesondere in England, Norwegen und Schweden, sowie die damals geltenden EG-rechtlichen Vorgaben berücksichtigt.[140] Im Folgenden werden die Ziele der Umstrukturierung der russischen Stromwirtschaft erörtert. Denn vor allem daran soll im weiteren Ablauf gemessen werden, ob die geltenden Gesetzesnormen bzw. ihre Anwendung eine effektive Umsetzung dieser Zielvorgaben ermöglichen. Dies bildet als Kernfrage den Hintergrund der gesamten Untersuchung.

Die Schaffung eines Energiemarktes und des Wettbewerbs im Bereich der Stromerzeugung und des Verbrauchs von Energieträgern als ein Ziel der Energiepolitik wurde in Russland bereits im Jahre 1995 in den „Richtlinien der russi-

---

137 *Grib, N.*, Gazprom wird genug Ratschläge für RAO EES Russlands finden, Zeitung Kommersant Nr. 35 (3119) vom 1.3.2005.

138 Siehe Entscheidung des Verfassungsgerichtes der RF vom 10.9.1993 n der Rs. Nr. 15-P zur Überprüfung der Verfassungsmäßigkeit des Präsidialerlasses vom 15.08.1992 „Über die Organisation der Verwaltung des Stromsektors in der Russischen Föderation angesichts der Privatisierung [Postanovlenie Konstitucionnogo Suda RF o proverke konstitucionnosti Ukaza Prezidenta RF ot 15.08.1992 g. „Ob organizacii upravlenija ėnergetičeskim kompleksom Rossijskoj Federacii v uslovijach privatizacii“]. In dieser Entscheidung erklärte das Verfassungsgericht als verfassungswidrig die Aufnahme einer Reihe von Kraftwerken im Gebiet Irkutsk und in der Region Krasnojarsk in RAO EES Russlands. Da die Abgrenzung des Staatseigentums nach Art. 84 Verf. RF und dem Föderationsvertrag in die gemeinsame Kompetenz der Föderation und der Föderationsmitglieder fiel, war Abstimmung mit den Staatsorganen der entsprechenden Föderationsmitglieder erforderlich, welche jedoch nicht stattgefunden hatte.

139 Näher zur Eigentumsstruktur in der Elektrizitätswirtschaft siehe: Bericht der Arbeitsgruppe des Präsidiums des Staatlichen Rates für die Fragen der Elektrizitätswirtschaftsreform „Über ein einheitliches staatliches Konzept für die Elektrizitätswirtschaftsreform“, im Folgenden auch: Kress-Bericht.

140 Siehe ebenda, S. 68ff.

schen Energiepolitik bis 2010“[141] deklariert. Allerdings wurden keine genauen Ansätze zur Erreichung dieses Ziels aufgezeichnet. Konkrete Maßnahmen wurden mit dem Erlass der Regierungsverordnung „Über die Elektrizitätswirtschaftsreform in der Russischen Föderation“[142] eingeleitet.[143] In der Verordnung wird die Entmonopolisierung und Entwicklung des Wettbewerbs im Bereich der Erzeugung und des Vertriebs von Strom sowie solcher Dienstleistungen wie Wartung, Projektieren u. ä. als einer der Grundsätze der Elektrizitätswirtschaftsreform in Russland genannt. Weiter im Verordnungstext wird Unbundling als „einer der Faktoren zur Schaffung von Voraussetzungen für einen gleichberechtigten Zugang zur Netzinfrastruktur“[144] bezeichnet. Die Trennung des Bereichs der Stromübertragung und –verteilung von den anderen elektrizitätswirtschaftlichen Tätigkeiten und ihre Überführung in eine eigene juristische Person werden mit der notwendigen Gewährleistung gleicher Wettbewerbschancen begründet. Die getrennte Rechnungslegung nach den Tätigkeitsbereichen sei eine Voraussetzung für eine höhere Transparenz und Effizienz von Stromunternehmen.

Somit kommt in der Regierungsverordnung eine Bindung der Entflechtungsvorschriften für die Elektrizitätswirtschaft an das Ziel der Schaffung von

141 Präsidialerlass über die Richtlinien der Energiepolitik und den strukturellen Umbau des Brennstoff- und Energiesektors in der Russischen Föderation bis 2010“ [Ukaz Prezidenta RF „Ob Osnovnych napravlenijach ėnergetičeskoj politiki i strukturnoj perestrojki toplivno-ėnergetičeskogo kompleksa Rossijskoj Federacii do 2010 goda“] vom 7.5.1995 Nr. 472, SZ RF vom 8.5.1995, Nr. 19, Pos. 1739.

142 Verordnung der Regierung der RF über die Elektrizitätswirtschaftsreform in der Russischen Föderation [Postanovlenie Pravitel’stva RF „O reformirovanii ėlektroėnergetiki Rossijskoj Federacii"] vom 11.7.2001 Nr. 526, geändert am 01.2.2005, SZ RF vom 16.7.2001 Nr. 29, Pos. 3032.

143 Vgl. Pkt. 2 der Feststellung des Verfassungsgerichts der RF „Über die Verweigerung der Annahme der Beschwerde der offenen Aktiengesellschaft Elektrizitätsnetze Pjatigorsk wegen Verletzung der Grundrechte und Freiheiten durch die Vorschriften des Art. 6 des Föderalen Gesetzes „Über die Besonderheiten des Funktionierens der Elektrizitätswirtschaft in der Übergangsperiode und über Änderungen einiger Gesetzesakten der Russischen Föderation und das Unwirksamwerden einiger Gesetzesakten der Russischen Föderation im Zusammenhang mit der Annahme des Föderalen Gesetzes "Über die Elektrizitätswirtschaft"“ [Opredelenie Konstitucionnogo Suda RF «Ob otkaze v prinjatii k rassmotreniju žaloby otkrytogo akcionernogo obščestva „Pjatigorskie ėlektričeskie seti“ na narušenie konstitucionnyh prav i svobod položenijami stat’i 6 Federal’nogo zakona „Ob osobennostjach funkcionirovanija ėlektroėnergetiki v perechodnyj period i o vnesenii izmenenij v nekotorye zakonodatel’nye akty Rossijskoj Federacii i priznanii utrativšimi silu nekotorych zakonodatel’nych aktov Rossijskoj Federacii „Ob ėlektroėnergetike“] vom 8.2.2007 N 274-O-O.

144 Siehe Abschnitt „Die Reform von Aktiengesellschaften für Elektrizität und Elektrifizierung“ der Regierungsverordnung vom 11.7.2001 Nr. 526.

Wettbewerbsbedingungen für Stromerzeugung und -vertrieb und insbesondere Gewährleistung eines diskriminierungsfreien Netzzugangs deutlich zum Ausdruck. Dies lässt bereits von einer gleichen Zielsetzung des Unbundling im deutschen und im russischen Recht sprechen.

Im Elektrizitätswirtschaftsgesetz findet sich die Wettbewerbsorientierung in Art. 6 Pkt. 1 unter den Grundsätzen von Wirtschaftsbeziehungen und Grundlagen der staatlichen Energiepolitik in der Elektrizitätswirtschaft wieder. Insbesondere geht es dort in Abs. 7 um „die Nutzung von Marktverhältnissen und Wettbewerb als eines der wichtigsten Instrumente zur Bildung eines zuverlässigen Systems der Strombedarfsdeckung unter Gewährleistung der Stromqualität und Preisgünstigkeit". Zwar kommt der Zweck der Unbundling-Vorgaben im Gesetz nicht unmittelbar zum Ausdruck. Nach der hier vertretenen Meinung können jedoch die oben erwähnten Bestimmungen der Regierungsverordnung über die Elektrizitätswirtschaftsreform gegebenenfalls zur Auslegung hinzugezogen werden. Da die Regierungsverordnung dem Elektrizitätswirtschaftsgesetz normhierarchisch untergeordnet ist und ihm auch zeitlich vorausgeht, würde es sich dabei eher um historische Auslegung handeln.

Im Abschnitt 3 Ziff. 3 der Begründung zum Elektrizitätswirtschaftsgesetz wird „die Aussonderung der Stromnetze und des Systems der operativen Netzsteuerung als technische Infrastruktur der Elektrizitätswirtschaft und die Basis für Strommärkte" als eine der Grundbestimmungen des Gesetzes bezeichnet. Es sei ein diskriminierungsfreier Zugang zu dieser Infrastruktur zu gewährleisten. Darüber hinaus wird gleichzeitige Wahrnehmung der Aufgaben zum Betrieb der Infrastruktur einerseits und Teilnahme am Stromverkehr andererseits untersagt.[145]

An diesem Abschnitt der Gesetzesbegründung wird deutlich, dass die Netzentflechtung zwar im gemeinsamen Kontext mit dem diskriminierungsfreien Netzzugang angesprochen wird. Jedoch wird ihr volkswirtschaftlicher Zweck nicht ausdrücklich erläutert. Auch in den eigentlichen Texten des Elektrizitätswirtschaftsgesetzes und des Übergangsgesetzes finden sich keine entsprechenden Hinweise.

Unter Beachtung obiger Ausführungen wird im Folgenden von Wettbewerbs- bzw. Effizienzförderung im Bereich der Stromversorgung, insbesondere durch Gewährleistung eines diskriminierungsfreien Netzzugangs und einer höheren Transparenz als Zielen der Entflechtung in der russischen Elektrizitätswirtschaft ausgegangen.

145 Begründung zum Gesetzesentwurf Nr. 202990-3 eines Föderalgesetzes über die Elektrizitätswirtschaft [Pojasnitel'naja zapiska k proektu federal'nogo zakona „Ob ėlektroėnergetike"], abrufbar unter: http://esco-ecosys.narod.ru/2003_7/art62.htm

3. Die Organisationsstruktur der Elektrizitätswirtschaft nach der Auflösung der RAO EES Russlands

a) Auflösung der RAO EES Russlands und Sonderregelungen zum Entscheidungsverfahren in den Leitungsorganen

Um die Entflechtung des staatlich beherrschten Strommonopolisten RAO EES im Zuge der Elektrizitätswirtschaftsreform gesellschaftsrechtlich sicherzustellen, wurden im Übergangsgesetz Sonderregelungen zum Entscheidungsverfahren in den Leitungsorganen der RAO EES und ihrer Tochtergesellschaften AO-Energos festgelegt. Gemäß Art. 4 Pkt. 1 ÜbergangsG werden während einer bis zum 1. Juli 2008 eingeführten Übergangszeit alle Entscheidungen der Leitungsorgane der RAO EES im Zusammenhang mit der Reorganisation der Gesellschaft mit einfacher Stimmenmehrheit der an der Abstimmung beteiligten Aktionäre getroffen. Das Gesetz benennt insbesondere Entscheidungen über die Umwandlung und ihre Form, über die Aktienverteilung sowie die Bildung des Vermögens der neu gegründeten Gesellschaften. Es ist davon auszugehen, dass die Regelung zur einfachen Stimmenmehrheit sich auf Entscheidungen sowohl der Hauptversammlung als auch des Aufsichtsrates bezieht.

Dasselbe Entscheidungsverfahren wurde auch für solche AO-Energos – die vertikal integrierten Stromversorgungsunternehmen, Tochterfirmen von RAO EES – die bis zum 1. Januar 2005 keine Entflechtung vollzogen hatten, vorgesehen (Art. 4 Pkt. 3 ÜbergangsG). In beiden Fällen wurde in Art. 4 Pkt. 2 bzw. 4 ÜbergangsG eine anteilsproportionale Verteilung der Kapitalanteile an den neu gegründeten Gesellschaften unter den Eigentümern der reorganisierten Gesellschaft festgelegt. Als Zweck der Sonderregelungen wird die Ermöglichung einer staatlichen Kontrolle über die Durchführung von Maßnahmen zur Reform der Stromwirtschaft genannt – Art. 4 Pkt. 1 S. 1 ÜbergangsG. Diese Regelung entspricht im Wesentlichen dem Aktiensplitting-Modell im Rahmen des Ownership Unbundling nach der EU-Stromrichtlinie 2009.[146]

Die soeben geschilderten Regelungen stellen *lex specialis* gegenüber den allgemeinen Normen des russischen Umwandlungsrechts für Aktiengesellschaften dar.[147] Art. 15 AktG-Rus, das die Umwandlung von Aktiengesellschaften regelt, enthält in Pkt. 1 S. 2 eine Sondervorschrift für die in den natürlichen Mo-

146 Vgl. dazu: *Kühling/Hermeier*, ET 2008, 134, 135 f.

147 Siehe Vergleich der Sonderregelungen zum Umwandlungsverfahren im Rahmen der Elektrizitätswirtschaft mit dem allgemeinen Umwandlungsrecht bei *Baev*, Ėnergorynok, 2004, Nr. 3, S. 48-51.

nopolbereichen tätigen Unternehmen, deren Aktien sich zu mehr als 25 % im Besitz der Russischen Föderation befinden. Sie besagt, dass Besonderheiten bei der Umwandlung solcher Unternehmen in demjenigen Föderalgesetz zu bestimmen sind, das eine entsprechende Reorganisation regelt.

Die Aufspaltung oder Ausgliederung einer Aktiengesellschaft wird vom Aufsichtsrat initiiert und der Hauptversammlung zur Entscheidung vorgelegt[148] (Art. 18 Pkt. 2 bzw. Art. 19 Pkt. 2 AktG-Rus). Die Hauptversammlung trifft die Entscheidung über die Umwandlung und deren Bedingungen, die in Art. 18 Pkt. 3 bzw. Art. 19 Pkt. 3 AktG-Rus aufgelistet sind. Dabei entscheidet sie mit einer Mehrheit von drei Vierteln der Stimmen aus stimmberechtigten Aktien der erschienenen Aktionäre – Art. 49 Pkt. 4 i. V. m. Art. 48 Pkt. 1 Nr. 2 AktG-Rus.

Da der Russischen Föderation zum Zeitpunkt der Reform 52 % stimmberechtigter Aktien der RAO EES gehörten, konnte der Staat alle notwendigen Entscheidungen in deren Hauptversammlung durchsetzen und somit die konkreten Reorganisationsbedingungen bestimmen, ohne dabei in irgendeiner Weise auf die Zustimmung anderer Aktionäre angewiesen zu sein. Trotz der zeitlichen Beschränkung für die Einführung der einfachen Mehrheit für Entflechtungsentscheidungen in den AO-Energos hatte RAO EES als Mehrheitsaktionär theoretisch die Möglichkeit, diese Entscheidungen bis zum 1. Januar 2005 zu blockieren und danach vom vereinfachten Entscheidungsverfahren Gebrauch zu machen.

Vor dem Hintergrund der Sonderregelungen in Art. 4 Pkt. 1 S. 2 und Pkt. 3 ÜbergangsG stellt sich das Problem des Schutzes von Vermögensinteressen der Minderheitsaktionäre der von der Netzentflechtung betroffenen Stromversorgungsgesellschaften. Es bleiben noch offene Fragen bei der Vereinbarkeit der Unbundling-Vorschriften mit dem Verfassungsrecht, insbesondere mit der Eigentumsgarantie und der Unternehmensfreiheit, die jeweils in Art. 35 und Art. 34 Pkt. 1 der Russischen Verfassung verankert sind. Dazu wird unten noch näher Stellung genommen.

Die genauen Verfahren und Mechanismus der Strukturänderungen in der Elektrizitätswirtschaft zur Umsetzung der gesetzlichen Entflechtungsvorgaben wurden im Unternehmensprogramm von RAO EES „Das Konzept einer Entwicklungsstrategie von OAO „RAO EES Russlands für 2003-2008“ – dem so-

148 Für diese Entscheidung des Aufsichtsrates ist dispositiv eine einfache Stimmenmehrheit vorgesehen, wobei in der Satzung eine abweichende Regelung möglich ist – vgl. Art. 68 Pkt. 3 Abs. 1 AktG-Rus. Somit wurden mit Art. 4 Pkt. 1 S. 2 und Pkt. 3 ÜbergangsG eventuelle anderweitige Satzungsregelungen in Bezug auf Entscheidungen im Zusammenhang mit der Reorganisation entsprechender Gesellschaften „neutralisiert“.

genannten „5+5“-Programm[149] – bestimmt. Aktiva wurden stufenweise aus RAO EES und den AO-Energos ausgesondert, vorübergehend in Holdings konsolidiert, anschließend nach den voneinander zu trennenden Bereichen gruppiert und als Einlagen in die neu geschaffenen Gesellschaften eingebracht.[150] Im Ergebnis der Elektrizitätswirtschaftsreform in Russland gemäß den gesetzlichen Vorschriften und der Auflösung von RAO EES ab dem 1. Juli 2008 bildete sich folgende Branchenstruktur.

b) aktuelle Branchenstruktur

Im Bereich des Netzbetriebs wurde ein Betreiber des einheitlichen nationalen (gesamtrussischen) Elektrizitätsnetzes (ENES) – die Föderale Netzgesellschaft (FSK) – gegründet.[151] An FSK wurden die Übertragungsnetze von RAO EES übertragen, die aus den AO-Energos als Übertragungsnetzgesellschaften (MSK) und Überregionale Übertragungsnetzgesellschaften (MMSK) ausgegliedert und unmittelbar in die FSK aufgenommen wurden. Die Struktur der FSK bilden acht Filialen – Stromübertragungsnetze (MĖS).

Nach geltendem Recht betreibt FSK ungeachtet der Eigentumsverhältnisse alle Anlagen des nationalen Übertragungsnetzes ENES – Art. 8 Pkt. 3 EltWG. Gemäß Art. 7 Pkt. 2 EltWG werden die Rechte solcher Personen, die zum ENES gehörenden Netzanlagen als Eigentum oder auf einer anderen Rechtsgrundlage besitzen, in zweierlei Hinsicht eingeschränkt. Erstens besteht eine Einschränkung hinsichtlich der Bedingungen der Netznutzung. Die Eigentümer und sonstige Besitzer der zum ENES gehörenden Anlagen sind verpflichtet, einen Vertrag über entgeltliche Nutzung dieser Anlagen zu schließen. Zweitens ist für die Außerbetriebsetzung zwecks Wartungsarbeiten und für Stilllegung dieser Anlagen eine Erlaubnis der FSK erforderlich. Diese Regeln erklären sich vor allem dadurch, dass im ursprünglichen Konzept keine Aufnahme von MSK in die FSK vorgesehen und die letztere als eine reine Verwaltungsgesellschaft geplant war.[152] In Zukunft kann diese Vorschrift eventuell für neu gebaute Übertragungsnetze Dritter zum Tragen kommen.

---

149 Genehmigt durch den Aufsichtsrat der OAO RAO EES Russlands, Sitzungsprotokoll vom 23.5.2003, Nr. 143, abrufbar unter: http://www.rao-ees.ru/ru/reforming/kon/show.cgi?kon_main.htm

150 Stufenweise Schilderung der Umstrukturierung der RAO EES siehe bei: Falter, Russlands natürliche Monopole. Deregulierung am Beispiel der russischen Stromwirtschaft, S. 202 ff.

151 Ausführlicher zu ihrem Rechtsstatus siehe: *Pavlov*, Žurnal rossijskogo prava, 2005, Nr. 9, S. 143-148.

152 *Gončarov*, Ėnergorynok, 2005, Nr. 3, S. 46.

Verteilernetze konzentrieren sich in der Holding der Überregionalen Verteilnetzgesellschaften (OAO MRSK-Holding), auf die alle Aktien der 11 überregionalen Verteilnetzgesellschaften, die der RAO EES gehörten, übertragen wurden. Gegenwärtig hält der Staat 54,99 %[153] der stimmberechtigten Aktien der MRSK-Holding, die von der FSK verwaltet werden. Die Holding verwaltet Beteiligungen an den überregionalen Netzgesellschaften und regionalen Stromvertriebsunternehmen, wobei die Höhe einzelner Beteiligungen sich in den meisten Fällen zwischen 49 und 100 % bewegt.

Im Bereich der operativen Netzsteuerung agiert die OAO „Systembetreiber des Einheitlichen Elektrizitätssystems", deren Status in Art. 12 EltWG geregelt ist. Entsprechend Art. 12 Pkt. 3 EltWG befinden sich 100 % ihrer Aktien im Eigentum der Russischen Föderation. Die Gesellschaft hat sieben Filialen – vereinigte Dispatching-Abteilungen (ODU) in den Gebieten Nordwesten, Zentrum, Mittelwolga, Süden, Ural, Sibirien und Osten.

Die Kernkraftwerke verbleiben weiterhin vollständig im Staatseigentum (100 % der Aktien der OAO Konzern Energoatom). Diese Aktien wurden in das Grundkapital der OAO „Atomenergoprom"[154] („Kernkraftwirtschaft") eingebracht.

Die Erzeugungsaktiva der Wasserkrafterzeugung konzentrieren sich in der Holding „RusHydro", in der die Russische Föderation eine Mehrheitsbeteiligung von 57,97 % innehat. Neben dem Betrieb mehrerer Kraftwerke, die ihre unmittelbaren Filialen darstellen, hat die Holding weitere Wasserkraftwerke als Tochtergesellschaften.

Die übrigen Erzeugungsaktiva von RAO EES gingen an neu gegründete größere Erzeuger: sechs sogenannte Großhandelserzeugungsgesellschaften (OGK) und 14 regionale Erzeugungsgesellschaften (TGK). Beide Erzeugerarten existieren jeweils in Form einer offenen Aktiengesellschaft. Zu den OGKs gehören die größten Wärmekraftwerke nach exterritorialem Prinzip, d. h. eine OGK betreibt Kraftwerke, die sich in verschiedenen Regionen Russlands befinden. Diese Gesellschaften sind die größten Teilnehmer am Großhandelsmarkt für Elektrizität. Die übrigen Kraftwerke gingen in die TGKs hinein, in denen Kraftwerke angrenzender Gebiete zusammengelegt sind. Die Basis der TGK bilden Kraft-Wärme-Kopplungsanlagen – sogenannte Heiz- und Kraftzentralen (TĖC) Die staatliche Beteiligung an den OGKs und TGKs verringert sich allmählich, unter anderem durch [zusätzliche] Aktienemission.

---

153 Die hier und im Folgenden angeführten Angaben zur Kapitalstruktur sind den offiziellen Websites der entsprechenden Gesellschaften auf dem Stand am 25.2.2011 entnommen und ggf. auf zwei Nachkommastellen gerundet.

154 Atomnyj ėnergopromyšlennyj kompleks.

Um einen Einblick in die heutige Kapitalstruktur der OGKs und TGKs zu gewinnen, seien Angaben zu einigen von ihnen als Beispiel angeführt. Unter den Großhandelserzeugungsgesellschaften hat OAO OGK-1 die größte installierte Erzeugungskapazität. 42,21 % ihres Grundkapitals gehört der Föderalen Netzgesellschaft, 29,03 % dem überwiegend im Bereich des Stromexports tätigen und staatlich kontrollierten Unternehmen OAO „Inter RAO EES“ und 28,76 % den Minderheitsaktionären. Darauf folgt OGK-6, deren größte Aktionäre OAO „Zentrenergoholding“ (50,29 %), die Föderale Netzgesellschaft (9,6 %) und OOO „Invest-Generatsiya“[155] (10,26 %) sind. Das größte Unternehmen von den TGKs nach der installierten Erzeugungskapazität und der Kapitalisierung ist TGK-3 („Mosenergo“), die in der Region Moskau tätig ist. Ihre größten Eigentümer sind OAO „Gazprom“ (53,47 %) und die Regierung der Stadt Moskau (26,45 %).

Auf dem Markt agieren neben den OGKs und TGKs auch unabhängige Stromerzeuger[156] und Stromvertriebsunternehmen – sowohl solche, die im Wege der Reorganisation der RAO EES gegründet wurden, als auch von ihr unabhängige Unternehmen.[157]

Abschließend ist die Russische Aktiengesellschaft Energiesysteme des Ostens[158] zu erwähnen – eine Holding, die in den geschlossenen Elektrizitätssystemen tätige Stromversorgungsunternehmen verwaltet. Zu diesen Gebieten zählen die Republik Sacha (Jakutien), die Regionen Kamtschatka, Primorje, Chabarowsk, Amur, Magadan, Sachalin, das Jüdische Autonome Gebiet und der Autonome Bezirk Tschukotka. Eine Tochtergesellschaft der RAO Energiesysteme des Ostens – die OAO Fernöstliche Elektrizitätsgesellschaft[159] – verwaltet ihrerseits die OAO Fernöstliche Erzeugungsgesellschaft[160] und die OAO Fernöstliche Verteilnetzgesellschaft[161] sowie eine Reihe von Service-Tochterunternehmen. Diese Struktur spiegelt vertikale Integration wider, die in den technisch isolierten örtlichen Elektrizitätssystemen beibehalten wurde.

---

155 OAO „Zentrenergoholding“ und OOO „Invest-Generatsiya“ gehören zur Gazprom-Gruppe.

156 Unternehmen, die Strom für den Großhandelsmarkt für Strom und Leistung erzeugen, aber nicht zu den OGKs und TGKs gehören.

157 Stromvertriebs- bzw. Stromversorgungsunternehmen, die den Status von Subjekten des Großhandelsmarktes für Elektrizität gemäß der Verordnung zum Stromgroßhandelsmarkt (Regierungsverordnung vom 24.10.2003 Nr. 643) erworben haben.

158 RAO Energosistemy Vostoka.

159 OAO „Dal'nevostočnanja ėnergetičeskaja kompanija“.

160 OAO „Dal'nevostočnanja generirujuščaja kompanija“.

161 OAO „Dal'nevostočnanja raspredelitel'naja setevaja kompanija“.

II. Entflechtungsregelungen für die russische Elektrizitätswirtschaft

1. Allgemein

Die Vorschriften über die Entflechtung elektrizitätswirtschaftlicher Tätigkeiten finden sich im russischen Recht primär im Föderalen Gesetz „Über die Elektrizitätswirtschaft“ (insbesondere in Art. 8 Pkt. 4; Art. 12 Pkt. 4; Art. 43 EltWG) und im Übergangsgesetz (Art. 6 ff. ÜbergangsG). Letzteres regelt den Reformablauf, das Erstere hat dagegen allgemeinen Charakter und umfasst die wichtigsten energierechtlichen Vorschriften im Strombereich für die langfristige Perspektive.

a) die zu trennenden Tätigkeitsbereiche im Rechtsvergleich

Im Rahmen des Unbundling sind laut russischem Gesetz vier elektrizitätswirtschaftliche Tätigkeiten voneinander abzutrennen: die Erzeugung, der Vertrieb, die Übertragung bzw. Durchleitung von Strom und die operative Netzsteuerung. Die ersten zwei Tätigkeiten werden als potenziell wettbewerbsfähige betrachtet, die letzteren zwei – als Bereiche des natürlichen Monopols, was in Art. 4 Pkt. 1 Abs. 8 f. NatMonopolG sowie in Art. 9 Pkt. 3 und Art. 16 Pkt. 4 EltWG festgelegt ist.

Die Legaldefinitionen dieser elektrizitätswirtschaftlichen Aktivitäten finden sich im ersten Abschnitt der „Grundzüge der Elektrizitätswirtschaftsreform in Russland“[162]. Stromerzeugung wird als die Erzeugung und der Verkauf bzw. Lieferung von Strom oder Wärmeenergie auf den Großhandelsmarkt oder die Endkundenmärkte, auf kommerzieller Basis, für weitere Verwandlung, Übertragung, Verteilung und Verkauf an Endverbraucher definiert. Unter Stromvertrieb versteht sich der Stromverkauf an Endverbraucher durch Erzeuger, die den Strom auf eigenen Erzeugungsanlagen produzieren, sowie durch Stromvertriebsunternehmen. Weitgehend ähnlich wird die Stromerzeugung auch im EU-Recht definiert. Gemäß Art. 2 Nr. 1 EltRL-2009 versteht man darunter die Produktion von Elektrizität. Auch mangels gesetzlicher Definition von Stromvertrieb sowohl im europäischen als auch im deutschen Recht lässt es sich festhal-

---

162 Osnovnye napravlenija reformirovanija ėlektroėnergetiki Rossijskoj Federacii, utv. Postanovleniem Pravitel'stva RF [genehmigt durch die Verordnung der Regierung der RF] vom 11.7.2001 Nr. 526, zuletzt geändert am 1.2.2005, SZ RF 16.7.2001, Nr. 29, Pos. 3032.

ten, dass es sich in den beiden, hier zu vergleichenden Rechtsordnungen um identische Begriffe handelt.

Bei dem Begriff der Stromübertragung bzw. -verteilung besteht im deutschen und russischen Energierecht ein gesetzestechnischer Unterschied, der für unsere Untersuchung relevant ist. Gemäß § 3 Nr. 32 bzw. 37 des deutschen EnWG steht Übertragung für den Transport von Elektrizität durch Hochspannungsnetze und Verteilung – für den Stromtransport durch sonstige Netze zum Stromkunden.[163] Der russische Gesetzgeber verwendet dagegen im Elektrizitätswirtschaftsgesetz einen Begriff, der sowohl Übertragung als auch Verteilung umfasst (‘*peredača*’)[164]. Dies ergibt sich zum Beispiel aus Art. 5 Pkt. 1 EltWG. Interessanterweise wurde in den früher erlassenen Grundzügen der Elektrizitätswirtschaftsreform (Abschnitt I) zwischen zwei Begriffen unterschieden: Übertragung als Stromtransport durch Hochspannungsleitungen und Verteilung als Durchleitung durch Verteilernetze. Seit dem Wirksamwerden des Elektrizitätswirtschaftsgesetzes und des Übergangsgesetzes ist von dem oben geschilderten Begriffsumfang auszugehen.

Für diese Untersuchung kommt dies insoweit zum Tragen, als die russischen Gesetzesbestimmungen über die Entflechtung mit „Durchleitung“ im soeben geschilderten Sinne operieren. Somit gelten diese Vorschriften auch für Verteilernetze. Diese Klarstellung ist angesichts einiger abweichender Regelungen für Verteilernetze im deutschen Recht erforderlich. So war im EnWG für Verteilernetze ursprünglich nur operationelle, informatorische und buchhalterische Entflechtung festgelegt bzw. wurde eine Übergangszeit bis zum 1. Juli 2007 für die rechtliche Entflechtung eingeführt (Abs. 3 § 7 EnWG). Darüber hinaus betreffen die verschärften Vorgaben zum Unbundling im dritten EU-Richtlinienpaket nur Übertragungsnetze – vgl. Art. 26 Abs. 1 EltRL-2009.

Als eine eigene Tätigkeit besteht im russischen Recht die operative Netzsteuerung. Darunter verstehen sich gemäß Art. 3 Abs. 13 EltWG sämtliche Maßnahmen für eine zentrale Steuerung der Betriebsarten auf Elektrizitätsanlagen und kundenseitigen Stromentnahmevorrichtungen, wenn diese Anlagen den Betrieb des Elektrizitätssystems beeinflussen und von entsprechender am Dis-

---

163 Entsprechende Definitionen sind ebenfalls in der EG-Richtlinie zum Binnenmarkt für Elektrizität enthalten. Nach Art. 2 Nr. 3 EltRL-2009 versteht sich unter „Übertragung“ der Transport von Elektrizität über ein Höchstspannungs- und Hochspannungsverbundnetz zum Zwecke der Belieferung von Endkunden oder Verteilern, jedoch mit Ausnahme der Versorgung. „Verteilung“ bedeutet den Transport von Elektrizität mit hoher, mittlerer oder niedriger Spannung über Verteilernetze zum Zwecke der Belieferung von Kunden, jedoch mit Ausnahme der Versorgung – Art. 2 Nr. 5 EltRL-2009.

164 In dieser Arbeit wird der russische Begriff für „Stromübertragung bzw. -verteilung“ mit „Durchleitung“ bezeichnet.

patching beteiligten Person in das Verzeichnis von Anlagen eingetragen sind, die einer solchen Steuerung unterliegen.

Die Aussonderung der Netzsteuerung als selbstständige Tätigkeit im Kontext des Unbundling ist durch ihre außerordentlich große Rolle für den Betrieb des gesamten Stromversorgungssystems bedingt. Zugleich ist ihre unabhängige Ausübung für die Sicherstellung eines diskriminierungsfreien Netzzugangs maßgeblich, entscheidet doch letztendlich der Systembetreiber, welche Erzeugungsanlagen zu jedem konkreten Zeitpunkt Strom ins Netz einzuspeisen haben bzw. in welchem Umfang. Die Befugnis zur Erteilung operativer Steuerbefehle birgt in sich ein erhebliches Diskriminierungspotenzial. Vor der Reform wurde RAO EES für die Benachteiligung effizientester Stromerzeuger beim Dispatching kritisiert.[165]

Gegenwärtig funktioniert in Russland ein eigenständiges System der Netzsteuerung. Im ursprünglichen Reformkonzept ist aber ein Zusammenschluss zwischen der Föderalen Netzgesellschaft und dem Systembetreiber nicht ausgeschlossen.[166] Solange der Netzbetrieb unabhängig von der Stromerzeugung und –vertrieb gestaltet ist, spricht nach der hier vertretenen Meinung nichts gegen das Zusammenführen der beiden monopolistischen Funktionen.

Auch in Deutschland wird die Wichtigkeit einer unabhängigen operativen Netzsteuerung betont.[167] Im Unterschied zu Russland ist sie allerdings dem Netzbetrieb zugeordnet, wie aus § 8 Abs. 2 Nr. 2 EnWG folgt. Heutzutage existieren in Deutschland vier Regelzonen, die dem jeweiligen Verantwortungsbereich der vier Übertragungsnetzbetreiber entsprechen. Der Netzbetrieb ist somit unmittelbar mit der Verpflichtung zur Gewährleistung der Versorgungssicherheit verknüpft.[168]

Voneinander zu trennen sind jede wettbewerbsbasierte Tätigkeit einerseits und jede monopolistische Tätigkeit andererseits. Dies wurde in der Rechtsprechung im Hinblick auf falsche Gesetzesanwendung durch Gerichte erster Instanz hervorgehoben. In einer Reihe von Rechtssachen wurde davon ausgegangen, dass das Verbot in Art. 6 ÜbergangsG nur für gleichzeitige Betätigung in nicht

165 *Matijaščuk*, Besonderheiten der rechtlichen Regelung von Beziehungen im Zusammenhang mit dem Funktionieren des Großhandelsmarktes für Elektrizität bzw. Leistung, S. 30-49.

166 Siehe Abschnitt 2 der „Richtlinien der Elektrizitätswirtschaftsreform in der Russischen Föderation" [Osnovnye napravlenija reformirovanija ėlektroėnergetiki RF], genehmigt durch die Verordnung der Föderalen Regierung vom 24.10.2003 Nr. 643.

167 Konkretisierung der gemeinsamen Auslegungsgrundsätze der Regulierungsbehörden der Länder und des Bundes zu den Entflechtungsbestimmungen in §§ 6-10 EnWG, vom 21.10.2008, S. 9.

168 Vgl. § 13 und § 14 Abs. 1 EnWG.

zwei, sondern mehreren im Gesetz genannten Bereichen gilt. Die Gerichte benutzten dafür den Begriff „komplexe Tätigkeiten“. Das Berufungsgericht erklärte diese Auslegung für nicht gesetzeskonform.[169] Gleichzeitige Ausübung mehrerer wettbewerbsbasierter oder mehrerer monopolistischer Tätigkeiten ist dagegen zulässig.[170]

Im deutschen Recht kommt dies sehr klar in der Definition eines vertikal integrierten Energieversorgungsunternehmens in § 3 Nr. 38 EnWG zum Ausdruck, wo auf die Wahrnehmung „mindestens eine[r] der Funktionen Übertragung oder Verteilung und mindestens eine[r] der Funktionen Erzeugung oder Vertrieb von Elektrizität“ abgestellt wird.

b) Systematik der Unbundling-Regelungen

Die wichtigste Entflechtungsvorgabe des russischen Rechtes besteht im Verbot einer gleichzeitigen Ausübung monopolistischer und wettbewerbsbasierter Tätigkeiten durch eine juristische Person oder einen Einzelunternehmer. Inhaltlich entspricht diese Vorschrift dem Legal Unbundling im EU- bzw. im deutschen Recht. Nach Ablauf einer Übergangszeit soll dieses Verbot auch für affiliierte Personen und Personengruppen gelten. Diese Vorgaben werden durch Verpflichtung zur getrennten Rechnungslegung nach den Tätigkeiten (buchhalterisches Unbundling) ergänzt. Die Behandlung von wettbewerbsrelevanten bzw. wirtschaftlich sensiblen Informationen aus dem Netzbetrieb (informatorisches Unbundling)[171] wird nicht speziell geregelt. Diesen vier Aspekten widmet sich rechtsvergleichend die weitere Abhandlung.

---

169 Entscheidung des Föderalen Arbitragegerichts der Region Nord-Westen [Postanovlenie Federal'nogo arbitražnogo suda Severo-Zapadnogo okruga] vom 11.2.2008 in Rs. Nr. A 13-2863/2007; Entscheidung des Föderalen Arbitragegerichts der Region Nord-Westen [Postanovlenie Federal'nogo arbitražnogo suda Severo-Zapadnogo okruga] vom 4.3.2008 in Rs. Nr. A 13-5271/2007.

170 *Veršinin*, Energierecht, S. 128.

171 Vgl. bspw.: Interpreting note of Commission Services of the Electricity and Natural gas internal market directives 2003/54 and 2003/55 "The unbundling regime of the new electricity and gas directives", Version 1.0, 30/09/03, lit. A. http://ec.europa.eu/energy/gas_electricity/interpretative_notes/doc/implementation_notes/unbundling_en.pdf

2. Rechtliche Entflechtung

Gemäß Art. 6 Pkt. 7 ÜbergangsG ist es juristischen Personen und Einzelunternehmern ab dem 1. April 2006[172] untersagt, die im Gesetz genannten monopolistischen und wettbewerbsfähigen elektrizitätswirtschaftlichen Tätigkeiten gleichzeitig auszuüben.

a) Differenzierung nach Preiszonen des Großhandelsmarktes

Das Verbot in Art. 6 Pkt. 7 ÜbergangsG gilt nur für jeweilige Preiszone des Großhandelsmarktes für Elektrizität. Der russische Stromgroßhandelsmarkt ist in zwei sogenannte Preiszonen eingeteilt, die geographisch dem europäischen und dem sibirischen Teil entsprechen. Im Grunde handelt es sich dabei um zwei räumliche Märkte. Diese Aufteilung ist auf einen eingeschränkten Stromaustausch (Netzengpässe) sowie Preis- und Strukturunterschiede zwischen den beiden Teilen zurückzuführen.[173] In der Praxis liegen Engstellen im Netz vielmehr auch innerhalb einer Preiszone vor, was zu regionalen Strompreisunterschieden führt. Daher wird gegenwärtig bei der räumlichen Marktabgrenzung von den Zonen des freien Stromaustauschs ausgegangen.[174]

Die Stromübertragungsnetze konzentrieren sich im Wesentlichen bei der Föderalen Netzgesellschaft, die in den beiden Preiszonen des Großhandelsmarktes tätig ist. Ihre Minderheitsaktionäre dürften sich folglich in keiner der beiden Preiszonen im Bereich Erzeugung oder Vertrieb betätigen. Daher ist die Anknüpfung der Entflechtungsmaßnahmen an die einzelnen Preiszonen von eher geringerer praktischer Relevanz. Theoretisch könnte sie Verteilernetze betreffen bzw. nur in den Fällen greifen, wo ein Unternehmen sich in einer Preiszone in Stromerzeugung bzw. -handel betätigt und in der anderen Preiszone Stromnetze betreibt, was nach dem Gesetz zulässig wäre.

172 In der ursprünglichen Gesetzesfassung wurde 1. Januar 2005 als Einführungsdatum der rechtlichen Entflechtung vorgesehen. Da die meisten betroffenen Unternehmen dieser Bestimmung nicht rechtzeitig nachkamen, wurde die Umsetzungsfrist bis zum 1. April 2006 verlängert. Siehe Föderalgesetz vom 28.12.2004 Nr. 178-FZ.

173 *Rybal'čenko*, V Sibiri strojat vremennyj ėnergorynok [In Sibirien ist ein temporärer Strommarkt im Aufbau], Zeitung Kommersant Nr. 33(3117) vom 25.2.2005.

174 Siehe: Analiz optovogo rynka ėlektroėnergii za 2006 god [Analyse des Großhandelsmarktes für Strom], Föderale Antimonopolbehörde, 2007, S. 10, abrufbar unter: http://www.fas.gov.ru/analisys/tek/a_17282.shtml

b) Vermögensrechte als qualifizierendes Kriterium – Ausschluss des Pachtmodells

In Art. 6 Pkt. 8 ÜbergangsG ist das Kriterium für die Feststellung gleichzeitiger Aktivitäten in den zu trennenden Bereichen bestimmt: der Gesetzgeber knüpft an die Tatsache an, dass eine Person das im entsprechenden Bereich genutzte Vermögen besitzt. Daraus ergibt sich, dass im russischen Recht keine Möglichkeit vorgesehen ist, dass ein vertikal integriertes Elektrizitätsunternehmen alle Aktiva in seinem Eigentum beibehält und die Netze oder, umgekehrt, die Erzeugungs- bzw. Vertriebsaktiva beispielsweise an eine Tochterfirma verpachtet. Somit sind alle Modelle, die auf einer konzerninternen Vermögensüberlassung ohne Eigentumsübergang basieren, *a priori* ausgeschlossen.

Dementsprechend haben die Elektrizitätsunternehmen entweder ihre Netze zu veräußern und nur noch in der Stromerzeugung und -vertrieb tätig zu bleiben oder aber sich auf den Netzbetrieb zu beschränken und die im Wettbewerbsbereich genutzten Aktiva an Dritte zu übertragen.

Eigentum bzw. sonstige dingliche Rechte am Vermögen erscheinen als ein sehr klares Abgrenzungskriterium. Insbesondere ist es im Hinblick auf die später umzusetzende Vorschrift in Art. 6 Pkt. 7 2. Halbsatz ÜbergangsG bezüglich affiliierter Personen und Personengruppen notwendig, um eine tiefer greifende Entflechtung zu ermöglichen.

Das geltende deutsche Recht lässt die Verpachtung der Netze dagegen zu.[175] Neben steuerrechtlichen Vorteilen bei der Transaktion spricht für dieses Modell auch, dass das Energieversorgungsunternehmen so den Netzbetrieb nicht endgültig aufgibt und von Pachtzahlungen profitiert.[176] Allerdings behält der Eigentümer mehr Einflussmöglichkeiten auf den Netzbetrieb, als beim Eigentumsmodell. Daher wird in der Literatur auf erhöhten Aufsichtsbedarf im Hinblick auf operationelles und informatorisches Unbundling hingewiesen.[177]

Mit dem dritten Energiepaket wird allerdings eine Neuerung eingeführt. Nach Art. 9 Abs. 1 lit. a EltRL-2009 sollen die Mitgliedstaaten gewährleisten, dass jedes Unternehmen, das Eigentümer eines Übertragungsnetzes ist, als Übertragungsnetzbetreiber agiert. Dasselbe gilt gemäß Art. 17 Abs. 1 lit. a EltRL-2009 auch für den Übertragungsnetzbetreiber im Rahmen des ITO-Modells.

---

175 Vgl. dazu bspw. *Britsch/Rausch* in: PriceWaterhouseCoopers, Entflechtung und Regulierung, S. 39 ff.; *Lieder/Ziemann*, RdE 2006, 217-224; *Säcker*, RdE 2005, 85, 88 f.

176 *Beisheim*, ew 2003, 21, 26, 27.

177 *Simon* in: Baur/Prietzsche/Simon, Unbundling in der Energiewirtschaft, S. 208; *Roth*, Unbundlingkonforme Netzorganisation, S. 144.

Somit wird das Pachtmodell für Übertragungsnetze grundsätzlich ausgeschlossen.[178] Für Verteilernetzbetreiber findet sich keine entsprechende Vorschrift.

Ein Vergleich mit Russland zeigt: Im russischen Recht dient jegliches dingliches Recht an Elektrizitätsnetzen als Merkmal der Betätigung im Netzbereich und bildet somit eine der Voraussetzungen für die Anwendung der rechtlichen Entflechtung. Im neuen EU-Recht wird dagegen ein Elektrizitätsunternehmen nicht über das Eigentum an Netzanlagen definiert. Vielmehr erfordert Art. 9 Abs. 1 lit. a EltRL-2009 eine strukturelle Änderung bei Elektrizitätsunternehmen: die Veräußerung der Netze oder, andernfalls, Aufgabe der Aktivitäten im Bereich Erzeugung und Vertrieb. Trotz der Unterschiede in der Gesetzestechnik wird sowohl für die EU-Mitgliedstaaten als auch für Russland dasselbe rechtliche Ergebnis erreicht, dass die ausgegliederte Netzgesellschaft auch innerhalb eines Konzerns zu einem vollwertigen Unternehmen wird. Dies soll ihre Unabhängigkeit steigern.[179]

c) Trennung zwischen dem Übertragungs- und dem Verteilernetz

Nach russischem Recht findet eine zusätzliche strukturelle Trennung zwischen Übertragungs- und Verteilernetzen statt. Nach Art. 4 Pkt. 5 ÜbergangsG dürfen die Gesellschaften, die bei der Reorganisation der RAO EES entstehen, gleichzeitig keine Anlagen des sogenannten einheitlichen nationalen (gesamtrussischen) Elektrizitätsnetzes[180] und Verteilernetze in ihrem Eigentum haben oder auf einer anderen Rechtsgrundlage besitzen. Das einheitliche nationale Elektrizitätsnetz setzt sich aus den Übertragungsnetzen in den meisten Regionen Russlands zusammen und ist somit der wichtigste Teil des Einheitlichen Elektrizitätssystems Russlands.[181] In der Literatur findet man die Erklärung, dass diese Trennung einer klaren Verantwortungsabgrenzung für eine sichere und störungsfreie Stromversorgung dienen soll.[182]

Die besprochene Vorschrift steht dem Begriff eines Kombinationsnetzbetreibers im EU-Recht nahe. Er bezieht sich auf den gemeinsamen Betrieb des Übertragungs- und Verteilernetzes durch einen Netzbetreiber, der gemäß Art. 29 EltRL-2009 zulässig ist, soweit die anderen Entflechtungsvorschriften eingehal-

178 *Schmidt-Preuß*, ET 2009, 82, 84.

179 Vgl. bspw. *Schmidt-Preuß*, ET 2009, 82, 84.

180 Im Folgenden auch als das Nationale Übertragungsnetz bezeichnet.

181 Siehe Verordnung der Föderalen Regierung „Über die Reform der Elektrizitätswirtschaft in der Russischen Föderation“ [Postanovlenie Pravitel'stva Rossijskij Federacii „O reformirovanii ėlektroėnergetiki Rossijskoj Federacii] vom 11.7.2001 Nr. 526, zuletzt geändert am 1.2.2005, Abschnitt 2.

182 *Pogosova* in: Lachno (Hrsg.), Energie und Recht, 2. Bd., S. 289 f.

ten wurden. Das deutsche Recht enthält hierzu keine entsprechenden Regelungen.[183] Allerdings sieht man in der Literatur keine Anhaltspunkte gegen einen gleichzeitigen Betrieb von Übertragungs- und Verteilernetzen. Bei Einhaltung der buchhalterischen und informatorischen Entflechtung stehe in diesem Fall einem diskriminierungsfreien Netzzugang nichts im Wege.[184]

Die oben genannte russische Regelung in Art. 4 Pkt. 5 ÜbergangsG könnte auf unterschiedliche Behandlung von Übertragungs- und Verteilernetzen im Rahmen der Reform zurückzuführen sein. Die Ersteren werden in der Föderalen Netzgesellschaft konsolidiert und unter staatliche Kontrolle gestellt: gemäß Art. 8 Pkt. 2 S. 2 EltWG sollte der Anteil der Russischen Föderation an ihrem Satzungskapital nach dem Reformabschluss mindestens 75 % zuzüglich einer stimmberechtigten Aktie betragen. Auch die Stromverteilernetze bleiben unter staatlicher Kontrolle, jedoch in geringerem Maße. In Art. 4 Pkt. 8 ÜbergangsG ist eine staatliche Kontrolle über die örtlichen Verteilernetzbetreiber vorgesehen, wobei der Gesetzeswortlaut vor allem die Kontrolle durch Kapitalbeteiligungen nahe legt. Nach dem 1. Januar 2011 – dem Abschlussdatum der Elektrizitätswirtschaftsreform – kann die staatliche Beteiligung allerdings gemindert werden, was einen Weg für zukünftige Privatisierung der Stromverteilernetze eröffnet – Art. 4 Pkt. 9 ÜbergangsG.

Der Unterschied bei der Behandlung von Übertragungs- und Verteilernetzen könnte mit dem Investitionsaufwand zusammenhängen, der stets mit dem Netzbetrieb verbunden ist. Möglicherweise strebt der Staat eine Mehrheitsbeteiligung nur an den Übertragungsnetzen an, da sie für eine sichere und störungsfreie Stromversorgung von ausschlaggebender Bedeutung sind. Eine umfassende staatliche Kontrolle der Verteilernetze ist in dieser Hinsicht vergleichsweise weniger erforderlich, wobei durch eine teilweise Aufgabe der Staatsbeteiligung private Investitionen beschafft werden könnten.

Vor diesem Hintergrund sind auch im russischen Kontext keine Anhaltspunkte ersichtlich, die auf negative Auswirkungen eines gleichzeitigen Betriebs von Übertragungs- und Verteilernetzen auf die Netzzugangsbedingungen hinweisen würden. Daher hat diese Trennung nach der hier vertretenen Meinung keine prinzipielle wettbewerbspolitische Bedeutung.

3. Verflechtungsverbot für affiliierte Personen und Personengruppen

Im Abschlussstadium der Elektrizitätswirtschaftsreform soll eine weiter reichende Entflechtungsmaßnahme umgesetzt werden: nach Ablauf einer Über-

183 *Tödtmann/Setz* in: Baur/Prietzsche/Simon, Kap. 3, RdNr. 94.

184 *Beisheim*, ew 2003 (21), 29; *Roth*, Unbundlingkonforme Netzorganisation, S. 31.

gangszeit soll das Verbot gleichzeitiger Aktivitäten in den elektrizitätswirtschaftlichen Wettbewerbs- und Monopolbereichen auch für affiliierte Personen und Personengruppen gelten – Art. 6 Pkt. 7 2. Satzteil ÜbergangsG. Bevor der Inhalt dieser Regelung erläutert wird, soll zunächst noch kurz auf ihre Umsetzungsfrist eingegangen werden, da in dieser Frage keine ausreichende Klarheit besteht.

a) Umsetzungsfrist

Art. 6 Pkt. 7 2. Satzteil ÜbergangsG verbindet die Erstreckung der rechtlichen Entflechtung auf affiliierte Personen und Personengruppen mit dem Ablauf der Übergangszeit während der Elektrizitätswirtschaftsreform. Dabei werden im Übergangsgesetz zwei unterschiedliche Daten als Endfrist für die Reform genannt.

Gemäß Art. 4 ÜbergangsG wurde eine Übergangszeit bis zum 1. Juli 2008 eingeführt. Bis zu ihrem Ablauf sollte die Reorganisation von RAO EES vollendet werden. Die in Art. 6 Pkt. 1 ÜbergangsG erwähnte Übergangszeit bis zum 1. Januar 2011 bezieht sich dagegen auf die Gestaltung wettbewerbsbasierter Strommärkte[185] – vgl. auch Art. 6 Abs. 2 ÜbergangsG.

Interessanterweise wird in Pkt. 2.2. des Strategiekonzepts von RAO EES für die Jahre 2003-2008[186] die Erstreckung der Entflechtung auf affiliierte Personen und Personengruppen mit dem Tag des Inkrafttretens der Regeln des Großhandelsmarktes für Elektrizität verbunden. Diese Regeln sind von der Föderalen Regierung anstelle der heute geltenden Regeln der Übergangszeit zu erlassen und werden den vollständigen Übergang zu einem Wettbewerbsmarkt für Elektrizität kennzeichnen. Das genaue Einführungsdatum steht jedoch nicht fest. Das Datum 1. Juli 2008 wird im Bericht der Föderalen Antimonopolbehörde über den Stand des Wettbewerbs für das Jahr 2009[187] ausdrücklich erwähnt.

Fraglich ist, welches Datum in Art. 6 Pkt. 7 ÜbergangsG gemeint ist. Einerseits wäre logisch, im Wege der systematischen Auslegung anzunehmen, dass der Gesetzgeber ein und denselben Begriff innerhalb eines Artikels in derselben Bedeutung verwendet. Dies spräche für die Hinzuziehung von Art. 6 Pkt. 1 ÜbergangsG.

---

185 Vgl. dazu Entscheidung des Obersten Arbitragegerichts der Russischen Föderation [Rešenie Vysšego Arbitražnogo Suda RF] vom 18.12.2008 Nr. 13093/08.

186 [Koncepcija strategii RAO „EĖS Rossii“ na 2003-2008 gg.], abrufbar unter: http://www.rao-ees.ru/ru/reforming/kon/show.cgi?kon_main.htm

187 Bericht über den Stand des Wettbewerbs in der Russischen Föderation, FAS, Moskau, 2010, S. 88.

Eine indirekte Bestätigung dieser Annahme könnte in Art. 47 Pkt. 2 EltWG gesehen werden. Er besagt ausdrücklich, dass die Beschränkungen gegenüber affiliierten Personen und Personengruppen der Föderalen Netzgesellschaft und des Systembetreibers in Art. 8 Pkt. 2 bzw. Art. 12 Pkt. 4 EltWG ab dem 1. Juli 2008 gelten. Deshalb liegt die Annahme nahe, dass es sich bei dieser Vorschrift um eine Sonderregelung gegenüber der anderweitigen allgemeinen Regel in Art. 6 Pkt. 5 ÜbergangsG handeln könnte. Es kann aber auch sein, dass hier lediglich eine Wiederholung im Gesetz vorliegt.

Andererseits ergibt sich aus dem Gesetzestext, dass die Frist in Art. 4 ÜbergangsG für die Umstrukturierung der Elektrizitätswirtschaft und in Art. 6 ÜbergangsG – für die Schaffung eines wettbewerbsbasierten Strommarktes festgelegt wurde.[188] Aus dieser Perspektive wäre im Kontext des Unbundling die erste Vorschrift zu wählen.[189]

In der Praxis wird davon ausgegangen, dass die Entflechtung unter affiliierten Personen und Personengruppen erst ab einem späteren Zeitpunkt gelten soll. Auch liegen gegenwärtig bei den Stromversorgungsunternehmen Verflechtungen zwischen affiliierten Personen und Personengruppen vor, so dass die Anwendungspraxis für Art. 6 Pkt. 7 2. Satzhälfte noch fehlt. Dies legt nahe, die Umsetzungsfrist zum 1. Januar 2011 anzunehmen. Die fehlende Eindeutigkeit der gesetzlichen Regelung ist jedoch im Auge zu behalten.

Kritisch anzumerken bleibt, dass die Verwendung eines und desselben Begriffes in zwei verschiedenen Bedeutungen innerhalb eines Gesetzes (was eine Auslegung notwendig macht) einen klaren gesetzestechnischen Mangel darstellt.

b) Begriff „affiliierte Personen“

Die Legaldefinition von affiliierten Personen ist in Art. 4 des Gesetzes über den Wettbewerb und die Beschränkung monopolistischer Tätigkeiten auf den Warenmärkten von 1991 (WettbG-1991) enthalten. Darunter verstehen sich natürliche und juristische Personen, welche die Aktivitäten unternehmerisch tätiger juristischer und/oder natürlicher Personen beeinflussen können.

Obwohl entsprechende Regelungen in einem Wettbewerbsgesetz platziert sind, gehören sie nach heute herrschender Meinung zum gesellschaftsrechtlichen Bereich.[190] Primär dienen sie dazu, Fallkonstellationen aufzugreifen, in denen ein Konflikt zwischen den Interessen einer Kapitalgesellschaft und eigenen Inte-

---

188 *Erina*, Pravo i politika 2008, Nr. 4, S. 858.

189 So bspw. *Korosteleva/Bol'šakov*, Korporativnyj jurist 2008, Nr. 5, S. 34.

190 So bspw. *Dobrovol'skij*, Die Anwendung des Gesellschaftsrechts, Abschnitt 10.1.; *Kajl'*, Kommentar zum WettbG, zu § 9, Pkt. 3; *Raevskaja*, Pravo i politika, 2009, Nr. 1, S. 101 f.

ressen damit verbundener Personen (z. B. Aktionäre, Mitglieder der Verwaltungsorgane u. a.) bestehen kann.[191] Der Gesetzgeber bedient sich der Kategorie affiliierte Personen in verschiedenen Rechtsgebieten: im Aktien-, Wettbewerbs-, Steuer- und Insolvenzrecht. Beispielsweise ähnelt dieser Begriff dem von „nahe stehenden Personen" i. S. d. § 138 InsO, § 1 Abs. 2 AStG. Auf einen ausführlichen Vergleich wird hier verzichtet, da es für diese Untersuchung nur auf den Inhalt des Begriffs einer Affiliierung im russischen Recht ankommt.

Zur Konkretisierung des Kriteriums der Einflussmöglichkeit ist im Gesetz eine Aufzählung der Affiliierungsmerkmale festgelegt. Diese lassen sich in zwei Gruppen unterteilen: die Zugehörigkeit zu den Verwaltungsorganen der juristischen Person und der Besitz von bestimmten Anteilen an ihrem Grundkapital. Bei einer juristischen Person besteht eine Affiliierung unter anderem mit:

– einem Mitglied des Aufsichtsrates oder eines anderen Kollegialorgans der juristischen Person, dem Geschäftsführer;

– einer Person, die über 20 % der Stimmen am Grundkapital der juristischen Person verfügt.[192] In diesem Fall handelt es sich bei der Letzteren um eine sogenannte abhängige Person i. S. d. Art. 6 Pkt. 4 AktG-Rus bzw. Art. 6 Pkt. 4 GmbHG-Rus;

– Personen, die zu einer Personengruppe i. S. d. Art. 9 des Föderalgesetzes zum Schutz des Wettbewerbs (WettbG-2006) gehören. Der Begriff einer Personengruppe ist im nächsten Abschnitt ausführlicher zu erläutern. Danach kann auch das Verhältnis zwischen den Rechtsinstituten „affiliierte Personen" und „Personengruppe" besser geschildert werden.

Zwar besagt die soeben zitierte Gesetzesformulierung, dass affiliierte Personen diejenigen sind, die Kontrolle über andere Unternehmen ausüben können. Jedoch wird anhand der einzelnen Affiliierungsfälle klar, dass beide Personen

---

191 Insbesondere kommt die Affiliierung für die Definition von Rechtsgeschäften mit Personen, die mit der Gesellschaft verbunden sind und ein eigenes Interesse am Rechtsgeschäft haben. Für solche Rechtsgeschäfte ist eine Genehmigung durch den Aufsichtsrat bzw. die Hauptversammlung mit Ausschluss der verbundenen Personen von der Abstimmung erforderlich – vgl. Art. 81 ff. AktG-Rus und Art. 45 GmbHG-Rus). Diese Vorschriften sind teilweise mit den deutschen Regelungen bezüglich der Kreditgewährung sowie anderer Verträge mit Aufsichtsrats- und Vorstandsmitgliedern in § 89, 114 f. AktG vergleichbar.

192 Näher zum Rechtsinstitut affiliierter Personen im russischen Recht siehe bspw.: *Achmedšina*, Žurnal rossijskogo prava, 2002, Nr. 4, S. 63-66; *Lemešov*, Vestnik Arbitražnogo Suda Rossijskoj Federacii, 2005, Nr. 12, S. 160-163; *Teljukina*, Kommentar zum russischen Aktiengesetz, S. 625-632.

im Einflussverhältnis als affiliiert bezeichnet werden: sowohl diejenige, die Einflussmöglichkeiten innehat, als auch diejenige, die dem Einfluss unterliegt.[193]

In der Rechtsprechung[194] und im Schrifttum[195] wird davon ausgegangen, dass darüber im Einzelfall vom Gericht anhand der konkreten Umstände entschieden wird. Aktiengesellschaften und Gesellschaften mit beschränkter Haftung sind gesetzlich verpflichtet, eine Liste ihrer affiliierten Personen zu führen und zu veröffentlichen – vgl. Art. 93 Abs. 4 AktG-Rus bzw. Art. 50 Pkt. 1 Abs. 10 GmbHG-Rus. Im Gesetz ist kein Verfahren für die Feststellung der Affiliierung festgelegt. *Dobrovolskiy* kritisiert sehr überzeugend den geltenden Rechtsrahmen aus folgendem Grund: Der Gesetzgeber verpflichtet zwar die Kapitalgesellschaften zur Veröffentlichung ihrer Listen von affiliierten Personen. Jedoch stehen den Gesellschaften keine hinreichenden Befugnisse zur Verfügung, um vollständige Informationen über die Affiliierung zu erlangen. Besonders trifft das auf solche Fälle zu, wo die Gesellschaft von ihren affiliierten Personen kontrolliert wird – etwa im Falle des Art. 9 Pkt. 1 Nr. 2 WettbG-2006.[196]

Im Kontext der zu erörternden Unbundling-Vorschrift kommt in erster Linie Affiliierung durch Beteiligungen in Betracht. Da in den voneinander zu trennenden elektrizitätswirtschaftlichen Bereichen in der Regel juristische Personen agieren, wird es für die Erfüllung der Vorgabe von Art. 6 Pkt. 7 2. Halbsatz ÜbergangsG erforderlich sein, gegenseitige Beteiligungen von Stromerzeugern und Vertriebsgesellschaften einerseits und Netzgesellschaften andererseits auf höchstens 20 % zu senken. Eine Beteiligung am Grundkapital unter diesem Grenzwert bleibt dabei zulässig.

Anzumerken ist, dass bei der Beteiligungsgrenze nicht nur auf Eigentum, sondern auch auf jegliche Verfügung über Stimmrechte aus Aktien bzw. Anteilen abgestellt wird (mittelbare Kontrolle). Als andere Gründe werden neben Eigentum auch Treuhandverwaltung (Art. 1012 ff. ZGB), Vertrage über gemeinsame Tätigkeit (sogenannte einfache Gesellschaft nach Art. 1041 ZGB, vergleichbar mit GbR nach deutschem Recht), Auftrag bzw. Geschäftsbesorgungs-

---

193 Vgl. dazu *Lomakin*, Grundrisse der Geschichte des Aktienrechts und der Anwendungspraxis der Aktiengesetze, S. 84; *Rajevskaja*, Pravo i politika, 2009, Nr. 1 , S. 104.

194 Entscheidung des Föderalen Arbitragegerichts Westsibirien [Postanovlenie FAS Zapadno-Sibirskogo orkuga] vom 30.08.1999 in der Rs. Nr. F04/1730-200/A67-99. Vgl. auch bspw. Entscheidung des Neunten Berufungs-Arbitragegerichts [Postanovlenie Devjatogo arbitražnogo suda] vom 16.12.2004 Nr. 09AP-5543/04-GK.

195 *Lomakin*, Grundrisse der Geschichte des Aktienrechts und der Anwendungspraxis der Aktiengesetze, S. 85; *Raevskaja*, Pravo i politika, 2009, Nr. 1, S. 104.

196 *Dobrovol'skij*, Die Anwendung des Gesellschaftsrechts, Abschnitt 10.4. Ähnlich auch *Avdaševa/Šastitko*, Wirtschaftsanalyse der Konstruktion einer Personengruppe im Kontext des Wetbewerbsrechts, S. 11.

vertrag (Art. 971 ff. ZGB) und ähnliche Rechtsgeschäfte genannt.[197] Diese Auslegung stützt sich auf die Bestimmung in Art. 4 WettbG-2006 mit einer Definition des Aktienerwerbs.

Im Schrifttum wird ferner vorgeschlagen, mittelbare Stimmenverfügung auch bei Kontrolle über den unmittelbaren Aktien- bzw. Anteilsinhaber zu bejahen.[198] Diese konsequent erscheinende erweiternde Auslegung hätte auch eine erweiternde Auswirkung auf den Inhalt der energierechtlichen Entflechtungsvorgaben. Sie bleibt jedoch nicht unumstritten und findet jedenfalls keinen Eingang in die Praxis. Es kann nicht beobachtet werden, dass neben unmittelbaren Inhabern von mehr als 20 % der Stimmen auch solche Personen in die Affiliierungsliste aufgenommen wären, die diese Inhaber kontrollieren.

c) Begriff „Personengruppe"

Die Personengruppe ist ein Begriff des Wettbewerbsrechts[199] und in Art. 9 Pkt. 1 WettbG-2006 durch eine abschließende Aufzählung qualifizierender Merkmale definiert – vgl. Art. 9 Pkt. 1 WettbG-2006. Er dient vorrangig der Bezeichnung von Personenvereinigungen, die aufgrund gemeinsamer Wirtschaftsinteressen als ein Akteur auf dem Markt in Erscheinung treten. Vor diesem Hintergrund finden die kartellrechtlich verbotenen Verhaltensweisen auf das Handeln einer Personengruppe als Ganzem in gleichem Maße Anwendung, wie bei Handlungen einzelner Unternehmen (Art. 9 Pkt. 2 WettbG-2006).[200] In den Gesetzen über die Elektrizitätswirtschaft wird dieser Begriff genutzt, um die unterschiedlichen Verflechtungskonstellationen zwischen Unternehmen zu beschreiben bzw. zu verbieten.

Bevor im Weiteren auf die einzelnen qualifizierenden Kriterien einer Personengruppe in Bezug auf die elektrizitätswirtschaftlichen Entflechtungsvorschriften eingegangen wird, ist folgende Anmerkung erforderlich. Das Vorliegen einer Personengruppe stellt einen Unterfall der Affiliierung dar und ist als solcher in Art. 4 Pkt. 1 Abs. 29 u. 34 WettbG-1991 benannt.[201] In den hier besprochenen elektrizitätswirtschaftlichen Unbundling-Vorschriften werden affiliierte Personen und Personengruppen trotzdem nebeneinander erwähnt. Auf den ersten Blick erscheint diese Gesetzesformulierung also inkonsequent.

---

197 Vgl. *Fadeev*, Abhängige und affiliierte Personen, Kapitel 1, 1.1.

198 *Dobrovol'skij*, Die Anwendung des Gesellschaftsrechts, Abschnitt 10.1.

199 *Bojko*, Korporativnyj jurist, 2008, Nr. 2, S. 39.

200 *Bojko*, Korporativnyj jurist, 2008, Nr. 2, S. 39; *Kajl'*, Kommentar zum WettbG, zu § 9, Pkt. 3.

201 So bspw. *Achmedšina*, Žurnal rossijskogo prava, 2002, Nr. 4 , S. 64. Kritisch dazu siehe: *Bojko*, Korporativnyj jurist, 2008, Nr. 2, S. 39-44.

Aus einem Vergleich der beiden Begriffe ergibt sich folgendes Verhältnis. Sämtliche Tatbestände einer Personengruppe sind in der Affiliierung inbegriffen. Zugleich umfasst der Begriff „affiliierte Personen" einen breiteren Kreis von Fallkonstellationen im Vergleich mit einer Personengruppe. Insbesondere wird dadurch zusätzlich ein Einflussverhältnis zwischen einer juristischen Person und Personen, die über mehr als 20 % der Stimmen aus Kapitalanteilen an dieser juristischen Person verfügen. Ab einer Beteiligung von über 50 % der Stimmen liegt gleichzeitig eine Personengruppe vor. Aus dieser Gegenüberstellung wird klar, dass die Festlegung eines Verflechtungsverbots nur für affiliierte Personen bereits ausreichen würde.

Es stellt sich die Frage nach gesetzgeberischer Überlegung hinter der Erwähnung von Personengruppen in Art. 6 Pkt. 7 2. Satzhälfte ÜbergangsG sowie in Art. 8 Pkt. 4 und Art. 12 Pkt. 4 EltWG. Folgender Hintergrund erscheint möglich. Der Begriff einer Affiliierung ist vor allem für das Gesellschaftsrecht von Bedeutung. Dort wird er in Vorschriften zur Vermeidung von Interessenkonflikten zwischen einer juristischen Person und damit verbundenen Personen, welche ihre Entscheidungen beeinflussen können, genutzt. Die Personengruppe ist ein kartellrechtlicher Begriff und bezieht sich dagegen auf unternehmensübergreifende Interessenverflechtungen.[202] Letzterer steht viel näher zu den Zielen der Netzentflechtung in der Elektrizitätswirtschaft: der Wettbewerbsförderung und Sicherstellung eines diskriminierungsfreien Netzzugangs. Dies sieht man umso deutlicher vor Hintergrund der Vorschrift in Art. 10 Pkt. 3 WettbG-2006, die auf Zuordnung einer Diskriminierung beim Zugang zu Dienstleistungen dem Missbrauch marktbeherrschender Stellung schließen lässt.

Zusätzliche Erwähnung von Personengruppen in den Unbundling-Vorschriften rechtfertigt somit eine Hinzuziehung des Wettbewerbsrechts bei Auslegungsbedarf, das in diesem Kontext viel eher zutrifft, als das Aktienrecht. Im Übrigen ist kein Grund für die Erwähnung von Personengruppen neben affiliierten Personen in den elektrizitätswirtschaftlichen Entflechtungsvorschriften ersichtlich.

aa) Kapitalbeteiligung. Geschäftsführer

Eine Personengruppe bilden nach Art. 9 Pkt. 1 Nr. 1 WettbG-2006, zuallererst, eine Kapital- oder Personengesellschaft und eine juristische oder natürliche Person, die mehr als 50 % der Stimmen aus Aktien bzw. Anteilen dieser Gesellschaft verfügt. Genauso wie bei Affiliierung handelt es sich dabei um Verfügung aufgrund sowohl einer Kapitalbeteiligung als auch einer Ermächtigung durch

202 *Kajl'*, Kommentar zum WettbG, zu § 9, Pkt. 3.

Dritte[203], insbesondere aufgrund einer Vollmacht[204]. In Bezug auf die Netzentflechtung ist dieser Tatbestand bereits durch den Begriff von affiliierten Personen in Art. 6 Pkt. 7 1. Satzhälfte ÜbergangsG gedeckt. Denn mit dem Verbot von Beteiligungen von über 20 % Prozent zwischen Gesellschaften, die in den voreinander zu trennenden Bereichen tätig sind, sind Beteiligungen von über 50 % automatisch ausgeschlossen.

Mit dem Begriff der Affiliierung überschneidet sich außerdem ein weiterer, in Art. 9 Pkt. 1 Nr. 3 WettbG-2006 vorgesehener Fall, dass eine juristische oder natürliche Person als Geschäftsführer der Gesellschaft agiert – vgl. Art. 4 Abs. 28 WettbG-1991.

bb) verbindliche Anweisungen

Drittens besteht eine Personengruppe zwischen einer Gesellschaft und einer juristischen oder natürlichen Person, die aufgrund der Satzung oder eines Vertrages der Ersteren verbindliche Anweisungen erteilen kann. Im Wettbewerbsgesetz sind „verbindliche Anweisungen" nicht näher definiert. Im Schrifttum wird in diesem Zusammenhang primär auf einen vergleichbaren Wortlaut der Regelungen zum Verhältnis zwischen Mutter- und Tochtergesellschaft im Fall von Art. 105 Pkt. 2 Abs. 2 ZGB, Art. 6 Pkt. 3 Abs. 2 AktG-Rus und Art. 6 Pkt. 3 Abs. 2 GmbHG-Rus verwiesen.[205] Diese Vorschriften regeln die gesamtschuldnerische Haftung einer Muttergesellschaft aus Rechtsgeschäften ihrer Tochtergesellschaft für den Fall, dass Erstere zur Erteilung verbindlicher Anweisungen gegenüber der Tochtergesellschaft berechtigt ist (Durchgriffshaftung).

Auch bei dieser Vorschrift ist der Begriff verbindlicher Anweisungen in der Rechtsprechung und Literatur nicht hinreichend ausgearbeitet.[206] Es werden zwei grundsätzliche Ansichten vertreten. Die erste besteht in der wörtlichen Auslegung der Gesetzesvorschriften in Art. 105 ZGB, in denen nur die Erteilung verbindlicher Anweisungen aufgrund eines Vertrages oder der Satzung ausdrücklich vorgesehen sind.[207] Bei dieser Herangehensweise wären solche Weisungen der Muttergesellschaft, die formell auf keinem Vertrag beruhen, nicht

203 Vgl. *Fadeev*, Abhängige und affilierte Personen, Kapitel 1, 1.1.

204 *Kajl'*, Kommentar zum WettbG, zu § 9, Pkt. 1.

205 Šitkina (Hrsg.), Gesellschaftsrecht, S. 220.

206 So bspw. *Gabov*, Vestnik FAS Zapadno-Sibirskogo okruga, 2003, Nr. 0; *Rabensdorf*, Die Durchgriffshaftung im deutschen und russischen Recht der Kapitalgesellschaften, S. 191.

207 Vgl. Tz. 10 des Präsidialerlasses über Maßnahmen zur Sicherung der Rechte der Aktionäre [Ukaz Prezidenta RF „O merach po obespečeniju prav akcionerov"] vom 27.10.1993 Nr. 1769 (aufgehoben).

erfasst. Die zweite stellt auf die tatsächliche Ausübung des Weisungsrechts im Einzelfall ab.[208]

Genauso wie Art. 6 Pkt. 3 Abs. 2 S. 2 AktG-Rus besagt das Wettbewerbsgesetz ausdrücklich, wann das Recht auf Erteilung verbindlicher Anweisungen gegenüber der Gesellschaft für die Zwecke der besprochenen Vorschrift besteht: es soll in der Satzung bzw. dem Gründungsvertrag oder in einem mit der Gesellschaft geschlossenen Vertrag[209] festgelegt sein. Hier erscheint eine Abgrenzung zwischen einer generellen Möglichkeit der Einflussnahme auf die Gesellschaft und der tatsächlichen Erteilung verbindlicher Anweisungen bezüglich konkreter Rechtsgeschäfte erforderlich.[210] Es ist davon auszugehen, dass es sich bei verbindlichen Anweisungen in Art. 9 Pkt. 1 Nr. 5 f. WettbG-2006 um operative Geschäftsleitung handelt. Dafür spricht, dass die allgemeine Möglichkeit der Einflussnahme durch Kapitalbeteiligung bereits in den anderen Aufzählungspunkten – Nr. 1 und 2 – erfasst ist.

Für die Erfassung einer Gesellschaft und einer ihr gegenüber zur Erteilung verbindlicher Anweisungen befugten Person in eine Personengruppe gilt somit ein formales Kriterium.[211] Dies ist auch angesichts der Normlogik von Art. 9 WettbG-2006 durchaus gerechtfertigt, denn bei der Feststellung einer Personengruppe handelt es sich um Beurteilung der Unternehmensstruktur und keine Verhaltensbeurteilung. Auch speziell bei Feststellung einer Personengruppe im Kontext von Unbundling, mit Anordnung einer zwingenden Umwandlung als Rechtsfolge, wäre die Abstellung auf tatsächliche Weisungen im Einzelfall jedenfalls problematisch.

Zum einen bedeutet das formale Kriterium, dass auf die ausdrücklich festgelegte Befugnis abgestellt wird. Darauf, ob diese Befugnis auch tatsächlich ausgeübt wird, kommt es nicht an. Zum anderen bleiben solche tatsächlich erteilten Anweisungen Dritter unberücksichtigt, die ohne formelle Grundlage erteilt werden. Für die Effizienz energierechtlicher Entflechtungsvorgaben bedeutet dies, dass nicht alle Einflußmöglichkeiten auf den Netzbetreiber abgedeckt sind.

cc) Gesellschaften mit gemeinsamer Einflussperson

Eine Personengruppe wird ferner zwischen Gesellschaften bejaht, die eine gemeinsame Einflussperson aufgrund einer Kapitalbeteiligung oder anderweitigen

---

208 Siehe ausführlicher und mit weiteren Nachweisen: *Rabensdorf*, Die Durchgriffshaftung im deutschen und russischen Recht der Kapitalgesellschaften, S. 193 ff.

209 In der Literatur wird bei entsprechender Formulierung in Art. 6 Pkt. 2 AktG-Ru von einem Beherrschungsvertrag ausgegangen. Siehe ebenda, S. 192.

210 Vgl. ebenda, S. 191.

211 Vgl. ebenda, S. 191.

Stimmenverfügung von über 50 % (Nr. 2), der Position als Geschäftsführer (Nr. 4), Weisungsrechten (Nr. 6) sowie aufgrund der Bestellung des Geschäftsführers (Nr. 8) oder der Wahl von mehr als die Hälfte der Vorstands- oder Aufsichtsratsmitglieder (Nr. 10) auf Vorschlag dieser Person haben. Dasselbe gilt für Gesellschaften, deren Vorstand bzw. Aufsichtsrat zu mehr als der Hälfte von denselben natürlichen Personen besetzt ist (Nr. 11).

dd) Finanz-Industrie-Gruppe

Eine Personengruppe bilden ferner Mitglieder einer sogenannten Finanz-Industrie-Gruppe, von der im russischen Recht bei verschiedenen Integrationsformen von Unternehmen gesprochen wird. Ursprünglich wurde sie im Föderalgesetz über die Finanz-Industrie-Gruppen[212] (abgekürzt: FIGG) geregelt, das auch eine Legaldefinition enthielt. Art. 2 FIGG definiert eine Finanz-Industrie-Gruppe als eine Gesamtheit juristischer Personen, die entweder als Mutter- und Tochtergesellschaften in Verhältnis zueinander stehen oder alle bzw. einen Teil ihrer Aktiva auf Basis eines FIGG-Gründungsvertrages zum Zwecke technologischer oder wirtschaftlicher Integration zusammengelegt haben, um Investitions- und sonstige Projekte und Programme zur Steigerung der Konkurrenzfähigkeit, Ausweitung von Absatzmärkten für Waren und Dienstleistungen, Steigerung der Produktionseffizienz sowie zur Schaffung neuer Arbeitsplätze durchzuführen.

Bei der ersten Variante handelt es sich um eine Holding und bei der zweiten – um eine Beteiligungsstruktur,[213] die weitgehend dem Begriff eines Konzerns im deutschen Recht entspricht. Bei der Definition einer Tochtergesellschaft wird auf eine Mehrheitsbeteiligung am Kapital der Gesellschaft oder einer anderweitigen Möglichkeit, ihre Entscheidungen zu bestimmen, abgestellt – vgl. Art. 105 Abs. 1 ZGB. Gemäß Art. 5 Abs. 1 FIGG ergibt sich der Status einer Finanz-Industrie-Gruppe aus der staatlichen Eintragung.

Nachdem das Gesetz am 6. Juli 2007 außer Kraft gesetzt wurde,[214] können keine neuen Finanz-Industrie-Gruppen eingetragen werden[215]. Laut der Gesetzesbegründung sollen jedoch bereits eingetragene Gruppen fortbestehen, sie

212 Föderalgesetz vom 30.11.1995 Nr. 190-FZ [Federal'nyj zakon „O finansovo-promyšlennych gruppach"], SZ RF, 04.12.1995, Nr. 49, Pos. 4697.

213 *Cvetkov*, Finanz-Industrie-Gruppen in der Russischen Föderation: Grundbegriffe und Definitionen.

214 Föderalgesetz vom 22.6.2007 Nr. 115-FZ [Federal'nyj zakon „O priznanii utrativšim silu Federa'nogo zakona "O finansovo-promyšlennych gruppach"“], SZ RF, 25.6.2007, Nr. 26, Pos. 3088. Siehe dazu auch bei Rajevskaja, Pravo i politika, 2009, Nr. 1, S. 104.

215 *Nikolaev*, Vlast', 2008, Nr. 11, S. 94.

werden durch zivil- und aktienrechtliche Vorschriften über Tochter- und Muttergesellschaften geregelt.[216]

ee) nahe Verwandte

Der Vollständigkeit halber sind außerdem private Verbindungen zwischen natürlichen Personen zu erwähnen: gemäß Art. 9 Pkt. 1 Nr. 13 WettbG-2006 bilden eine natürliche Person und ihr Ehegatte, Eltern und Geschwister eine Personengruppe. Diese Fälle sind hier kaum relevant, da im Bereich der Elektrizitätswirtschaft praktisch ausschließlich juristische Personen tätig sind. Die Beteiligung natürlicher Personen ist einzig beim Betrieb von Stromerzeugungsanlagen auf Basis erneuerbarer Energien denkbar, was im Hinblick auf die Unbundling-Problematik eine untergeordnete Rolle spielt.

ff) Kumulation der Merkmale einer Personengruppe

Abschließendes Detail der Konstruktion einer Personengruppe im russischen Recht besteht in der Zusammenfassung mehrerer, nach einzelnen Merkmalen in Art. 9 Pkt. 1 WettbG-2006 gebildeter Personengruppen in größere Gruppen mit weiteren juristischen oder natürlichen Personen, die mit einer der Beteiligten der ursprünglichen Personengruppe ebenfalls eine Personengruppe bilden, auch nach einem anderen von den aufgelisteten Merkmalen – Art. 9 Pkt. 1 Nr. 14 WettbG-2006. Somit werden die Kontrollverhältnisse zwischen Unternehmen über bis zu zwei Ebenen berücksichtigt.

Die Kumulationsregel in Art. 9 Pkt. 1 Nr. 14 WettbG-2006 wurde durch das Änderungsgesetz vom 17.07.2009 Nr. 164-FZ neu formuliert. Anders, als in der heutigen Fassung, war früher das Vorliegen eines Personengruppenmerkmals mit *jedem* (*Hervorhebung durch d. V.*) Mitglied der primären Personengruppe erforderlich, um „sekundäre" Mitglieder in sie aufzunehmen.[217] Dadurch, dass nach der geltenden Fassung nunmehr die Verbindung nach einem der in Art. 9 Pkt. 1 aufgezählten Kriterien auch schon zu einer Person in der „primären" Personengruppe ausreicht, erweitert sich der Kreis der miteinander in einem Kontrollverhältnis stehenden Personen, die als ein Wirtschaftsakteur zu betrachten

---

216 Gesetzesbegründung zum Entwurf eines Föderalgesetzes über die Außerkraftsetzung des Föderalgesetzes über Finanz-Industrie-Gruppen [Pojasnitel'naja zapiska k proektu federal'nogo zakona „O priznanii utrativšim silu Federal'nogo zakona 'O finansovo-promyšlennych gruppach'"], abrufbar unter: http://www.kodeks.ru/noframe/free-LawProjects?d&nd=902046633&prevDoc=902039277

217 Zur alten Fassung des Art. 9 Pkt. 1 Nr. 14 WettbG vgl. bspw. *Bojko*, Korporativnyj jurist 2008, Nr. 2, S. 43, *Panšenskij*, Korporativnyj jurist 2007, Nr. 7, S. 38-43.

sind. Für die Entflechtung in der Elektrizitätswirtschaft bedeutet dies eine eventuelle Erweiterung der Trennungsanforderungen.

gg) gemeinsame Kontrolle

Von großer Bedeutung, insbesondere auch im Hinblick auf die Benutzung des wettbewerbsrechtlichen Instituts einer Personengruppe in den Vorschriften zur Netzentflechtung, ist die Bestimmung über gemeinsame Kontrolle in Art. 9 Pkt. 1 Nr. 15 WettbG-2006. Sie besagt, dass auch solche juristische und/oder natürliche Personen mit einer Kapitalgesellschaft eine Personengruppe bilden, die untereinander in eine Personengruppe verbunden sind und durch gemeinsame Beteiligung an der Kapitalgesellschaft, auch im Wege der Wahrnehmung von Rechten Dritter, über mehr als 50 % aller Stimmen aus Anteilen bzw. Aktien dieser Gesellschaft verfügen.

Zum Erlasszeitpunkt des Elektrizitätswirtschaftsgesetzes und des Übergangsgesetzes und bis zum Inkrafttreten des Gesetzes zum Schutz des Wettbewerbs galt für die Personengruppe noch eine Legaldefinition in Art. 4 WettbG-1991 a. F., in welcher der Unterfall einer gemeinsamen Kontrolle ebenfalls erfasst war. In der neuen Definition im Wettbewerbsgesetz 2006 fand die gemeinsame Kontrolle jedoch Berücksichtigung.[218] Erst 2009 wurde Art. 9 Pkt. 1 mit einem Änderungsgesetz[219] durch Nr. 15 ergänzt und somit das Kriterium einer gemeinsamen Kontrolle eingeführt. Die Bedeutung dieser Vorschrift für die Wirksamkeit elektrizitätswirtschaftlicher Entflechtungsregelungen wird anhand von Diskussionen in der Fachliteratur zum Begriff der Personengruppe in der ersten Fassung des Wettbewerbsgesetzes von 2006 deutlich.

Korosteleva und *Bolshakov* analysieren folgende gesellschaftsrechtliche Konstruktion, die in der Praxis zur unbundlingkonformen Umstrukturierung vertikal integrierter Elektrizitätsunternehmen häufig genutzt werde. Möglich wurde sie erst durch den Ausschluss gemeinsamer Kontrolle bei der Definition einer Personengruppe. Eine Muttergesellschaft A, die in der Stromerzeugung bzw. dem Stromvertrieb tätig ist, beteiligt sich zu 20 % am Kapital einer Netzgesellschaft B. Zugleich hat sie Mehrheitsbeteiligungen von jeweils 51 % an vier wei-

218 Siehe dazu bspw. *Panšenskij*, Korporativnyj jurist 2007, Nr. 7, S. 38f. Auch Korosteleva und Bol'šakov folgern aus der Bestätigung einer abschließenden Aufzählung der Personengruppenmerkmale in der Gesetzesbegründung, dies sei vom Gesetzgeber ausdrücklich so gewollt. Siehe *Korosteleva/Bol'šakov*, Korporativnyj jurist 2008, Nr. 5, S. 35.

219 Föderalgesetz vom 17.7.2009 Nr. 164-FZ.

teren Tochtergesellschaften (C, D, E, F), die wiederum Anteile von jeweils 20 % an der Netzgesellschaft haben – siehe folgende Abbildung.[220]

Bei diesem Modell ist das Verbot des Art. 6 ÜbergangsG jedenfalls in Bezug auf affiliierte Personen eingehalten. Zwar besteht eine Affiliierung zwischen der Gesellschaft A und den vier dazwischen geschalteten Tochtergesellschaften. Mit der Netzgesellschaft, zumindest aufgrund einer Kapitalbeteiligung, ist sie jedoch nicht gegeben, da keine Person alleine mehr als 20 % der Stimmen besitzt – vgl. Art. 4 Abs. 30 WettbG-1991. Dabei ist einhellig, dass die darstellte Unternehmensstruktur einen bestimmenden Einfluss des Stromerzeugers bzw. Stromversorgers auf die Netzgesellschaft ermöglicht.[221] Dies macht bereits anschaulich deutlich, dass ein Verbot der Affiliierung zwischen den in den voneinander zu trennenden Bereichen tätigen Unternehmen ohne Berücksichtigung gemeinsamer Kontrolle zum Erreichen des Entflechtungsziels nicht ausreicht.

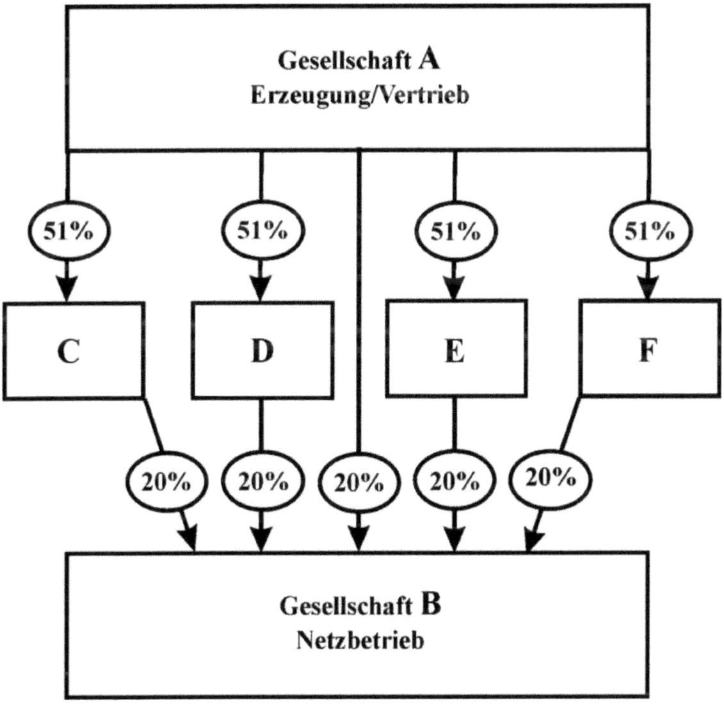

Abbildung 1

220 Allgemein zu dieser Gesellschaftsstruktur siehe: *Dobrovol'skij*, Die Anwendung des Gesellschaftsrechts, Abschnitt 10.4.

221 *Korosteleva/Bol'šakov*, Korporativnyj jurist 2008, Nr. 5, S. 38.

Daraufhin überprüfen die oben zitierten Autoren, ob im besprochenen Fall eine Personengruppe vorliegt. Dabei operieren sie noch mit der ursprünglichen Fassung des Art. 9 Pkt. 1 WettbG-2006, in die der Fall einer gemeinsamen Kontrolle keinen Eingang fand. Auf Basis dieser Vorschriften konnte die Zugehörigkeit des Stromversorgers A und des Netzbetreibers B zu einer Personengruppe nicht eindeutig begründet werdet. Zwar schlagen sie vor, zur Bejahung der Personengruppe die anderen Merkmale in Art. 9 Pkt. 1 WettbG-2006 heranzuziehen und extensiv auszulegen sowie auf den Sinn und Zweck der Entflechtungsregelung in Art. 6 ÜbergangsG zurückzugreifen.[222] Diese Argumentation ist jedoch nicht unumstritten und bietet keine ausreichende Rechtssicherheit.

Erst aufgrund des Art. 9 Pkt. 1 Nr. 15 WettbG-2006 lässt sich die Zugehörigkeit der Gesellschaften A und B zu einer Personengruppe bejahen mit der Folge, dass diese zu weiteren Entflechtungsmaßnahmen verpflichtet sind. Und zwar sind die Gesellschaft A und ihre Tochtergesellschaften C, D, E und F gemäß Art. 9 Pkt. 1 Nr. 1 und 2 WettbG-2006 als eine Personengruppe zu qualifizieren. Gemeinsam verfügen sie über mehr als 50 % der Stimmrechte aus ihren Kapitalanteilen an der Gesellschaft B. Somit sind die Voraussetzungen in Nr. 15 erfüllt.

hh) Anmerkung zur Gesetzestechnik

Aus der Besprechung der Begriffe „affiliierte Personen" und „Personengruppen" wird deutlich, dass sie sich in ständiger Entwicklung befinden. Angesichts des verweisenden Charakters des Art. 6 Pkt. 7 ÜbergangsG können Novellierungen der beiden Rechtsinstitute des Gesellschafts- bzw. Wettbewerbsrechts zu eventuellen inhaltlichen Veränderung der Unbundling-Vorschriften führen. Allerdings lässt sich der Gesetzgeber bei Änderungen des Art. 4 WettbG-1991 und Art. 9 Pkt. 1 WettbG-2006 von den allgemeinen gesellschafts- bzw. wettbewerbsrechtlichen Erwägungen leiten. Bei affiliierten Personen kommt es darauf an, der Durchsetzung eigener Interessen entscheidungsbefugter Personen gegen die Interessen der Gesellschaft entgegenzuwirken. Bei der Personengruppe kommen in erster Linie die Anwendung wettbewerbsrechtlicher Verbote sowie die Fusionskontrolle zum Tragen. Eventuelle Auswirkungen solcher Gesetzesänderungen auf die Entflechtungsvorgaben für die Elektrizitätswirtschaft bleiben dabei im Hintergrund. Dieses Normenzusammenspiel ist daher klar vor Augen zu führen.

---

222 Ebenda, S. 36.

d) Vergleich mit dem deutschen und europäischen Rechtsrahmen

aa) Vergleich mit den geltenden deutschen Regelungen

Vergleicht man die soeben dargestellten russischen Entflechtungsvorgaben für den Stromsektor mit den geltenden deutschen Regelungen, so werden Gemeinsamkeiten, aber auch erhebliche Unterschiede deutlich.

Trotz verschiedener Formulierungen entspricht das in Art. 6 Pkt. 7 1. Satzhälfte festgelegte Verbot gleichzeitiger Betätigung derselben juristischen Person in den wettbewerbsfähigen und den Monopolbereichen der Elektrizitätswirtschaft inhaltlich der deutschen Vorschrift in § 7 Abs. 1 EnWG, wonach Netzbetreiber hinsichtlich ihrer Rechtsform von anderen Tätigkeitsbereichen der Energieversorgung unabhängig sein sollen. Denn auch die letztere Vorgabe läuft letztendlich darauf hinaus, dass der Netzbetrieb in eine eigene juristische Person ausgesondert wird, die sich nicht gleichzeitig in der Stromerzeugung oder dem Stromvertrieb betätigen darf.[223]

Darüber hinaus ist sowohl in Deutschland als auch in Russland getrennte Rechnungslegung nach elektrizitätswirtschaftlichen Tätigkeitsbereichen angeordnet – vgl. § 10 Abs. 3 EnWG und Art. 43 Abs. 1 EltWG. Sie ist primär für die Transparenz solcher Unternehmen von Bedeutung, die von dem Legal Unbundling ausgenommen sind.

In den beiden Rechtsordnungen sieht der Gesetzgeber die rechtliche Entflechtung als nicht ausreichend. Der wesentliche Unterschied besteht darin, mit welchen zusätzlichen Anforderungen die Unabhängigkeit des Netzbetriebs einschließlich der Netzsteuerung erreicht werden soll. In Deutschland sind es die Vorgaben zur Gewährleistung einer tatsächlichen Entscheidungsunabhängigkeit der Netzgesellschaft (operationelle Entflechtung, § 8 EnWG) sowie die informatorische Entflechtung, die eine diskriminierungsfreie Informationsoffenlegung und die Verhinderung wettbewerbsrelevanter Informationsflüsse innerhalb eines vertikal integrierten Stromunternehmens (§ 9 EnWG) beinhaltet. In Russland soll dasselbe Ziel ausschließlich mit strukturellen Maßnahmen erreicht werden, die im Verflechtungsverbot für affiliierte Personen und Personengruppen in Art. 6 Pkt. 7 2. Satzhälfte inbegriffen sind. Konkret bedeutet dies vor allem eine Einschränkung von Kapitalbeteiligungen an Unternehmen der jeweils anderen Sparten auf maximal 20 % der Stimmen. In Deutschland bestehen solche weitgehenden gesellschaftsrechtlichen Trennungsvorgaben derzeit nicht. Auch für die Zukunft wird rechtspolitisch keine eigentumsmäßige Entflechtung ange-

223 Siehe bspw. *Säcker/Schönborn* in: BerlKomm EnR, zu § 7 RdNr. 2, 21.

strebt.[224] Nicht bei allen Netzbetreibern besteht die Bereitschaft zur freiwilligen Veräußerung ihrer Stromnetze.[225] Während E.ON[226] und Vattenfall[227] ihre Strbhängige Investoren veräußerten, werden entsprechende Netze von RWE und EnBW im Konzern beibehalten.[228]

Die Entflechtungsregelungen im russischen Recht sind dadurch gekennzeichnet, dass auf die Möglichkeit der Einflussnahme auf den Netzbetrieb und die Netzsteuerung hauptsächlich durch formale bzw. strukturelle Vorgaben hingewirkt wird. Ein ausdrückliches Verbot der Einflussnahme wird nicht festgelegt. Als Vergleich mit dem deutschen Recht sei in dieser Hinsicht beispielsweise auf die Vorschriften in § 6 Abs. 1 S. 2 sowie § 8 Abs. 1 u. 4 EnWG hingewiesen. Zugleich sind diese formalen Vorgaben – vor allem Art. 6 Pkt. 7 ÜbergangsG i. V. m. Art. 4 WettbG-1991 und Art. 9 WettbG-2006 – wesentlich strenger, als derzeit geltende entsprechende deutsche Regelungen.

Die Wahl unterschiedlicher Entflechtungsmodelle erklärt sich im Wesentlichen durch verschiedene Ausgangssituation vor der Reform in den beiden Ländern. In Deutschland ging die Privatisierung von Stromunternehmen[229] den Entflechtungsmaßnahmen voraus, so dass man zum Zeitpunkt der Marktöffnung mit vertikal integrierten Stromunternehmen in privatem Besitz zu tun hatte. In Russland war dagegen von Anfang an eine staatliche Mehrheitsbeteiligung am vertikal integrierten Stromversorgungssystem gegeben, so dass der staatliche Eingriff nicht nur durch rechtliche Vorgaben, sondern auch aufgrund von Eigentümerbefugnissen erfolgen konnte.

---

224 Vgl. bspw. die Zusammenfassung „Wettbewerb im Energiebereich" auf der Website des Bundesministeriums für Wirtschaft und Technologie, abrufbar unter: http://www.bmwi.de/BMWi/Navigation/Energie/wettbewerb-strom.html

225 Siehe dazu: Gutachten über die freiwillige Übertragung der Energieübertragungsnetze, die Errichtung einer bundesweiten Netzgesellschaft und die regulatorischen Rahmenbedingungen. Hogan & Hartson Raue L.L.P. 2009. S. 10f.

226 E.ON AG veräußerte mit Wirkung zum 31.12.2009 den Übertragungsnetzbetreiber transpower stromübertragungs GmbH (transpower) an den niederländischen Netzbetreiber TenneT Holding. Siehe Pressemitteilung der E.ON AG vom 25.2.2010, abrufbar unter: http://www.eon.com/de/media/news-detail.jsp?id=9584&year=2010

227 Vattenfall Europe veräußerte im Mai 2010 den Übertragungsnetzbetreiber 50Hertz Transmission an den belgischen Netzbetreiber Elia System Operator (60 %) und den Infrastrukturfonds Industry Funds Management, IFM (40 %). Siehe Pressemitteilung der Vattenfall Europe vom 19.5.2010, abrufbar unter: http://www.vattenfall.de/de/pressemitteilungen-archiv.htm?newsid=BF3F18893D47495A8C7213E367FFA3AD

228 Vgl. *Müller-Terpitz/Weigl*, EuR 2009, 348, 352.

229 Ausführlicher dazu: *Monstadt/Naumann*, Netzgebundene Infrastrukturen unter Änderungsdruck – Sektoranalyse, S. 15 ff.

bb) Vergleich mit Ownership Unbundling nach der EU-Stromrichtlinie 2009

Insgesamt gleicht das russische Entflechtungsmodell am meisten dem Ownership Unbundling, wie es in der neuen EU-Stromrichtlinie 2009 geregelt ist. Im Folgenden wird ein genauerer Vergleich durchgeführt und festgestellte Unterschiede ausgewertet. Vor diesem Hintergrund stellt sich die Frage, ob die oben analysierten russischen Vorschriften ausreichen, um die Unbundling-Ziele sicherzustellen, oder eventuell zusätzliche Sicherung der faktischen Unabhängigkeit der wettbewerbsbasierten und Monopoltätigkeiten in der Stromwirtschaft voneinander erforderlich ist und wenn ja, dann welche.

Erweist sich das Verflechtungsverbot für juristische Personen sowie affiliierte Personen und Personengruppen als nicht ausreichend für die Sicherstellung eines unabhängigen Netzbetriebes, so kommen die deutschen Vorschriften zum operationellen und informatorischen Unbundling im Sinne einer Verbesserung des geltenden Rechtsrahmens weiterhin in Betracht.

Aus einer Gegenüberstellung von Art. 9 Abs. 2 i. V. m. Art. 9 Abs. 1 lit. b EltRL-2009 und dem Begriffsinhalt von „Kontrolle“ nach der Fusionskontrollverordnung ergibt sich beim Verflechtungsverbot in Art. 9 EltRL-2009 ein breiterer Umfang der „Rechte“. Somit geht es über den Maßstab der Möglichkeit, einen bestimmenden Einfluss auf den Übertragungsnetzbetreiber auszuüben, hinaus. Im russischen Recht wird generell keine tatsächliche Betrachtung der Kontrollverhältnisse vorgenommen. Es wird von einer abschließenden Liste von Kriterien in Art. 4 WettbG-1991 sowie Art. 9 Pkt. 1 WettbG-2006 ausgegangen, die nicht alle Fälle möglicher bestimmender Einflussnahme abdecken.

Bei einem Vergleich des Normgehalts von Art. 4 Nr. 26 ff. WettbG-1991 und Art. 9 Pkt. 1 WettbG-2006 einerseits mit Art. 9 Abs. 1 EltRL-2009 andererseits wird deutlich, dass die EU-Regelungen umfassendere Einschränkungen beinhalten. Dies äußert sich in folgenden Hinsichten.

(1) Kapitalbeteiligungen

In Bezug auf die russischen Rechtsinstitute „affiliierte Personen“ und „Personengruppe“ wird bei Ermittlung von Kontrolle durch Kapitalbeteiligungen auf das Halten bzw. die Ausübung von Stimmrechten abgestellt, und nicht auf die Beteiligungshöhe. Aus Art. 9 Abs. 1 lit. b i. V. m. Abs. 2 lit. c EltRL-2009 ergibt sich dagegen, dass auch eine bloße Mehrheitsbeteiligung ohne Stimmrechte (etwa stimmlose Aktien) zwischen zwei im Wege der Netzentflechtung voneinander zu trennenden Unternehmen untersagt ist. Dies könnte damit begründet werden, dass insbesondere größere Kapitalbeteiligungen im Hinblick auf die Gewinnausschüttung ein Interesse des Anteilsinhabers am finanziellen Wohlergehen des beherrschten Unternehmens begründen.[230]

In der russischen Praxis sind soweit keine entsprechenden Mehrheitsbeteiligungen an Elektrizitätsunternehmen bekannt. Das hier angesprochene Problem wird nicht thematisiert. Vielmehr ergibt sich aus dem Auslegungspapier der russischen Föderalen Antimonopolbehörde, dass man kein Problem in einer möglichen alleinigen bzw. Mehrheitsbeteiligung eines Netzbetreibers an einem Vertriebsunternehmen sieht.[231]

Auch bei der eigentlichen Ausübung von Stimmrechten besteht ein Unterschied bezüglich der zulässigen Stimmenzahl. Im russischen Recht wird durch den Begriff der Affiliierung eine gleichzeitige Ausübung von mehr als 20 % der Stimmrechte verboten. Allerdings bezieht sich diese Norm nicht auf gleichzeitige Kontrolle der potenziell wettbewerbsfähigen und Monopoltätigkeiten durch ein und dieselbe Person, sondern auf entsprechende Verhältnisse zwischen zwei Unternehmen, die unmittelbar in den jeweiligen Bereichen tätig sind. In anderen Worten darf ein Netzbetreiber oder ein für die Netzsteuerung zuständiges Unternehmen nicht mehr als 20 % der Stimmrechte an einem Stromerzeuger oder einem Stromvertriebsunternehmen ausüben – und umgekehrt. Im Unterschied zur Formulierung in Art. 9 Abs. 1 lit. B EltRL-2009, aber auch Art. 9 Pkt. 1 Nr. 2 WettbG-2006 wird nur dieses einfache vertikale Verhältnis in Betracht gezogen, und nicht die gemeinsame übergeordnete Kontroll- bzw. Einflussperson.

(2) Leitungspersonen

Ein weiterer Unterschied bezieht sich auf Verflechtungen durch gleichzeitige Tätigkeiten derselben Personen in den Leitungsorganen von Stromversorgungsunternehmen. Gemäß Art. 9 Abs. 1 lit. d EltRL-2009 darf ein und dieselbe Person nicht gleichzeitig Mitglied des Aufsichtsrates, des Verwaltungsrates oder der zur gesetzlichen Vertretung berufenen Organe sowohl bei einem Übertragungsnetzbetreiber als auch bei einem Stromerzeuger bzw. Stromversorger sein. Im russischen Recht gilt entsprechende Beschränkung nur für den Fall, dass mehr als 50 % der Mitglieder entsprechender Verwaltungsorgane durch dieselben Personen besetzt sind. Unter dieser Grenze stehen die russischen Unbundling-Vorgaben personellen Verflechtungen nicht im Wege.

Dasselbe betrifft auch die Bestellung von Leitungsorganen der voneinander zu trennenden Unternehmen. Nach Art. 9 Abs. 1 lit. c i. V. m. Abs. 2 lit. b EltRL-2009 ist die gleichzeitige Bestellung bereits eines Mitglieds der Leitungsor-

230 *Säcker/Schönborn* in: BerlKomm EnR, zu § 7, RdNr. 38 mit weiteren Nachweisen.
231 Vgl. Empfehlung zur Entflechtung von Unternehmen der Elektrizitätswirtschaft, FAS, S. 15.

gane untersagt. Nach russischem Recht greift das Verflechtungsverbot erst ab Bestellung von über 50 % der Mitglieder – vgl. Art. 9 Pkt. 1 Nr. 9 f. WettbG-2006.

Dass die 50 %-Schwelle zur Sicherstellung von Unabhängigkeit der Netzbetreiber nicht ausreicht, wird bereits daran deutlich, dass der Aufsichtsrat gemäß Art. 68 Pkt. 3 Abs. 1 AktG-Rus grundsätzlich mit einfacher Stimmenmehrheit seiner anwesenden Mitglieder entscheidet.[232] Deshalb ist die Möglichkeit eines bestimmenden Einflusses auf den Netzbetreiber durch den Aufsichtsrat in der Regel auch dann gegeben, wenn weniger als die Hälfte der Aufsichtsratsmitglieder auf Vorschlag ein und derselben Person gewählt wurde. Dasselbe betrifft auch die Besetzung des Vorstandes und die Entscheidungsfindung mit einfacher Stimmenmehrheit seiner anwesenden Mitglieder.

Gleichwohl ist ein bestimmender Einfluss durch den Aufsichtsrat denkbar, indem mit einem Veto von weniger als der Hälfte seiner Mitglieder Entscheidungen blockiert werden, insbesondere in Bezug auf solche Entscheidungen, für die in der Satzung eine qualifizierte Mehrheit vorgesehen ist.

e) Sondervorschriften für die Föderale Netzgesellschaft und den Systembetreiber

aa) gesetzlich festgelegte Staatsbeteiligungen

Neben der allgemeinen Vorgabe in Art. 6 Pkt. 7 2. Halbsatz ÜbergangsG sind folgende Vorschriften im Elektrizitätswirtschaftsgesetz zu beachten. Gemäß Art. 8 Pkt. 2 S. 2 EltWG soll der Staatsanteil am Grundkapital des Betreibers des nationalen Übertragungsnetzes ENES – der Föderalen Netzgesellschaft – mindestens 75 % betragen. Gemäß Art. 12 Pkt. 3 S. 2 EltWG befindet sich der Systembetreiber zu 100 % im Eigentum der Russischen Föderation. Außerdem gilt ein Verflechtungsverbot für die affiliierten Personen und Personengruppen der beiden Monopolgesellschaften. Für beide Vorschriften gilt ein von Art. 6 Pkt. 7 2. Halbsatz ÜbergangsG abweichendes Datum ihres Wirksamwerdens – 1. Juli 2008.

Angesichts der kürzeren Umsetzungsfrist von Unbundling-Anforderungen für die Föderale Netzgesellschaft und den Systembetreiber wäre bereits die erste Anwendungspraxis zu erwarten, die später bei der Umsetzung des Verflechtungsverbotes für affiliierte Personen und Personengruppe auf nachgelagerten Netzebenen berücksichtigt werden könnte. Jedoch lässt sich feststellen, dass den Vorschriften des Art. 8 Pkt. 3 f. und Art. 12 Pkt. 3 f. EltWG bis heute noch nicht in vollem Maße nachgekommen wird.

---

232 Die Satzung kann anderweitige Regelungen enthalten.

Bei der Föderalen Netzgesellschaft äußert sich dies vor allem in Verflechtungen mit Stromerzeugern durch Aktienbesitz. So hält die FSK auch heute noch 43 % am Stammkapital des überregionalen Stromerzeugers OGK-1; 23,58 % am regionalen Stromerzeuger TGK-6; 32,14 % an TGK-7 sowie 27,45 % an TGK-11.[233] Eine Beteiligung von 49 % hält der Netzbetreiber an einem weiteren Stromerzeuger – ZAO „Energiegesellschaft Nord-West"[234]. Bei allen diesen Beteiligungen handelt es sich um stimmberechtigte Stammaktien. Bei Verfügung über mehr als 20 % der Stimmen ist somit der Affiliierungstatbestand in Art. 4 Abs. 31 WettbG-1991 erfüllt. Gemäß Art. 8 Pkt. 4 i. V. m. Art. 47 Pkt. 1 Abs. 2 EltWG ist diese Affiliierung bereits jetzt unzulässig. Es sei angemerkt, dass oben genannte Kapitalgesellschaften in der aktuellen Liste affiliierter Personen der Föderalen Netzgesellschaft nicht aufgeführt sind,[235] obwohl eine klare Affiliierung gemäß Art. 4 Abs. 31 WettbG-1991 vorliegt.

Gegenwärtig läßt sich zudem eine Tendenz zur Konsolidierung der staatlichen Beteiligungen im Bereich der Stromerzeugung im Rahmen der Holding OAO „Inter RAO EES" beobachten.[236]

Da der Systembetreiber sich in alleinigem Eigentum der Russischen Föderation befindet, kann keine Affiliierung aus Beteiligungen anderer Personen an seinem Grundkapital bestehen. In Betracht kommen eigene Beteiligungen des Systembetreibers an Stromversorgungsunternehmen, die in den Wettbewerbsbereichen tätig sind, sowie personelle Verflechtungen. Solche bestehen, soweit ersichtlich, nicht.

bb) Föderale Netzgesellschaft als Anbieter von Stromübertragung

Für das Verständnis des russischen Unbundling-Regimes im Stromsektor sind ferner die Vorschriften in Art. 7 Pkt. 2 und Art. 9 EltWG relevant. Demnach werden Eigentümer und sonstige rechtmäßige Besitzer von Netzanlagen, die zum Einheitlichen nationalen Elektrizitätsnetz gehören, (d. h. von Übertragungsnetzen) in ihren Rechten zum Abschluss von Netznutzungsverträgen für

---

233 Die Angaben sind der offiziellen Website der Föderalen Netzgesellschaft entnommen: http://www.fsk-ees.ru/acc_20_ogk1.html. Stand vom 25.2.2011.

234 ZAO „Severno-Vostočnaja ėnergetičeskaja kompanija".

235 Siehe die Liste affiliierter Personen der Föderalen Netzgesellschaft, Stand vom 31.12.2010, abrufbar unter: http://www.fsk-ees.ru/media/File/stockholders/otchet/affil/2010/List_31.12.10.pdf

236 *Griškovets/Dzaguto*, Es lebe RAO EES: Inter RAO begann Rekonsolidierung von Energieaktiva, Kommersant-online, 27.12.2010, abrufbar unter: http://www.kommersant.ru/doc.aspx?fromsearch=27a4f246-2733-47c1-835a-2f6c3afb90e8&docsid=15650 04

diese Netze und zur Bestimmung der Vertragungsbedingungen sowie zu ihrem Betrieb und Außerbetriebnahme eingeschränkt.

Laut Art. 9 Pkt. 1 EltWG werden diese Rechte von der Föderalen Netzgesellschaft wahrgenommen. Insbesondere schließt sie im eigenen Namen Netznutzungsverträge über diese Netzanlagen. Der eigentliche Netzbetrieb kann entweder durch die Föderale Netzgesellschaft oder durch den Netzeigentümer bzw. –besitzer erfolgen – vgl. Art. 8 Pkt. 3 Abs. 1 EltWG. Übernimmt der Netzeigentümer den Betrieb, so müssen seine Bedingungen mit der Föderalen Netzgesellschaft abgestimmt werden. Die Außerbetriebnahme von Netzanlagen, die zum Einheitlichen nationalen Elektrizitätsnetz gehören, ist nur mit einer Genehmigung der FSK EES möglich.

Der Zweck dieser Einschränkungen besteht laut dem Gesetz in der Gewährleistung der Sicherheit in der Russischen Föderation, dem Schutz von Rechten und Interessen juristischer und natürlicher Personen sowie der Sicherstellung eines einheitlichen Strombinnenmarktes – Art. 7 Pkt. 2 Abs. 1 EltWG. Darunter fällt insbesondere die Sicherstellung eines diskriminierungsfreien Netzzugangs Dritter.

Die Verhältnisse zwischen der Föderalen Netzgesellschaft und anderen Eigentümern bzw. sonstigen rechtmäßigen Besitzern von Netzanlagen des Nationalen Übertragungsnetzes werden in einem Vertrag über die Nutzung dieser Netzanlagen geregelt. Die wesentlichen Bedingungen solcher Verträge wurden durch eine Regierungsverordnung[237] festgelegt. In den in dieser Rechtsverordnung bestimmten Fällen können die Netzeigentümer bzw. –besitzer zum Abschluss von Netznutzungsverträgen ermächtigt werden. In jedem Fall müssen die Netzeigentümer gemäß Art. 7 Pkt. 3 EltWG die Erfüllung technischer Anforderungen an ihre Netze sowie die vorgegebenen Betriebsarten gewährleisten.

Die gesetzlich vorgesehenen Einschränkungen können nicht zur Entnahme von Erträgen der Netzeigentümer aus der Nutzung ihrer Netze führen (Art. 7 Pkt. 4 EltWG). An den Netzeigentümer bzw. –besitzer werden Erträge zurückgeführt, die er im Falle eigener Nutzung seiner Übertragungsnetze zur Stromtransport erwirtschaften würde (abzüglich der Netzbetriebskosten, wenn die Föderale Netzgesellschaft den Betrieb des betroffenen Netzes übernimmt).

---

237 Verordnung der Föderalen Regierung über die wesentlichen Bedingungen und das Streitbeilegungsverfahren bezüglich des Abschlusses von Verträgen über Netzanlagen, die zum einheitlichen nationalen (gesamtrussischen) Elektrizitätsnetz gehören [Postanovlenie Pravitel'stva RF „O suščestvennych uslovijach i porjadke razrešenija raznoglasij o prave zaključenija dogovorov v otnošenii ob''ektov ėlektrosetovogo chozjajstva, vchodjaščich v edinuju nacional'nuju (obščerossijskuju) ėlektričeskuju set'] vom 15.6.2009 Nr. 492, SZ RF vom 22.6.2009, Nr. 25, Pos. 3073.

In der Praxis befindet sich der überwiegende Teil aller Netzanlagen des nationalen Übertragungsnetzes im Eigentum der Föderalen Netzgesellschaft.[238] Ca. 60 weitere juristische Personen haben solche Netzanlagen in ihrem Eigentum, die den Kriterien von Anlagen des nationalen Übertragungsnetzes genügen; jedoch sind nicht alle davon in die Liste der zu diesem Netz gehörenden Netzanlagen aufgenommen (etwa Netze, mit denen keine Dritten versorgt werden).[239] Unter solchen anderen Eigentümern sind beispielsweise zu nennen: die Kernkraftwerke, die Russische Eisenbahngesellschaft RAO RŽD[240], OAO Gazprom[241] u. a.

cc) Vergleich mit dem ISO-Modell nach der EU-Stromlinie 2009

Bei den soeben geschilderten Vorschriften für den Betrieb der Stromübertragungsnetze sind Elemente des ISO-Modells erkennbar. Die Ähnlichkeit zwischen der russischen Föderalen Netzgesellschaft und dem unabhängigen Netzbetreiber laut Art. 13 EltRL-2009 besteht in ihrer unabhängigen Stellung von der Erzeugung und dem Vertrieb sowie darin, dass sie für die Gewährung des Zugangs Dritter zum Übertragungsnetz und für Abrechnungen mit den Netzkunden und anderen Netzbetreibern verantwortlich sind.[242] Anders als in der EU-Richtlinie ist es nach dem russischen Recht nicht ausgeschlossen, dass Teile des nationalen Übertragungsnetzes, die nicht der FSK EES, sondern anderen Personen gehören, von dem Netzeigentümer betrieben werden. Die Föderale Netzgesellschaft ist zwar, genauso wie ein ISO nach Art. 13 EltRL-2009, für den Netzausbau und entsprechende Investitionsplanung zuständig, die erforderlichen In-

238 Im Jahr 2009 betrug die Gesamtlänge ihrer Netze 121.096 km2, siehe unter: http://www.fsk-ees.ru/about.html

239 Siehe: Regierung bestimmte für die FSK die Nutzungsbedingungen der Netze anderer Eigentümer [Pravitel'stvo opredelilo dlja FSK uslovija ispol'zovanija prinadležaščich drugim sibstvennikam setej], Interfax, 24.6.2009, abrufbar unter: http://www.np-cpp.ru/press/events/e1190.phtml

240 Siehe dazu: Der Betrieb von Elektrizitätsnetzen, einschließlich der Netze von RŽD, soll zentralisiert werden [Upravlenie ėlektrosetjami, v tom čisle prinadležaščimi RŽD, dolžno byt‘ centralizovano], Interfax vom 7.5.2008, abrufbar unter: http://press.rzd.ru/isvp/public/press/popup?STRUCTURE_ID=2&layer_id=459&vp=9&refererLayerId=463&print=1&id=213380

241 Siehe bspw. Entscheidung der Föderalen Antimonopolbehörde vom 14.12.2010, Rs. Nr. 1 10/122-10 bezüglich der Erzwingung eines Vertragsschlusses zwischen der FSK EES und OAO „Gazpromenergo" über die Nutzung der Stromübertragungsnetze der FSK, abrufbar unter: http://www.fas.gov.ru/solutions/solutions_31729.html

242 Vgl. Art. 13 Abs. 4 EltRL-2009 und Art. 9 Pkt. 1 EltWG.

vestitionen werden in Russland jedoch von der Netzgesellschaft selbst aus eigenen und beschafften Fremdmitteln getätigt (Art. 10 Abs. 1 EltWG).

Zu betonen ist vor allem das Eigentum der Föderalen Netzgesellschaft in Bezug auf den größten Teil des nationalen Übertragungsnetzes, so dass sich die mit dem europarechtlichen ISO-Modell vergleichbare Fallkonstellation nur auf einzelne Netzanlagen bezieht. Die wichtigste Eigenart des russischen Unbundling-Regimes für die Stromübertragungsnetze besteht darin, dass für den Netzbetreiber und den Netzeigentümer inhaltlich dieselben Anforderungen gelten, nämlich das Verbot einer gleichzeitigen Ausübung wettbewerbsbasierter und Monopoltätigkeiten in der Elektrizitätswirtschaft für juristische Personen sowie für affiliierte Personen und Personengruppen (vgl. Art. 8 Pkt. 4 EltWG und Art. 6 Pkt. 7 ÜbergangsG). Dies bedeutet, dass gleichzeitig eine „milde" eigentumsmäßige Entflechtung stattfinden muss.

Zusammenfassend lässt sich bei einer Gesamtbetrachtung aller relevanten russischen Regelungen kein dem europäischen ISO-Modell ähnliches Unbundling-Regime feststellen. Die Vorschrift in Art. 7 Abs. 2 EltWG dient zwar unter anderem der Gewährleistung eines diskriminierungsfreien Netzzugangs, trägt jedoch nicht in allen Fällen zur Unabhängigkeit des Netzbetriebs von den wettbewerbsfähigen Bereichen bei. Im Vordergrund steht vor allem die Integrität des nationalen Verbundnetzes bei einer koordinierenden Rolle der FSK EES.

f) die Netzentflechtung und der Staat

aa) staatliche Beteiligungen im Stromsektor

Wie oben aufgezeigt, ist die heutige Struktur der russischen Elektrizitätswirtschaft von der staatlichen Kontrolle der Monopolbereiche geprägt. Die staatliche Beherrschung im Bereich des Netzbetriebs und der Netzsteuerung ist gesetzlich festgelegt. Zugleich ist der Staat selbst in der Stromerzeugung tätig, dabei handelt es sich vorrangig um Kern- und Wasserkraftwerke.

Im Art. 9 Pkt. 2 ÜbergangsG ist festgelegt, dass sich im Ergebnis der Elektrizitätswirtschaftsreform der Anteil der Russischen Föderation an Unternehmen, die Wasserkraftwerke besitzen, sowie an deren Muttergesellschaften nicht verringern darf, wenn die Föderation bereits vor der Reorganisation der RAO EES zu über 50 % am Kapital dieser Unternehmen beteiligt war. Dies gilt für alle vor dem Wirksamwerden des Übergangsgesetzes in Betrieb genommenen Wasserkraftwerke. Diese Regelung bezieht sich also auf alle zum Zeitpunkt des Reformbeginns bestehende Wasserkraftwerke der RAO EES. Nicht umfasst sind nur die Erzeugungsaktiva der vier (in Bezug auf die Wasserkraft – drei[243]) regionalen Stromversorger – sogenannter unabhängiger AO-Energos – bei denen der Anteil der RAO EES bereits zu Beginn der Reform unter 50 % lag.[244]

Gegenwärtig konzentriert sich der überwiegende Teil der Wasserkrafterzeugung in der Aktiengesellschaft „Rushydro", an der die Russische Föderation 57,97 %[245] der Aktien hält. Auf die Gesellschaft entfällt ca. 15 % der gesamten Stromerzeugung in Russland.[246] In einzelnen Zonen des freien Stromaustausches, nach denen die Strommärkte in räumlicher Hinsicht für die Zwecke der Missbrauchskontrolle abgegrenzt werden (vgl. Art. 25 Pkt. 3 Abs. 1 i. V. m. Art. 3 Abs. 22 EltWG), ist ihr Anteil am Energiemix noch größer. So erzeugte „Rushydro" 2008 beispielsweise ca. 80 % der gesamten Strommenge im Netzgebiet „Wolgograd", 27 % im Netzgebiet „Kirow und Udmurtien", 31 % im Netzgebiet „Perm und Transkama-Gebiet".[247]

Die Begründung für das Beibehalten der staatlichen Kontrolle im Bereich der Wasserkrafterzeugung könnte darin gesehen werden, dass sie im Vergleich zur Stromerzeugung aus Gas, Kohle oder Heizöl wesentlich kostengünstiger ist, da keine Brennstoffkosten anfallen.[248] Beim Stromvertrieb zu staatlich regulierten Tarifen wird diese Preisspanne durch die Berücksichtigung von Erzeugungskosten ausgeglichen. Jedoch sobald Wasserkraftwerke ihren Strom nach den freien Marktpreisen verkaufen, werden sie deutlich höhere Gewinne erwirtschaften. Durch den staatlichen Besitz kann dafür gesorgt werden, dass erforderliche Investitionen in die Wasserenergiewirtschaft getätigt werden und sie sich als verhältnismäßig kosteneffiziente und umweltverträgliche Branche weiterentwickelt.

Bezüglich der Atomkraftwerke wurde die Gesetzesvorschrift in Art. 9 Pkt. 1 ÜbergangsG im Jahr 2007 aufgehoben, laut welcher die Kernkraftwerke sich

---

243 Von den vier unabhängigen Energos sind drei in der Wasserkrafterzeugung tätig: „Irkutskenergo" mit drei größeren Wasserkraftwerken auf dem Fluß Angara in Ostsibirien, „Bashkirenergo" mit einem größeren Wasserkraftwerk auf dem Fluß Ufa in Baschkortostan, einem neuen größeren und mehreren kleinen Wasserkraftwerken sowie „Tatenergo" mit dem Wasserkraftwerk „Nizhnekamskaya" auf dem Fluß Kama in Tatarstan.

244 Ausführlicher dazu siehe oben unter B. I. 1.

245 Angaben auf der offiziellen Website der OAO „Rushydro", Stand am 30.9.2010, abrufbar unter: http://www.rushydro.ru/investors/capital/structure

246 http://www.rushydro.ru/press/news/3456.html

247 Bericht der Föderalen Antimonopolbehörde über den Stand des Wettbewerbs in der Russischen Föderation für das Jahr 2008 [Doklad o sostojanii konkurencii v Rossijskoj Federacii"], Moskau, 2009, S. 56 f.

248 Dies gilt nicht für Pumpspeicherkraftwerke.

ausschließlich im Eigentum der Russischen Föderation befinden durften.[249] Dennoch bleibt das ausschließliche Staatseigentum in diesem Bereich auch heute *de facto* erhalten. Alle russischen Kernkraftwerke sind in eine Aktiengesellschaft – OAO „Atomenergoprom" – zusammengeschlossen, die zu 100 % der staatlichen Körperschaft für Kernenergie „Rosatom" gehört. In den Kernkraftwerken wird 16 % des russischen Stroms erzeugt.[250]

Auch in Bezug auf Atomenergie lässt sich in einzelnen Zonen des freien Stromaustausches erhebliche Marktmacht der OAO „Atomenergoprom" feststellen. So beträgt ihr Marktanteil, berechnet nach der Erzeugungsmenge, ca. 50 % im Netzgebiet „Restlicher Teil des vereinigten Elektrizitätssystems Nord-West"; 49 % im Netzgebiet Kola; 39 % im Netzgebiet „Rostow-Kalmykien". Einzelne Zonen des freien Stromaustausches, in denen sowohl Wasser- als auch Kernkrafterzeugung stattfinden, werden überwiegend von staatlich kontrollierten Erzeugern versorgt: etwa das Netzgebiet „Restlicher Teil des vereinigten Netzgebiets des Zentrums und das Netzgebiet Nizhnij Nowgorod" – zu 57 %; das Netzgebiet „Saratow und Balakowo" – zu 88 %.[251]

Der Betrieb von Kernkraftwerken ist im Vergleich zu anderen Arten der Stromerzeugung mit deutlich höheren Risikofaktoren verbunden und erfordert verstärkter Sicherheitsvorkehrungen. Daher erscheint die Beibehaltung der Kernenergieerzeugung im alleinigen Staatsbesitz begründet. Trotzdem ist eine wirksame Trennung entsprechender Erzeugungstätigkeiten vom Netzbetrieb erforderlich.

In Bezug auf Netzbetrieb und den Betrieb von Kernkraftwerken kann Staatsbesitz mit der Sicherstellung von Gemeininteressen begründet werden. Beim Betrieb sonstiger Kraftwerke sowie in der Stromversorgung agiert der Staat aber ausschließlich als Unternehmer[252]. Besonders deutlich ist das bei den in Punkt d) angesprochenen Beteiligungen der Föderalen Netzgesellschaft an privaten regionalen und überregionalen Stromerzeugungsunternehmen – OGKs und TGKs. Vor diesem Hintergrund stellt sich die Frage nach der Vereinbarkeit gleichzeitiger Aktivitäten des Staates sowohl in den Monopol- als auch in den wettbewerbsfähigen Bereichen mit den Reform- und insbesondere den Unbundling-Zielen.

---

249 Föderalgesetz vom 5.2.2007 Nr. 13-FZ, zuletzt geändert am 1.12.2007, SZ RF vom 12.2.2007, Nr. 7, Pos. 834.

250 Informationen auf der Website der staatlichen Körperschaft „Rosatom", abrufbar unter: http://www.rosatom.ru/ru/energy_complex/.

251 Bericht der Föderalen Antimonopolbehörde über den Stand des Wettbewerbs in der Russischen Föderation für das Jahr 2008, S. 56 f.

252 Vgl. *Bakšinskas* in: o. A., Predprinimatel'skoe pravo, 2009, Nr. 3, S. 6.

bb) Affiliierung zwischen staatlich beherrschten Gesellschaften

In Bezug auf den geltenden gesetzlichen Rahmen reduziert sich diese Problemstellung rechtstechnisch auf die Frage, ob bei der Definition affiliierter Personen und einer Personengruppe für die Zwecke von Art. 6 Pkt. 7 ÜbergangsG auch der Staat, insbesondere staatliche Beteiligungen an Kapitalgesellschaften zu berücksichtigen sind oder nicht. Wenn ja, so müsste das föderalstaatliche Eigentum an der Föderalen Netzgesellschaft und dem Systembetreiber zu wesentlichen Einschränkungen für die Betätigung des Staates an der Stromerzeugung und am Stromvertrieb führen. Anderenfalls blieben gegenseitige Einflussmöglichkeiten aufgrund von Staatsbeteiligungen zwischen Unternehmen, die zu verschiedenen, voneinander zu trennenden elektrizitätswirtschaftlichen Bereichen gehören, außer Acht.

Die Berücksichtigung des Staates und seiner Anteile an Elektrizitätsunternehmen bei Feststellung von Affiliierung kommt nur aufgrund von Art. 4 Abs. 29 WettbG-1991 – die Zugehörigkeit zu einer Personengruppe – in Frage. Alle anderen, in diesem Artikel benannten Kriterien setzen lediglich ein einfaches Verhältnis zwischen zwei juristischen und/oder natürlichen Personen voraus. Insoweit fallen die Fragen nach der Anwendbarkeit entsprechender Merkmale einer Affiliierung und einer Personengruppe an den Staat überein. Beide Aspekte können daher im Weiteren zusammen besprochen werden.

Konkret handelt es sich um den Fall einer Affiliierung – aufgrund der Zugehörigkeit zu einer Personengruppe – zwischen zwei Kapitalgesellschaften, an denen dieselbe juristische Person mehr als 50 % der Stimmen aus Aktien bzw. Anteilen besitzt – Art. 9 Pkt. 1 Nr. 2 WettbG-2006 (ggf. i. V. m. Art. 4 Abs. 29 WettbG-1991). Im Folgenden soll untersucht werden, ob zwischen einem Netzbetreiber bzw. einem an der Netzsteuerung beteiligten Unternehmen einerseits und einem Stromerzeuger bzw. Stromvertriebsunternehmen andererseits die Zugehörigkeit zu einer Personengruppe bzw. eine Affiliierung dann vorliegt, wenn die Russische Föderation mehr als 50 % der Stimmen aus Aktien oder Anteilen an den beiden Unternehmen besitzt. Die Folge wäre die Anwendung der Entflechtungsvorgaben des Art. 6 Pkt. 7 ÜbergangsG auf die entsprechenden Unternehmen.

Bei der Anwendung von Art. 9 Pkt. 1 Nr. 2 WettbG-2006 auf den Staat bzw. die Russische Föderation kommen zwei Möglichkeiten in Betracht. Erstens kann die für die Wahrnehmung der staatlichen Stimmrechte in entsprechenden Kapitalgesellschaften zuständige Behörde als juristische Person im Sinne dieser Vorschrift betrachtet werden. Zweitens ist eine analoge Anwendung der Vorschrift für juristische Personen auf die Russische Föderation denkbar. Die zweite Option würde im Hinblick auf die energiewirtschaftlichen Entflechtungsregelungen strengere Einschränkungen für die Betätigung des Staates im Strombereich mit sich ziehen. Auf die beiden Auslegungsmöglichkeiten ist näher einzugehen.

(1) analoge Anwendung von Art. 9 Pkt. 1 Nr. 2 WettbG-2006 auf den Staat

Zunächst ist zu untersuchen, ob der Staat als solcher gemäß Art. 9 Pkt. 1 Nr. 2 WettbG-2006 analog mit anderen Gesellschaften eine Personengruppe bilden kann, so dass zwischen den zu dieser Gruppe gehörenden Gesellschaften eine Affiliierung besteht.

(a) Rechtssache „Fluglinien Krasnojarsk" („KrasAir")

Diese Frage wurde bereits zum Gegenstand der Rechtsprechung in der Rechtssache „KrasAir"[253], wenn auch in einem allgemeinen aktienrechtlichen Kontext. Daher erscheint eine ausführlichere Darstellung des Rechtsstreits notwendig, um die Auswirkung der Gerichtsentscheidung auf die energierechtlichen Unbundling-Regelungen besser einschätzen zu können.

In dem Fall ging es um die Anfechtung von zwei Rechtsgeschäften der Fluggesellschaft „Fluglinien Krasnojarsk" („KrasAir") durch die Russische Föderation, die einen Anteil von 51 % an ihrem Kapital hielt: eines Darlehens und einer Bürgschaft mit der Gesellschaft mit beschränkter Haftung „AirUnion" (ehemalig OOO „AirBridge"). Letztere wurde über „KrasAir" (51 %) und „Fluglinien Domodedovo" (49 %) zu 100 % von der Russischen Föderation kontrolliert. Die beiden Rechtsgeschäfte wurden in der Hauptversammlung mit einer Mehrheit von 77,86 % aller Stimmen der am Rechtsgeschäft nicht interessierten Aktionäre genehmigt. Die Russische Föderation verfolgte dagegen eine ablehnende Position. Die im Namen des Staates handelnde Behörde Rosimuschestvo bestritt ihren Ausschluss aus der Abstimmung in der Hauptversammlung gemäß Art. 81 AktG-Rus wegen der bestehenden Affiliierung zwischen der Föderation als Gesellschafter und „AirUnion" als Kontrahenten in den fraglichen Rechtsgeschäften.[254]

Es kann eine Affiliierung aufgrund der Zugehörigkeit der Russischen Föderation und der Gesellschaft „AirUnion" zu ein und derselben Personengruppe in Frage kommen (Art. 4 Abs. 29 WettbG-991 i. V. m. Art. 9 Pkt. 1 Nr. 1 u. 14 WettbG-2006). „KraisAir" und „AirUnion" bilden eine Personengruppe aufgrund des Art. 9 Pkt. 1 Nr. 1 WettbG-2006, da die erstere über 51 % der Stim-

253 Entscheidung des Föderalen Arbitragegerichts der Region Ostsibirien [Postanovlenie Federal'nogo arbitražnogo suda Vostočno-Sibirskogo okruga] vom 20.2.2008 Nr. A33-33865/05-F02-7411/06.

254 Ebenda.

men in der Letzteren verfügt. Geht man von der analogen Anwendbarkeit des Art. 9 WettbG-2006 auf die öffentliche Hand aus, so wäre eine Verbindung zwischen der Russischen Föderation und „KraisAir" auf derselben Grundlage festzustellen. Gemäß Art. 9 Pkt. 1 Nr. 14 WettbG-2006

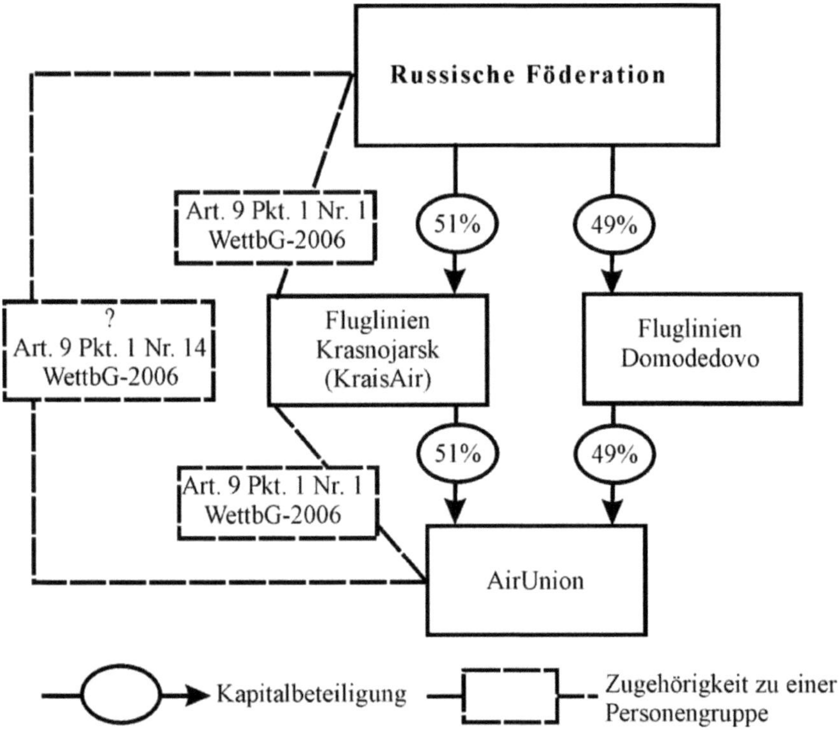

Abbildung 2

gehörten auch „AirUnion" und die Russische Föderation zu einer Personengruppe. Siehe Abbildung 2.

Das Föderale Arbitragegericht der Region Ostsibirien als Revisionsinstanz verneinte eine analoge Anwendung von Art. 9 Pkt. 1 Nr. 2 WettbG-2006 auf die Russische Föderation. In der Entscheidung konstatiert es zunächst, dass das alte Wettbewerbsgesetz 1991, das die Legaldefinition affiliierter Personen enthält, für Wirtschaftssubjekte (Unternehmen) gilt. Ob auch die öffentliche Hand zu den Wirtschaftssubjekten gehört, sei im Gesetz nicht ausdrücklich bestimmt. Dementsprechend untersucht das Gericht eine mögliche analoge Gesetzesanwendung.Dabei argumentiert es mit der Norm des Art. 124 Pkt. 2 ZGB, die besagt, dass die zivilrechtlichen Vorschriften für juristische Personen grundsätzlich auf die Russische Föderation, die Föderationsmitglieder und Gemeinden Anwendung finden, es sei denn, etwas Anderes ergibt sich aus Besonderheiten entsprechender Rechtsverhältnisse und des Status dieser Körperschaften. Im besprochenen Fall sieht das Gericht eine solche Besonderheit in den spezifischen Aufgaben des Staates, mit denen die Mehrheitsbeteiligung an der Aktiengesellschaft „KraisAir" verbunden ist. Bei der Gründung der Gesellschaft 1992 im Wege der Privatisierung wurde eine Mehrheitsbeteiligung im Föderaleigentum belassen, um eine staatliche Kontrolle im Bereich des Luftverkehrs zu ermöglichen. Darüber hinaus wurde „KraisAir" in die Liste von Unternehmen bzw. Aktiengesellschaften mit strategischer Bedeutung[255] aufgenommen, deren Aktivitäten strategischen Interessen, Verteidigung und Staatssicherheit, dem Schutz der Moral, der Gesundheit sowie der Rechte und berechtigter Interessen der russischen Bürger dienen. Das Gericht kommt zu folgendem Ergebnis: „Die Russische Föderation hält eine Beteiligung am Kapital der OAO „Fluglinien Krasnojarsk", nicht um Gewinne aus dem Gewerbe zu erwirtschaften, sondern um die Kontrolle über eine Wirtschaftsbranche mit strategischer Bedeutung zu behalten bzw. die Mehrheitsbeteiligung zur Verwaltung der Aktiengesellschaft zu nutzen".[256] Genau diese Ziele wären gefährdet, wenn im Ergebnis einer analogen Anwendung der Vorschriften über affiliierte Personen auf die Russische Föderation sie aus der Abstimmung über bestimmte Rechtsgeschäfte der Gesellschaft ausgeschlossen wäre.[257]

An dieser Stelle sei angemerkt, dass die vom Gericht benutzte Prämisse nicht der in der Doktrin herrschenden Meinung entspricht. Laut *Mozolin* können in einer Marktwirtschaft keine unter die reinen unternehmerischen Interessen hinausgehenden allgemeinen staatlichen Ziele und Aufgaben nach geltenden Gesetzen Berücksichtigung finden.[258] *Dolinskaja* nennt unter Vorteilen der Rechtsform einer staatlichen Aktiengesellschaft rechtmäßige unternehmerische Tätigkeit ohne etwaige Einschränkungen und die gleiche Rechtsfähigkeit wie die von Kontrahenten.[259]

---

255 Präsidialerlass vom 4.8.2004 Nr. 1009 „Zur Festlegung einer Liste der Unternehmen bzw. Aktiengesellschaften von strategischer Bedeutung" [Ukaz Prezidenta RF „Ob utverždenii perečnja strategičeskich predprijatij i strategičeskich akcionernych ob-ščestv], SZ RF 09.08.2004 Nr. 32, Pos. 3313.

256 Entscheidung des Föderalen Arbitragegerichts der Region Ostsibirien [Postanovlenie Federal'nogo arbitražnogo suda Vostočno-Sibirskogo okruga] vom 20.2.2008 Nr. A33-33865/05-F02-7411/06.

257 Ebenda.

258 *Mozolin*, Žurnal rossijskogo prava, 2010, Nr. 6, S. 31.

259 *Dolinskaja*, Zakony Rossii, 2009, Nr. 4, S. 16.

Auf die Entscheidung in der Rechtssache „KrasAir“ stützte sich die in der behördlichen Praxis und teilweise in der Literatur[260] geäußerte Meinung, dass eine Affiliierung zwischen zwei staatlich beherrschten Kapitalgesellschaften generell nicht vorliegen kann. So ist zunächst ein Erläuterungspapier des russischen Wirtschaftsministeriums auf eine private Anfrage hin von Interesse, das allerdings lediglich die Qualität einer Stellungnahme besitzt, da dem Ministerium Befugnisse zur Auslegung von Rechtsnormen fehlen. Das Papier trifft dieselbe allgemeine Aussage mit folgender Begründung. In Art. 124 Pkt. 1 ZGB werden zwar der Staat und die Kommunen in Zivilrechtsverhältnissen Privaten gleichgestellt, so dass für sie grundsätzlich Regelungen über die Teilnahme juristischer Personen an Zivilrechtsverhältnissen gelten, vgl. Art. 124 Pkt. 2 ZGB. Jedoch sei folgender Unterschied zu beachten: Während für Private die Privatautonomie gilt, wird die öffentliche Hand durch zuständige Organe tätig, die in ihrem Handeln an öffentlich-rechtliche Vorschriften gebunden sind, insbesondere im Föderalgesetz über den Staatsdienst in der Russischen Föderation[261]. Laut dem Erläuterungspapier seien diese Vorschriften bereits ausreichend, um die für eine Affiliierung relevanten Interessenskonflikte auszuschließen.

Zu demselben Ergebnis kommt auch *Sipko*[262]. Neben den bereits genannten Erwägungen führt er ein weiteres Argument an: Zwar sei die für das Staatsvermögen zuständige Behörde eine juristische Person, sie handele jedoch nicht für sich, sondern im Namen der Russischen Föderation. Der Staat selbst sei dagegen keine juristische Person, sondern verfüge lediglich über entsprechende Rechte und Pflichten derselben. Aus diesem Grund finde Art. 9 Pkt. 1 Nr. 2 WettbG-2006 keine Anwendung auf die öffentliche Hand.[263]

(b) Stellungnahme

Die Frage nach dem Bestehen einer Affiliierung zwischen zwei Kapitalgesellschaften mit einer staatlichen Mehrheitsbeteiligung bleibt jedoch hoch umstritten.[264] Es ist bemerkenswert, dass in der Entscheidung in der Rechtssache „Kra-

260 *Bakšinskas* in: o. A., Predprinimatel'skoe pravo, 2009, Nr. 3, S. 6 f.; *Gabov*, ebenda, S. 17; *Sipko*, Akcionernoe obščesvto: voprosy korporativnogo upravlenija, 2009, Nr. 6, S. 48.

261 [Federal'nyj zakon „O gosudarstvennoj graždanskoj službe Rossijskoj Federacii“] vom 27.7.2004 Nr. 79-FZ, zuletzt geändert am 14.2.2010, SZ RF vom 2.8.2004, Nr. 31, Pos. 3215.

262 Der Autor leitet die Rechtsabteilung der für die Verwaltung des Staatseigentums zuständigen Behörde der Republik Udmurtien und bringt anscheinend ebenfalls die behördliche Ansicht zum Ausdruck.

263 *Sipko*, Akcionernoe obščesvto: voprosy korporativnogo upravlenija, 2009, Nr. 6, S. 48.

264 So auch: *Bakšinskas* in: o. A., Predprinimatel'skoe pravo, 2009, Nr. 3, S. 7.

sAir" die analoge Anwendung der Vorschriften zur Affiliierung auf die Russische Föderation nicht generell verneint wurde. Vielmehr wurde auf die besonderen politischen Ziele staatlicher Beteiligungen an bestimmten Aktiengesellschaften abgestellt, die im Einzelfall nicht zwingend gegeben sind. In der Praxis wird die Russische Föderation heute ausdrücklich in den von unternehmerisch tätigen juristischen Personen geführten Listen affiliierter Personen als eine solche Person genannt. Dies betrifft auch Unternehmen der Elektrizitätswirtschaft.[265] Außerdem ist zu beachten, dass die Auslegung nach Sinn und Zweck der Norm vom Gericht im Kontext der Sonderregelungen über die Genehmigung bestimmter Rechtsgeschäfte im Aktienrecht vorgenommen wurde. Im Kontext energierechtlicher Entflechtungsregelungen ist eine abweichende Auslegung durchaus denkbar.

„Personengruppe" stellt einen wettbewerbsrechtlichen Begriff dar und ist unmittelbar im Wettbewerbsgesetz 2006 geregelt. Vor diesem Hintergrund ist die Vorschrift des Art. 3 Pkt. 1 WettbG-2006 über den Regelungsgegenstand dieses Gesetzes zu berücksichtigen. Demnach findet es auf solche Rechtsverhältnisse Anwendung, an denen juristische und natürliche Personen, einschließlich Einzelunternehmer, sowie föderale Exekutivorgane, Staatsorgane der Föderationsmitglieder, Selbstverwaltungsorgane, Staatsfonds und die Zentralbank teilnehmen. Aus dem gesamten Gesetzesinhalt und insbesondere aus dem Abschnitt 3 WettbG-2006, der sich dem Verbot wettbewerbsbeschränkenden Verhaltens seitens der soeben aufgezählten Staatsorgane widmet, wird deutlich: im Art. 3 handelt es sich nicht nur um die Kontroll- bzw. Aufsichtsaufgaben der Behörden, sondern auch um ihr eventuelles wettbewerbsinkonformes Handeln. Insoweit werden die Staatsorgane grundsätzlich keineswegs von den antimonopolrechtlichen Einschränkungen ausgenommen. Entsprechende Normen gelten sowohl für Unternehmen, die sich ausschließlich oder teilweise im Staatseigentum befinden, als auch für das staatliche Handeln im Wirtschaftsbereich.

Zugleich muss man feststellen, dass der Staat als solcher im Wettbewerbsgesetz 2006 nicht ausdrücklich benannt wird. Es stellt sich die Frage, ob Art. 124 Pkt. 2 ZGB auch im Anwendungsbereich der Elektrizitätswirtschaftsgesetze in Verbindung mit dem Wettbewerbsgesetz gilt, so dass die Definition einer Personengruppe analog auf die Russische Föderation erweitert werden kann. Dafür ist maßgeblich, inwieweit es sich beim Energierecht und insbesondere bei der Netzentflechtung um Zivilrechtsverhältnisse handelt.

265 Siehe bspw. die Liste affiliierter Personen der Föderalen Netzgesellschaft, Stand vom 31.12.2010, abrufbar unter: http://www.fsk-ees.ru/media/File/stockholders/otchet/affil/2010/List_31.12.10.pdf

Allgemein wird das Energierecht in Russland als ein komplexes Rechtsgebiet verstanden, das sowohl öffentlich-rechtliche als auch privatrechtliche Elemente enthält.[266] Laut Art. 2 EltWG zählt unter anderem das Zivilgesetzbuch zu Gesetzen über die Elektrizitätswirtschaft. Die energierechtlichen Unbundling-Vorgaben kann man als imperative Einschränkungen sehen, die Unternehmen bei ihrer Tätigkeit im Stromsektor auferlegt werden. Vor diesem Hintergrund liegt ihre systematische Einordnung als öffentlich-rechtliche Normen nahe – im Unterschied zur Problematik von Art. 81ff. AktG-Rus, auf die sich die ergangene Rechtsprechung bezieht.

Somit muss man feststellen, dass die geltenden russischen Gesetze nach der hier vertretenen Meinung keine ausreichende Grundlage bieten, um überzeugend begründen zu können, dass Entflechtungsvorgaben in Art. 6 Pkt. 7 ÜbergangsG für die in der Stromwirtschaft tätigen juristischen Personen und Einzelunternehmer analog auch auf die Russische Föderation anzuwenden sind.

(2) Anwendung von Art. 9 Pkt. 1 Nr. 2 WettbG-2006 auf Staatsorgane

In Art. 9 Pkt. 1 Nr. 2 WettbG-2006 wird nicht nur auf Eigentum abgestellt. Vielmehr sind die Voraussetzungen für eine Personengruppe auch dann erfüllt, wenn die Kontrollperson (juristische Person, die über mehr als 50 % der Stimmen in zwei oder mehreren Kapitalgesellschaften verfügt) diese Stimmen durch Einräumung von Befugnissen durch eine andere Person erworben hat. Nach der hier vertretenen Meinung genügt diesem Kriterium auch eine Behörde, die durch den Staat (dessen Personeneigenschaft sich aus Art. 124 ZGB ergibt) zur Verwaltung des staatlichen Vermögens befugt wurde. Die Wahrnehmung der Eigentümerbefugnisse beinhaltet insbesondere die Verwaltung von im Staatsbesitz befindlichen Aktien– vgl. Pkt. 2 lit. d des Präsidialerlasses über das System und die Struktur der föderalen Exekutivorgane (StrukturVO).[267]

(a) Föderalagentur zur Verwaltung des föderalen Vermögens

Generell obliegt die Verwaltung des staatlichen Vermögens der Föderalen Regierung (Art. 114 Verf. RF sowie Art. 14 des Föderalen Verfassungsgesetzes

266 Siehe dazu bspw. *Yakovlev/Lakhno* in: Säcker (Hrsg.), Handbuch zum deutsch-russischen Energierecht, S. 34 f., 37.

267 Näher dazu: *Gutnikov* in: Sadikov (Hrsg.), Zivilrecht, Bd. 1, S. 281 ff.; zu aktuellen Problemen siehe: o. A., Predprinimatel'skoe pravo, 2009, Nr. 3, S. 8 ff.

über die Regierung der Russischen Föderation[268]), die entsprechende Befugnisse an die ihr unterstellten Organe der Exekutive delegiert[269]. Die Eigentümerbefugnisse werden durch sogenannte Föderalagenturen i. S. d. Pkt. 5 lit. a StrukturVO, und grundsätzlich durch keine Ministerien oder Föderalbehörden wahrgenommen – vgl. Pkt. 3 lit. c, Pkt. 4 lit. c StrukturVO.

Die wichtigste Behörde im Bereich des Föderaleigentums ist die Föderalagentur zur Verwaltung des föderalen Vermögens[270] (im Folgenden: Rosimuschestvo) – ein dem russischen Wirtschaftsministerium unterstelltes föderales Exekutivorgan. In der Praxis werden sämtliche staatliche Aktiva in den elektrizitätswirtschaftlichen Monopolbereichen durch Rosimuschestvo verwaltet, die im Namen der Russischen Föderation handelt.[271] Dasselbe betrifft die Staatsbeteiligung an allen Stromerzeugern einschließlich der OAO „Rushydro". Die einzige Ausnahme bilden die Kernkraftwerke, die in der Aktiengesellschaft „Rosenergoatom" zusammengefasst sind und unmittelbar durch die Staatliche Körperschaft „Rosatom" verwaltet werden – vgl. Art. 4 Pkt. 1 RosatomG, wo die Verwaltung des staatlichen Vermögens im Bereich der Kernenergie als eines der Ziele der Rosatom festgelegt ist.

Die Föderalagentur zur Verwaltung des föderalen Vermögens ist eine juristische Person, was in Pkt. 11 der Regierungsverordnung über Rosimuschestvo (RosimuschestvoVO) festgelegt ist. Laut Pkt. 1 Abs. 2 RosimuschestvoVO ist sie für die Wahrnehmung der Eigentümer- und insbesondere Aktionärsbefugnisse im Bereich der Verwaltung des Föderalvermögens zuständig, es sei denn etwas Anderes ist föderalgesetzlich festgelegt. Somit besitzt Rosimuschestvo die Stimmrechte i. S. d. Art. 9 Pkt. 1 Nr. 2 WettbG-2006 aus Staatsbeteiligungen an Kapitalgesellschaften, auch im Strombereich. Über 50 % der Stimmen besitzt die Behörde an folgenden Stromunternehmen: der Föderalen Netzgesellschaft, dem Systembetreiber, der MRSK-Holding, der Holding „Rushydro" und RAO EES Vostoka. Alle Anforderungen des Art. 9 Pkt. 1 Nr. 2 WettbG-2006 sind somit erfüllt, diese Unternehmen bilden also eine Personengruppe. Dazu gehören sowohl in den elektrizitätswirtschaftlichen Monopolbereichen als auch in den wettbewerbsfähigen Bereichen tätige Unternehmen. Insoweit wird der seit

268 [Federal'nyj konstitucionnyj zakon "O Pravitel'stve Rossijskoj Federacii"], vom 17.12.1997 Nr. 2-FKZ, zuletzt geändert am 28.12.2010, SZ RF vom 22.12.1997, Nr. 51, 5712.

269 Abs. 15 der Verordnung des Obersten Sowjets der Russischen Föderation [Postanovlenie Verchovnogo Soveta RF] vom 27.12.1991, zuletzt geändert am 21.7.1993, RG Nr. 8 vom 11.1.1992.

270 Russische Abkürzung: Rosimuščestvo.

271 Angaben auf den Websites der Föderalen Netzgesellschaft, des Systembetreibers und der MRSK-Holding.

dem 1. Juli 2008 geltenden Entflechtungsvorgabe für affiliierte Personen und Personengruppen der Föderalen Netzgesellschaft und des Systembetreibers nicht nachgekommen.

Diese wörtliche Auslegung von Art. 9 Pkt. 1 WettbG-2006 für die Zwecke von Art. 8 Pkt. 4, Art. 12 Pkt. 4 EltWG sowie Art. 6 Pkt. 7 ÜbergangsG entspricht in vollem Maße dem Ziel der Netzentflechtung, das vor allem in der Unabhängigkeit des Netzbetreibers besteht.

In diesem Zusammenhang stellt sich die Frage nach dem Verhältnis zwischen der soeben erwähnten Entflechtungsvorgabe in Art. 8 Pkt. 4 bzw. Art. 13 Pkt. 4 EltWG und dem in Art. 9 Pkt. 2 ÜbergangsG festgelegten Verbot einer Minderung des Anteils der Russischen Föderation an Betreibern der zu Reformbeginn bereits in Betrieb befindlichen Wasserkraftwerke mit einer staatlichen Mehrheitsbeteiligung sowie an deren Muttergesellschaften. Genauer ist zu klären, ob Art. 9 Pkt. 2 als eine Ausnahmeregelung von Art. 8 Pkt. 4 Abs. 1 EltWG zu sehen ist. Nach der hier vertretenen Meinung ist dies zu verneinen. Dafür spricht ganz entscheidend, dass diese Vorschrift des Elektrizitätswirtschaftsgesetzes keinen ausdrücklichen Verweis auf die Vorgabe in Art. 9 Pkt. 2 Überbgangs G enthält, d. h. keine Formulierung, wie etwa „mit Ausnahme der in Art. 9 Pkt. 2 ÜbergangsG benannten Betreiber von Wasserkraftwerken". Auch sonst erscheint diese Auslegung aus den oben dargelegten Gründen unbundlingkonform. Die bestehende Affiliierung zwischen der Föderalen Netzgesellschaft, dem Systembetreiber und der Holding „Rushydro" kann also nicht mit der Regelung in Art. 9 Pkt. 2 ÜbergangsG gerechtfertigt werden.

Wie unter (1) bereits aufgezeigt, lässt sich eine Affiliierung über die Kontrolle durch den Staat als solchen nach geltender Rechtslage schwer begründen. Um die Einhaltung der geltenden Entflechtungsvorgaben zu gewährleisten, würde daher bereits ausreichen, die Wahrnehmung der Eigentümerbefugnisse der Russischen Föderation in Bezug auf „Rushydro" an eine andere juristische Person, als Rosimuschestvo zu übertragen. Im Falle staatlicher Beteiligungen von mehr als 50 % an anderen, in den elektrizitätswirtschaftlichen Bereichen tätigen Unternehmen, dürfen entsprechende Stimmrechte und Beteiligungen an den Monopolunternehmen ebenfalls nicht durch dieselbe juristische Person verwaltet werden.

(b) staatliche Körperschaft „Rosatom"

Daraus ergibt sich gleichzeitig, dass die staatliche Körperschaft „Rosatom" von der Föderalen Netzgesellschaft und dem Systembetreiber formell entflochten ist. Laut RosatomG stellt „Rosatom" eine eigene juristische Person dar. Die Stimmrechte aus den staatlichen Beteiligungen in den beiden Monopolgesellschaften werden dagegen durch die Behörde „Rosimuschestvo" wahrgenommen. Eine direkte Anwendung des Art. 9 Pkt. 1 Nr. 2 WettbG-2006 würde in diesem Fall daran scheitern, dass keine Kontrolle durch eine gemeinsame juristische Person vorliegt.

Es stellt sich die Frage, inwiefern im Falle von „Rosatom" tatsächliche Unabhängigkeit der voneinander zu trennenden Bereiche gewährleistet ist. Dafür ist die Verwaltung von staatlichen Mehrheitsbeteiligungen an Aktiengesellschaften genauer zu untersuchen. Entsprechendes Verfahren ist durch eine Regierungsverordnung[272] festgelegt. Die staatliche Körperschaft „Rosatom" genießt einen Sonderstatus, zudem gilt für das föderale Vermögen im Bereich der Kernenergie ein eigenes Verfahren[273].

Die staatliche Körperschaft ist eine relativ neue Erscheinung in der Praxis des russischen Gesellschaftsrechts. Definiert wird sie im Art. 7.1. des Föderalgesetzes über nichtkommerzielle Organisationen[274] als eine auf keiner Mitgliedschaft beruhende nichtkommerzielle Organisation, die durch die Russische Föderation aufgrund einer Sacheinlage gegründet wurde und der Wahrnehmung von Sozial-, Verwaltungs- oder sonstiger gemeinnütziger Aufgaben dient. [275]

Im Unterschied zu solchen staatlichen Anteilen an Stromunternehmen, die von „Rosimuschestvo" verwaltet werden, befindet sich das Vermögen von „Rosatom" im Eigentum der Korporation selbst.[276] Dies bedeutet, dass die Russische

272 Verordnung der Föderalen Regierung über die Verwaltung der im Föderaleigentum befindlichen Aktien von Aktiengesellschaften und die Nutzung der Sonderrechte der Russischen Föderation zur Verwaltung von Aktiengesellschaften („goldene Aktie") [Postanovlenie Pravitel'stva RF „Ob upravlenii nachodjaščimisja v federal'noj sobstvennosti akcijami akcionernych obščestv i ispol'zovanii special'nogo prava na učastie v upravlenii akcionernymi obščestvami („Zolotoj akcii")] vom 3.12.2004 Nr. 738, zuletzt geändert am 31.12.2010, SZ RF vom 13.12.2004, Nr. 50, Pos. 5073.

273 Verordnung der Föderalen Regierung über die Wahrnehmung der Aktionärsbefugnisse im Namen der Russischen Föderation in Bezug auf offene Aktiengesellschaften im Kernenergie- und Kernindustriebereich, deren Aktien sich im Föderaleigentum befinden [Postanovlenie Pravitel'stva RF „O porjadke osuščestvlenija ot imeni Rossijskoj Federacii polnomočij akcionera v otnošenii otkrytych akcionernych obščestv atomnogo ėnergopromyšlennogo kompleksa, akcii kotorych nachodjatsja v federal'noj sobstvennosti] vom 29.9.2007, zuletzt geändert am 6.5.2008, SZ RF vom 8.10.2007, Nr. 41, Pos. 4896.

274 [Federal'nyj zakon „O nekommerčeskich organizacijach"] vom 12.1.1996 Nr. 7-FZ, zuletzt geändert am 29.12.2010, SZ RF vom 15.1.1996, Nr. 3, Pos. 145.

275 Ausführlich über den Rechtsstatus der staatlichen Körperschaft „Rosatom" siehe: *Grischenko/Andreev* in: Säcker (Hrsg.), Handbuch zum deutsch-russischen Energierecht, S. 806 ff.

276 *Iojryš/Terent'ev*, Rosatom erwarb den Status einer Körperschaft. Vgl. Art. 7.1. Pkt. 1 Abs. 2 des Föderalgesetzes über nichtkommerzielle Organisationen.

Föderation weder dingliche noch obligatorische Rechte am Vermögen von „Rosatom" hat,[277] insbesondere an Kernenergieerzeugungsanlagen und Vertriebseinheiten. In der Literatur spricht man von einer weit reichenden Unabhängigkeit der staatlichen Körperschaft „Rosatom", die praktisch keiner Kontrolle unterliegt, außer der des Präsidenten.[278] Insbesondere angesichts gleichzeitiger Wahrnehmung von normsetzenden bzw. Regulierungsbefugnissen wird dieser Umstand kritisch gesehen. Für unsere Untersuchung ist jedoch wichtig klarzustellen, dass die staatlichen Mehrheitsbeteiligungen an den Stromnetzen einschließlich der Netzsteuerung einerseits und an der Kernenergieerzeugung anderseits von zwei unterschiedlichen Stellen verwaltet werden – einer Behörde und einer staatlichen Körperschaft entsprechend. Ihre gewisse Unabhängigkeit voneinander ist zumindest formell gewährleistet.

Ausgehend von den obigen Ausführungen erscheint ein solches Modell effektiv, wo beim Fortbestehen staatlicher Mehrheitsbeteiligungen sowohl in den elektrizitätswirtschaftlichen Monopolbereichen als auch in begründeten Fällen gegebenenfalls an einzelnen Erzeugungsunternehmen entsprechende Aktiva unabhängig voneinander verwaltet werden, so dass notwendige tatsächliche Unabhängigkeit der Netzbetreiber gewährleistet ist.

(3) Rechtsvergleich

Das aus der vorstehenden Analyse erzielte Ergebnis, dass entsprechend Art. 6 Pkt. 7 ÜbergangsG i. V. m. Art. 9 Pkt.1 Nr. 2 WettbG-2006 ein und dasselbe Staatsorgan nicht gleichzeitig Eigentümerbefugnisse der Russischen Föderation aus ihren Beteiligungen an den in den elektrizitätswirtschaftlichen Wettbewerbs- und Monopolbereichen tätigen Unternehmen wahrnehmen darf, entspricht zwar der Regelung zur Eigentumsentflechtung staatlich kontrollierter Unternehmen in der EU-Richtlinie zum Strombinnenmarkt 2009 (Art. 9 Abs. 6). Jedoch wird in Russland, anders als in der EU, keine Unabhängigkeit der jeweils für die Stromübertragung und die Stromerzeugung zuständigen Behörden voneinander gefordert. Angesichts eigener Interessen des Staates als Unternehmer lässt sich eine mögliche Privilegierung von Stromerzeugern mit staatlichen Beteiligungen durch die Netzbetreiber nicht wirksam verhindern.

Nach der hier vertretenen Meinung kann die EU-Vorschrift hier nicht als Rechtfertigung herangezogen werden. Sie ist als Kompromisslösung gedacht und erklärt sich mit europarechtlichen Kompetenzschranken. Zu Recht wird da-

---

277 Bericht „Staatliche Körperschaften im modernen Russland", S. 6; abrufbar unter: prompolit.ru/files/289856/public_corporation.doc

278 *Krivonos*, Die Rechtsnatur der „Rosatom": eine nichtkommerzielle Organisation mit staatlichen Funktionen.

rauf hingewiesen, dass der europäische Normgeber in vergleichbaren Regelungsfragen von keiner Neutralität der Mitgliedstaaten bei ihrer wirtschaftlichen Betätigung ausgeht, etwa in Art. 106 AEUV (ehem. Art. 86 EGV).[279]

Auch das deutsche Recht geht von einer gleichen Behandlung Privater und unternehmerisch tätiger öffentlicher Hand, insbesondere auch in wettbewerbs- und regulierungsrechtlichen Fragen, aus.[280] Im § 109 Abs. 1 EnWG wird insbesondere klargestellt, dass das Energiewirtschaftsgesetz (einschließlich der Unbundling-Regelungen) auch auf solche Unternehmen Anwendung findet, die „ganz oder teilweise im Eigentum der öffentlichen Hand stehen oder die von ihr verwaltet oder betrieben werden".

g) gesellschaftsrechtliche Aspekte bei der Umsetzung von Art. 6 Pkt. 7 ÜbergangsG

aa) gesellschaftsrechtliche Struktur des entflochtenen Unternehmens

Das russische Gesetz enthält keine spezifischen Vorgaben zu gesellschaftsrechtlichen Strukturen, mit denen das Unbundling umgesetzt werden kann, einschließlich der Frage, ob die Unabhängigkeit einer Netzgesellschaft am besten als Mutter-, Schwester- oder Tochterunternehmen gewährleistet werden kann. In diesem Zusammenhang ist eine Empfehlung der Föderalen Antimonopolbehörde von Interesse, die erlassen wurde, um die Erfüllung der gesetzlichen Entflechtungsvorschriften durch Stromversorgungsunternehmen informationell zu unterstützen[281]. In diesem Papier werden mögliche Entflechtungsmodelle für Aktiengesellschaften, Gesellschaften mit beschränkter Haftung sowie staatliche und kommunale Einheitsunternehmen geschildert und ihre Unterschiede und ökonomische Auswirkungen erläutert, um den betroffenen Unternehmen die Wahl zu erleichtern.

Es ist bemerkenswert, dass die Behörde ausdrücklich eine Aussonderung des Vertriebs empfiehlt, und zwar damit die betroffenen Unternehmen den Aufwand für die Gestaltung der Übertragung von Aktiva möglichst niedrig halten können.[282] Aber auch die Aussonderung des Netzbetriebs ist theoretisch möglich. Analysiert werden drei Grundschemata: Veräußerung der Stromerzeugungsspar-

279 *Callies*, ET 2007, 92, 97.

280 Siehe dazu bspw. *Dielmann*, Beteiligung der öffentlichen Hand an Kapitalgesellschaften und die Anwendbarkeit des Rechts der verbundenen Unternehmen, - insb. S. 144; *Schünemann* in: Stober/Vogel (Hrsg.), Wirtschaftliche Betätigung der öffentlichen Hand Staat und Kommunen als Konkurrent der Privatwirtschaft, S. 45 ff.

281 Empfehlung zur Entflechtung von Unternehmen der Elektrizitätswirtschaft, FAS.

282 Ebenda, S. 15.

te an einen Dritten, Reorganisation in Form einer Ausgliederung und Gründung einer Tochtergesellschaft.[283] Mit der ersten Variante wird sofort eine Eigentumsentflechtung bewirkt. Bei den zwei anderen Modellen werden später zusätzliche Umstrukturierungsmaßnahmen erforderlich sein, um die Merkmale einer Affiliierung bzw. Personengruppe zu beheben.

bb) Rechtsformen des Netzbetreibers und seine operationelle Unabhängigkeit

Ebenso gibt es keine gesetzlichen Einschränkungen im Hinblick auf zulässige Rechtsformen für Stromnetzbetreiber. In Art. 4 Abs. 2 ÜbergangsG spricht der Gesetzgeber im Kontext der Umstrukturierung der Holding RAO EES zwar konsequent von Aktiengesellschaften. Dies erklärt sich aber damit, dass alle dazu gehörigen Unternehmen diese Rechtsform hatten. Dies wurde noch 1992 in einem Präsidialerlass über die Privatisierung im russischen Brennstoff- und Energiesektor vorgegeben, zu dem u. A. die Elektrizitätswirtschaft, aber auch die Gaswirtschaft zählen.[284] Dementsprechend wurde die RAO EES Russlands als eine Aktiengesellschaft gegründet.[285] Dieselbe Rechtsform hatten auch alle ihre Tochterunternehmen. Bei allen anderen, im Strombereich tätigen Unternehmen – etwa den örtlichen Stromversorgern – kann es sich gleichwohl auch um Gesellschaften mit beschränkter Haftung sowie staatliche und kommunale Einheitsunternehmen handeln.

Anders als in Deutschland, wurde die Frage nach der Unbundlingkonformität einer Aktiengesellschaft und einer Gesellschaft mit beschränkter Haftung sowie weiterer Gesellschaftsformen in Russland, soweit ersichtlich, nicht untersucht. Allerdings ergeben sich aus dem russischen Aktienrecht keine grundlegenden Unterschiede zwischen dem Vorstand einer Aktiengesellschaft und der Geschäftsführung einer Gesellschaft mit beschränkter Haftung im Hinblick auf ihre Selbstständigkeit gegenüber den Aktionären und dem Aufsichtsrat.

---

283 Ebenda, S. 15.

284 Ukaz Prezidenta Rossijskoj Federacii „Ob osobennostjach preobrazovanija gosudarstvennych predprijatij, ob''edinenij, organizacij toplivno-ėnergetičeskogo kompleksa v akcionernye obščestva [Erlass des Präsidenten der Russischen Föderation über die Besonderheiten der Umwandlung staatlicher Unternehmen, Vereinigungen und Organisationen des Brennstoff- und Energiesektors in Aktiengesellschaften] vom 14.08.1992 Nr. 922 / Sobranie aktov Prezidenta i Pravitel'stva RF, 31.08.1992, Nr. 9, Pos. 591.

285 Ukaz Prezidenta Rossijskoj Federacii „Ob organizacii upravlenija ėlektroėnergetičeskim kompleksom Rossijskoj Federacii v uslovijach privatizacii" [Erlass des Präsidenten der Russischen Föderation über die Verwaltungsorganisation in der Elektrizitätswirtschaft der Russischen Föderation unter Bedingungen der Privatisierung] vom 15.08.1992 Nr. 923, geändert am 10.09.1993 / Sobranie aktov Prezidenta i Pravitel'stva RF, 31.08.1992, Nr. 9, Pos. 592.

Im Unterschied Deutschland, wo die Abbestellung des Vorstandes eines wichtigen Grundes bedarf (§ 84 Abs. 3 AktG), ist ein solcher nach russischem Aktienrecht nicht erforderlich. Die Exekutivorgane einer Aktiengesellschaft werden entweder von der Hauptversammlung oder vom Aufsichtsrat bestellt – je nachdem, was in der Satzung vorgesehen ist. Gemäß Art. 69 Pkt. 4 AktG-Rus können entsprechend die Hauptversammlung oder der Aufsichtsrat jederzeit den Geschäftsführer bzw. den Vorstand der Gesellschaft abberufen.

Darüber hinaus ist der Vorstand bzw. Geschäftsführer gegenüber dem Aufsichtsrat und der Hauptversammlung rechenschaftspflichtig – Art. 69 Pkt. 1 S. 2 AktG-Rus. Im Gesetz findet man keine Konkretisierung der Rechenschaftspflicht, insbesondere ihres Inhalts und Verfahrens. In der Rechtsprechung und Literatur wird sie dahingehend erläutert, dass dem Aufsichtsrat und der Hauptversammlung das Recht zusteht, von dem Vorstand bzw. Geschäftsführer einen mündlichen oder schriftlichen Bericht zu verlangen, außerdem können sie gegebenenfalls zusätzliche Unterlagen anfordern.[286] Dies bedeutet mindestens, dass bei der Hauptversammlung und gegebenenfalls beim Aufsichtsrat ein Anspruch auf Informationsgewährung über die laufenden Angelegenheiten der Gesellschaft besteht. Aus diesen Vorschriften ergibt sich eine insgesamt weniger unabhängige Stellung des Vorstandes von den übrigen Leitungsorganen einer russischen Aktiengesellschaft im Vergleich zum deutschen Aktienrecht.

Auch in Bezug auf den Aufsichtsrat einer russischen Aktiengesellschaft wird in der juristischen Literatur generell darauf hingewiesen, dass er *de facto* keine Unabhängigkeit genießt. Gemäß Art. 66 Pkt. 4 AktG-Rus werden die Aufsichtsratsmitglieder von der Hauptversammlung der Gesellschaft mittels kumulativer Abstimmung gewählt. Dabei wird die Stimmenzahl jedes Aktionärs mit der Zahl der zu bestellenden Mitglieder multipliziert. Bei der Abstimmung darf er alle seine Stimmen für eine Person abgeben oder sie zwischen mehreren Kandidaten verteilen. Dieses Bestellungsverfahren ermöglicht allerdings den größeren Aktionären praktisch Personen zu bestellen, die ihre Interessen im Aufsichtsrat vertreten.[287]

Bei Umsetzung des endgültigen Entflechtungsmodells in Russland, insbesondere angesichts der Beschränkung zulässiger gegenseitiger Beteiligungen auf 20 %, werden die gesellschaftsrechtlichen Einflussmöglichkeiten auf den Netzbetrieb eine wesentlich geringere Rolle spielen, als im Rahmen des deutschen Unbundling-Regimes nach § 6 ff. EnWG 2005. Vor dem Hintergrund der – für

286 Vgl. *Kirilin*, Pravo i ėkonomika, 2005, Nr. 6, S. 26.

287 *Kirilin*, Pravo i ėkonomika, 2005, Nr. 6, S. 25 f.; *Kopytov*, Akcinernoe obščestvo: voprosy korporativnogo upravlenija, 2010, Nr. 4, S. 25.

Russland typischen – überwiegend größeren Kapitalbeteiligungen[288], was insbesondere auch auf russische Stromversorgungsunternehmen zutrifft, ist davon auszugehen, dass die Ausübung von unter 20 % der Stimmrechte aus Aktien in der Regel nicht ausreichen wird, um einen bestimmenden Einfluss auf die Entscheidungsfindung der Gesellschaft auszuüben.[289]

Während die formellen Einflussmöglichkeiten auf den Netzbetreiber durch Entscheidungen seiner Leitungsorgane aufgrund einer unter der Affiliierungsgrenze liegenden Kapitalbeteiligung relativ gering erscheinen, sind damit verbundene Informationsmöglichkeiten ernster zu nehmen. Darauf wird unten im Zusammenhang mit informatorischen Aspekten der Entflechtung näher eingegangen.

4. Ausnahmen von den Entflechtungsregelungen

Vom Verbot gleichzeitiger Tätigkeit einer juristischen Person bzw. affiliierter Personen und Personengruppen in den monopolistischen und Wettbewerbsbereichen ist eine Reihe von Ausnahmen vorgesehen. Gemäß Art. 6 Pkt. 9 ÜbergangsG sind solche Unternehmen von den Vorschriften dieses Artikels ausgenommen, die:

---

288 *Verbickij* in: o. A., Predprinimatel'skoe pravo, 2009, Nr. 1, S. 17.

289 Dies veranschaulicht als Beispiel die jüngste Pressemitteilung über die Absicht der Föderalen Netzgesellschaft, die Entscheidung des Stromversorgungsunternehmens OAO „Baschkirenergo" über Aussonderung seiner Elektrizitätsnetze zu blockieren, an der sie 22,29 % stimmberechtigter Aktien hält. Der Hintergrund besteht darin, dass die Netzaussonderung das Vorhaben von FSK beeinträchtigen würde, ihren Anteil an „Baschkirenergo" gegen ein Aktienpaket am Stromexportunternehmen OAO „Inter RAO" zu tauschen. Ohne Unterstützung anderer Minderheitsaktionäre könnte sie sich im Aufsichtsrat jedoch nicht durchsetzen.

Ein erfolgreiches Blockieren der Entscheidung zu den Netzen würde für „Baschkirenergo" die Unmöglichkeit bedeuten, den gesetzlichen Entflechtungsvorschriften fristgemäß nachzukommen. Im Zusammenhang mit der vorgehenden Besprechung der Anwendbarkeit des Unbundling auf den Staat wird an diesem Beispiel zugleich deutlich, dass staatlich beherrschte Unternehmen in der Praxis durchaus rein unternehmerische Interessen verfolgen können. Das beschriebene Handeln der Föderalen Netzgesellschaft steht in einem klaren Konflikt zu den „spezifischen Aufgaben des Staates", mit denen seine gleichzeitige Betätigung im Netzbereich und in der Stromerzeugung gerechtfertigt sein könnte. Siehe: *Dzaguto/Griškovec*, „Baschkirenergo" wird aus den Netzen nicht losgelassen [Baškirėnergo ne vypuskajut iz setej], Zeitung Kommersant Nr. 233 (4533) vom 16.12.2010, abrufbar unter: http://www.kommersant.ru/doc.aspx?DocsID=1558282&NodesID=4.

1) in technisch isolierten örtlichen Elektrizitätssystemen und sonstigen Elektrizitätssystemen, die keine Verbindung mit dem Einheitlichen Elektrizitätssystem Russlands haben, tätig sind;

2) Strom ausschließlich für den eigenen Bedarf produzieren;

3) örtliche Verteilernetzbetreiber mit dem Status eines Grundversorgers sind;

4) Netze betreiben, die einem sicheren Betrieb von Kernkraftwerken dienen;

5) in den zu trennenden Bereichen überwiegend zur Deckung des eigenen Produktionsbedarfs gleichzeitig tätig sind, wenn sie bestimmte, von der Föderalen Regierung festgelegte Voraussetzungen (sogenannte „Besondere Vorgaben") erfüllen. In der ursprünglichen Gesetzesfassung waren nur die ersten drei Ausnahmen vorgesehen; die letzteren zwei wurden nachträglich durch das Gesetz vom 31.03.2006[290] eingeführt.

a) isolierte örtliche Elektrizitätssysteme

Ausgenommen sind Elektrizitätsunternehmen in technisch isolierten Elektrizitätssystemen, in denen Wettbewerb nicht möglich oder wesentlich eingeschränkt ist. Diese Ausnahme gilt auch für Betreiber von Anlagen ohne unmittelbare Anbindung an das Einheitliche Elektrizitätssystem, insbesondere wenn ein Anschluss über ausländische Netze vorliegt. Ein Beispiel dafür ist das Elektrizitätssystem des Fernen Ostens: nach dem Zerfall der Sowjetunion liegen die Übertragungsnetze, die dieses System mit dem europäischen Teil verbanden, nun im Gebiet Kasachstans.[291]

Nach Ziff. 64 der Regeln für die operative Netzsteuerung in der Elektrizitätswirtschaft[292] gilt ein örtliches Stromversorgungssystem als technisch isoliert, wenn es keine Anbindung an das Einheitliche Elektrizitätssystem Russlands aufweist. Gemäß Art. 19 und Art. 21 Pkt. 1 EltWG wird ein Verzeichnis solcher Systeme durch die Föderale Regierung festgelegt[293]. Dazu gehören Stromver-

290 Föderales Gesetz vom 31.3.2006 Nr. 54-FZ, SZ RF vom 24.4.2006 Nr. 17 (Teil 1), Pos. 1783.

291 Kress-Bericht, S. 21.

292 Postanovlenie Pravitel'stva RF ot [genehmigt durch die Verordnung der Regierung der RF vom] 27.12.2004 Nr. 857, zuletzt geändert am 7.11.2008, SZ RF vom 27.12.2004, Nr. 52 (Teil 2), Pos. 5518.

293 Perečen' technologičeski izolirovannych ėlektroėnergetičeskich sistem, utv. Postanovleniem Pravitel'stva RF (Verzeichnis technisch isolierter örtlicher Elekrtizitätssysteme, genehmigt durch die Verordnung der Regierung der Russischen Föderation) vom 27.12.2004 Nr. 854, i. d. F. vom 17.11.2008, SZ RF vom 27.12.2004, Nr. 52 (Teil 2), Pos. 5518.

sorgungssysteme in einigen Gebieten Ostsibiriens und Fernen Ostens: in den Regionen Kamtschatka, Magadan, Sachalin, Tschukotka, Tajmyr sowie ein Teil der Republik Jakutien. Außerdem gibt es isolierte örtliche Stromversorgungssysteme, die den in den Regeln für die operative Dispatchersteuerung festgelegten Kriterien genügen, jedoch in das entsprechende Verzeichnis der Regierung nicht aufgenommen wurden.[294]

Diese Ausnahme knüpft unmittelbar auf das Ziel der Entflechtung in der Elektrizitätswirtschaft an: durch die Trennung der Netze von Stromerzeugung und -vertrieb einen diskriminierungsfreien Netzzugang sicherzustellen und so den Wettbewerb zu fördern. Wenn in einzelnen Regionen aus technischen Gründen *per se* kein Wettbewerb möglich ist und der gesamte Strombedarf von einem Stromanbieter und nur knapp gedeckt wird, kann eine Reorganisation nicht zur Bildung mehrerer Stromversorgungsunternehmen führen, die miteinander im Wettbewerb stünden. Vielmehr wird in der Literatur befürchtet, dass in diesem Fall anstelle eines zwei voneinander unabhängige Monopolisten – im Netz- und im Vertriebsbereich – treten könnten. Dies würde die Verbraucherinteressen nur noch weiter beeinträchtigen.[295] Nach der hier vertretenen Meinung sollten bei der Anwendung der Ausnahme in Art. 6 Pkt. 9 Abs. 2 ÜbergangsG geschätzte Bedingungen für die Wettbewerbsentwicklung in der betreffenden Region stets in Betracht gezogen werden.

b) Netzbetrieb und/oder Netzsteuerung ausschließlich für den eigenen Bedarf

Hier handelt es sich in erster Linie um Betreiber solcher Netze, an die keine Stromentnahmevorrichtungen Dritter angeschlossen sind. Ferner betrifft diese Ausnahme solche Unternehmen der Elektrizitätswirtschaft, die Dispatching-Anlagen besitzen und diese ausschließlich für die Steuerung eigener Elektrizitätsanlagen nutzen.[296]

c) Netzbetreiber mit dem Grundversorgerstatus

Ferner sind aus dem Verbot in Art. 6 ÜbergangsG örtliche Netzbetreiber ausgenommen, solange sie Grundversorgeraufgaben wahrnehmen.

---

294 Empfehlung zur Entflechtung von Unternehmen der Elektrizitätswirtschaft, FAS, S. 12-13.

295 *Judaeva*, Die Elektrizitätswirtschaftsreform: Wettbewerbsförderung oder Stärkung des Monopols?, S. 2.

296 Empfehlung zur Entflechtung von Unternehmen der Elektrizitätswirtschaft, FAS, S. 13.

Ein Grundversorger wird in Art. 4 Abs. 23 EltWG als kommerzielle Organisation definiert, die nach diesem Gesetz oder ihren freiwillig angenommenen Verpflichtungen verpflichtet ist, einen Stromversorgungsvertrag mit jedem Stromverbraucher, der sich an sie wendet, oder mit der Person, die im Namen und im Interesse eines Stromverbrauchers handelt und Strom beziehen möchte, abzuschließen.[297] Ein örtlicher Netzbetreiber stellt einen Verteilernetzbetreiber dar – vgl. Art. 3 Abs. 25 EltWG.

Die Zuerkennung des Grundversorgerstatus einem örtlichen Netzbetreiber ist in Art. 37 Pkt. 3 Abs. 8 EltWG vorgesehen und in Ziff. 51 der Regeln für Endkundenmärkte für Elektrizität (EndkundenmarktVO) ausführlicher geregelt. Es handelt sich um den Fall, wo der geltende Grundversorger seine Verpflichtungen zur Grundversorgung nicht mehr erfüllen kann, beispielsweise aufgrund von Insolvenz, und der Grundversorgerstatus nach der Ausschreibung keinem anderen Unternehmen zuerkannt werden konnte. Für die Wahrnehmung der Aufgaben des Grundversorgers durch einen Netzbetreiber sind zwar keine zeitlichen Grenzen festgelegt. Jedoch gilt, dass eine erneute Ausschreibung spätestens vier Monate nach der Beauftragung des Netzbetreibers zu eröffnen ist. Gegebenenfalls finden weitere Ausschreibungen jede drei Monate statt, bis der Grundversorger bestimmt ist.

Wenn ein örtlicher Netzbetreiber in dem oben beschriebenen Ausnahmefall die Aufgaben eines Grundversorgers wahrnimmt, handelt er im Grunde als Mittler des Zahlungsverkehrs zwischen Stromerzeugern und Stromkunden, um eine sichere Stromversorgung von Letztverbrauchern zu gewährleisten, solange kein neues Stromvertriebsunternehmen den Grundversorgerstatus erworben hat, um diese Aufgabe zu erfüllen. Da örtliche Netzbetreiber hauptsächlich in der Stromverteilung tätig sind, würde die sonst nach Art. 6 ÜbergangsG erforderliche Veräußerung der Elektrizitätsnetze bei der Ausübung wettbewerbsfähiger Tätigkeiten ihren Wirtschaftsinteressen grundlegend zuwiderlaufen.

Der temporäre Charakter dieser Freistellung wurde in der Entscheidung des Föderalen Arbitragegerichts der Region Moskau in der Rechtssache OAO „Städtische Elektrizitätsnetze Samara“[298] betont. Auf Art. 6 Pkt. 9 Abs. 4 ÜbergangsG

---

297 Ausführlicher über den Grundversorgerstatus siehe: *Archipčenko* in: Säcker (Hrsg.), Handbuch zum deutsch-russischen Energierecht, S. 402 ff.; *Falter*, Russlands natürliche Monopole. Deregulierung am Beispiel der russischen Stromwirtschaft, S. 215 ff. (die Autorin verwendet anstelle des „Grundversorgers“ den Begriff „Garantierender Lieferant“).

298 Entscheidung des Föderalen Arbitragegerichts der Region Moskau [Postanovlenie Federal'nogo arbitražnogo suda Moskovskogo okruga] vom 21.5.2008 Nr. KA-A40/4017-08 in der Rs. Nr. A40-49721/07-149-355, Abs. 24-25. Dieser Entscheidung folgte eine Reihe von gleichartigen Rechtssachen. Siehe bspw.: Entscheidungen des Föderalen Ar-

berief sich ein Stromvertriebsunternehmen, das gleichzeitig im Netzbetrieb und Stromvertrieb tätig war. Indem das Gericht die Klage zurückwies, stellte es eine Verwechslung der Begriffe „örtlicher Verteilernetzbetreiber“ und „Energieversorgungsunternehmen“ in der Entscheidung der ersten Instanz fest. Die Klägerin – Städtische Elektrizitätsnetze Samara – ist ein Stromversorgungsunternehmen, das seinen Grundversorgerstatus auf allgemeiner Grundlage (Ziff. 36 lit. b EndkundenmarktVO), und nicht gemäß Ziff. 51 EndkundenmarktVO erlangte. Daher habe sie den gesetzlichen Entflechtungsvorgaben nachzukommen.[299]

Eine dem Art. 6 Pkt. 9 Abs. 4 ÜbergangsG ähnliche Bestimmung findet sich in Art. 8 Pkt. 4 EltWG. Diese Vorschrift wiederholt dieselbe Entflechtungsvorgabe, wie sie in Art. 6 Pkt. 7 ÜbergangsG festgehalten ist, in Bezug auf den nationalen Übertragungsnetzbetreiber – die Föderale Netzgesellschaft, obwohl sie ohnehin von der ersteren bereits umfasst ist. Die Föderale Netzgesellschaft wird vom Verbot der Betätigung in den wettbewerbsbasierten Bereichen freigestellt, wenn sie in den von der Föderalen Regierung festgelegten Fällen als Grundversorger handelt.

d) Netzbetrieb für einen sicheren Betrieb von Kernkraftwerken

Das Verbot gleichzeitiger Tätigkeit in den zu trennenden elektrizitätswirtschaftlichen Bereichen gilt nicht für Betreiber von Kernanlagen, die Netzanlagen zur Gewährleistung eines sicheren Betriebs von Kernkraftwerken besitzen – Art. 6 Pkt. 9 Abs. 5 ÜbergangsG. Bei dieser Ausnahme liegt eine technische Begründung nahe. Mit den Netzanlagen, die einem sicheren Betrieb von Kernanlagen dienen, dürften die sogenannten Eigenbedarfsnetze gemeint sein. In russischen Kraftwerken zählen dazu insbesondere die Notstromversorgungsleitung, der Eigenbedarfstransformator u. a.[300] Es ist einleuchtend, dass sich solche Anlagen notwendigerweise im Besitz des Kraftwerksbetreibers befinden und von ihm betrieben werden müssen.

---

bitragegerichts der Region Moskau vom 3.4.2009 Nr. KA-A40/2555-09 in Rs. Nr. A40-62410/08-96-280; vom 28.9.2009 Nr. KA-A40/9592-09 in Rs. Nr. A40-92659/08-106-524; vom 20.4.2009 Nr. KA-A40/7908-09 in Rs. A40-83001/08-146-647 u. a.

299 Vgl. auch Ziff. 2.2. Abs. 4 des Schreibens der Föderalen Antimonopolbehörde an den Leiter der FAS-Abteilung in der Region Nizhnij Novgorod, Herrn G.N. Gudkov, vom 1.12.2006 Nr. IA/20502; *Deev* in: „Status Orël“, 2007, Nr. 25/3, S. 28.

300 *Gavrilko A.I.*, Povyšenie nadëžnosti osnovnych technologičeskikh potrebitelej sverchmoščnych AĖS [Die Steigerung der Sicherheit der sicherheitstechnisch wichtigen Verbraucher in Hochleistungs-Kernkraftwerken] in: Ėlektro: ėlektrotechnika, ėlektroėnergetika, ėlektrotechničeskaja promyšlennost‘, 2009, Nr. 1, S. 27.

e) überwiegende Deckung des eigenen Produktionsbedarfs

Von dem Verbot in Art. 6 Pkt. 7 ÜbergangsG sind schließlich solche Unternehmen freigestellt, die neben Stromerzeugung überwiegend zur Deckung des eigenen Produktionsbedarfs Elektrizitätsnetze betreiben, an die Stromentnahmevorrichtungen Dritter angeschlossen sind. Dieser Ausnahmetatbestand betrifft in erster Linie so genannte stadtbildende Unternehmen – „noch aus der Sowjetzeit stammende Großbetriebe, auf die die Infrastruktur ganzer Städte zugeschnitten ist“[301]. Es handelt sich um Industrien mit besonders hohem Stromverbrauch, etwa chemische, metallverarbeitende sowie Papier- und Zellstoffindustrie, wo Betriebe aus technologischen Gründen über eigene Kraftwerke verfügen, von denen sie zusätzlich andere Endkunden mit Strom versorgen. Die Drittbelieferung macht dabei einen geringen Anteil an der erzeugten Gesamtstrommenge aus.[302]

Die Voraussetzung für die Freistellung dieser Unternehmen ist die Einhaltung so genannter Besonderer Vorgaben (BV), die in einer Regierungsverordnung festgelegt sind.[303] Sie beinhaltet insbesondere folgende Bedingungen:

das Wirtschaftssubjekt (das Unternehmen) besitzt gleichzeitig sowohl Kraftwerke als auch Elektrizitätsnetze, an die Stromentnahmevorrichtungen Dritter angeschlossen sind, – Ziff. 2 BV;

das Unternehmen verbraucht über 75 % seiner monatlichen Gesamterzeugungsmenge für den eigenen Produktionsbedarf – Ziff. 3 BV (nicht einzuschließen in diese Gesamtmenge ist solche Elektrizität, die von den an seine Netze angeschlossenen Verbrauchern entnommen wurde, – Ziff. 8 Abs. 2 BV);

die monatlich durch die eigenen Netze an Dritte durchgeleitete Strommenge übertrifft nicht die monatliche Stromverbrauchsmenge dieses Unternehmens für den eigenen Produktionsbedarf – Ziff. 4 BV.

Nach Ziff. 8 Abs. 3 BV ist das Unternehmen verpflichtet, den an seine Netze angeschlossenen Verbrauchern einen diskriminierungsfreien Netzzugang zu gewähren. Darüber hinaus sind in der Verordnung einige formelle Anforderungen festgelegt. Das Unternehmen hat ggf. Verträge zur Stromdurchleitung abzu-

---

301 *Seliwanowa*, Armut ist keine Schande, sondern ein ernstes Problem, abrufbar unter: http://www.wostok.de/archiv/2-03/gesellschaft/index.html

302 Vgl. dazu Kress-Bericht, S. 22.

303 Verordnung der Regierung der RF „Über die Besonderheiten des Funktionierens solcher Wirtschaftssubjekte, die im Bereich der Elektrizitätswirtschaft überwiegend zur Deckung des eigenen Produktionsbedarfs tätig sind“ [Postanovlenie Pravitel'stva RF „Ob osobennostjach funkcionirovanija chozjajstvujuščich sub''ektov, osuščestvljajuščich dejatel'nost' v oblasti ėlektroėnergetiki preimuščestvenno dlja udovletvorenija sobstvennych proizvodvtvennych nužd“] vom 6.6.2006 Nr. 355, zuletzt geändert am 14.02.2009, SZ RF vom 09.06.2006, Nr. 24, Pos. 2608.

schließen. Wenn das freigestellte Unternehmen Netze betreibt, die zum Nationalen Übertragungsnetz gehören, ist ein Vertrag mit der Föderalen Netzgesellschaft nach Art. 8 Pkt. 3 EltWG über den Betrieb dieser Netze erforderlich – Ziff. 6 BV. Für Kraftwerke mit einer installierten Erzeugungskapazität ab 5 MW ist der Abschluss eines Vertrags über Dienstleistungen zur Netzsteuerung zwingend – Ziff. 5 BV.

Der Zweck dieser Freistellung ist es, eine unzumutbare Erschwerung für das hauptsächliche Geschäft des betroffenen Industrieunternehmens zu verhindern, die sich aus der sonst gesetzlich vorgeschriebenen Veräußerung der Elektrizitätsnetze oder gar der Stromerzeugung und des Stromvertriebs an unabhängige Dritte ergeben würde.

Nach Angaben des Russischen Energieministeriums wird auf Kraftwerken von gemäß Art. 6 Pkt. 7 Abs. 6 ÜbergangsG freigestellter großer Industriekomplexe ca. 8 % der gesamtrussischen Stromproduktionsmenge erzeugt. Ihre gesamte installierte Kapazität beträgt 7.800 MW.[304]

f) Vergleich mit den Ausnahmen vom Unbundling nach europäischem und deutschem Recht

Einige der geschilderten Ausnahmen vom Unbundling nach russischem Recht finden sich in vergleichbaren Formen in der europäischen Stromrichtlinie bzw. deren Umsetzung ins deutsche Recht wieder, wobei auch hier wesentliche Unterschiede bestehen.

aa) isolierte örtliche Netze

Der Ausnahmetatbestand in Art. 6 Pkt. 9 Nr. 2 ÜbergangsG (isolierte örtliche Elektrizitätssysteme) ist weitestgehend mit den „kleinen, isolierten Netzen" vergleichbar, für die in der EU eine Freistellungsmöglichkeit gemäß Art. 44 Abs. 1 EltRL-2009 vorgesehen ist. In beiden Fällen handelt es sich um Versorgungsgebiete, bei denen die Schaltung mit dem Verbundnetz aus geographischen und technischen Gründen nicht oder nur in sehr geringem Maße möglich ist. In Russland sind alle freigestellten Elektrizitätssysteme vom Einheitlichen Elektrizitätssystem komplett isoliert. Nach der europäischen Richtlinie ist nur eine vernachlässigbare Schaltungsmöglichkeit von weniger als 5 % des Jahresverbrauchs im entsprechenden Netz zulässig. Im Unterschied zu der in Art. 2 Nr. 26 EltRL-2009 vorgesehenen Beschränkung des Verbrauchs auf 3.000 GWh (im Jahr 1996) gibt es im russischen Recht keine entsprechende Voraussetzung.

304 Mitteilung des Russischen Industrie- und Energieministeriums vom 15.5.2006, abrufbar unter: http://www.minprom.gov.ru/activity/electro/news/106

Vielmehr weisen alle isolierten örtlichen Netze in Ostsibirien und im Fernen Osten jeweils einen mehrfach größeren Gesamtverbrauch auf. Ähnlichkeit besteht auch im Freistellungsverfahren: in der EU werden konkrete Gebiete durch eine Entscheidung der Kommission auf Antrag des entsprechenden Mitgliedstaates gemäß Art. 44 Abs. 1 EltRL-2009 und in Russland – durch eine Entscheidung der Föderalregierung qualifiziert.

Obwohl es sich bei den isolierten Verteilernetzen im russischen Gebiet – ausgenommen Sachalin – um keine Inseln handelt, sind sie mit sehr ähnlichen Problemen bei der Stromversorgung konfrontiert, wie die nach Art. 26 Abs. 1 EltRL-2003 ausgenommenen Inseln in der EU. In beiden Fällen erfolgt die Stromerzeugung überwiegend aus dem teuren Heizöl und es wird eine Diversifizierung des Energiemixes durch Ausbau der Erzeugung aus Erdgas angestrebt.[305]

bb) ausschließliche Eigenversorgung

Einen gleichen Ansatz verfolgen das deutsche und das russische Energierecht in Bezug auf die Ausnahmefähigkeit vom Unbundling des Netzbetriebs ausschließlich zum Zwecke der Eigenversorgung. Obwohl der Betrieb von ausschließlich für den Eigenbedarf genutzten Elektrizitätsnetzen weder in der EU-Richtlinie noch im deutschen EnWG ausdrücklich geregelt ist, kommt man in der deutschen Literatur zu demselben Ergebnis, das auch von der russischen Regelung in Art. 6 Pkt. 9 Abs. 2 ÜbergangsG bewirkt wird. Ein Netz, das ausschließlich der Eigenversorgung dient und an das keine Stromentnahmevorrichtungen oder Netze Dritter angeschlossen sind, wird als kein Netz, sondern als Kundenanlage qualifiziert. In diesem Falle fehle es an einem Versorgungsverhältnis zwischen einem Versorger und einem Kunden, folglich am Interesse an Herstellung des Wettbewerbs und schließlich am Bedarf nach Regulierung.[306]

cc) Betriebsnetze zur überwiegenden Eigenversorgung

Sowohl in Deutschland als auch in Russland wird Ausnahmebedarf für Betriebe mit eigenen Stromerzeugungsanlagen erkannt, die zu einem geringen Teil zur Stromversorgung von an ihr Netz angeschlossener Kunden genutzt werden. Die diesbezügliche Vorschrift in Art. 6 Pkt. 9 Abs. 6 ÜbergangsG ist am ehesten vergleichbar mit den Ausnahmetatbeständen in § 110 Abs. 1 Nr. 1, 1. Alt.

---

305 Vgl. bspw. Abs. 5 der Entscheidung 2006/653/EG der Kommission vom 25. September 2006 Ausnahme der Republik Zypern von Bestimmungen der Richtlinie 2003/54/EG des Europäischen Parlaments und des Rates, ABl. EU Nr. L 270 vom 29.9.2006, S. 72.

306 *Boesche/Wolf*, ZNER 2005, 285, 293 f.; Säcker/Wolf, S. 35 f.

(überwiegender Stromtransport innerhalb des eigenen Unternehmens) sowie teilweise in Nr. 3 EnWG (überwiegende Eigenversorgung aus eigenen Erzeugungsanlagen), wobei diese zwei Voraussetzungen nach russischem Recht gleichzeitig erfüllt werden müssen.

Wenn in deutschem Recht das „Überwiegen“ der Eigenversorgung eine Wertungskategorie darstellt, erfolgt in Russland eine untergesetzliche Konkretisierung über den Mindestanteils der Eigenversorgung an der monatlichen Stromerzeugung (über 75 %) und an den monatlich durchgeleiteten Strommengen (über 50 %). Mit der ersten Einschränkung wird ein nebensächlicher Charakter der Kundenbelieferung mit erzeugtem Strom sichergestellt. Mit der zweiten Anforderung wird gewährleistet, dass beim freigestellten Unternehmen weder die Erbringung von Dienstleistungen zum Stromtransport an Dritte noch Stromweiterverteilung in Vordergrund treten.

Statt eines räumlich (gegebenenfalls eng) zusammenhängenden Gebiets, wie bei den deutschen Objektnetzen, wird in Russland eine unmittelbare Verbindung zwischen Erzeugungsanlagen und Stromentnahmevorrichtungen des betroffenen Unternehmens durch Netzanlagen vorausgesetzt. Dies bedeutet, dass für die Freistellung zwar ein vergleichsweise weniger ausgeprägter räumlicher Zusammenhang ausreichen sollte, trotzdem eine relative geographische Nähe impliziert wird.

Die Inanspruchnahme der hier verglichenen Ausnahmen unterliegt in beiden Rechtsordnungen einer behördlichen Feststellung im Einzelfall, dass entsprechende Voraussetzungen erfüllt sind. In Deutschland ist die Regulierungsbehörde zuständig und in Russland – die Antimonopolbehörde. Letztere ist darüber hinaus zur kontinuierlichen Aufsicht aufgrund jährlicher Compliance-Berichte freigestellter Unternehmen gemäß Ziff. 2 lit. a UnbundlingKontrollVO befugt.

Vor dem Hintergrund der oben besprochenen Unvereinbarkeit der deutschen Ausnahme für Objektnetze mit der europäischen Stromrichtlinie lässt sich insgesamt festhalten, dass das russische Gesetz die Freistellung auch größerer Unternehmen mit einem gewichtigem Umfang der Stromversorgungstätigkeiten zulässt, da in den Besonderen Vorgaben – genauso wie in § 110 EnWG – nur relative und keine absoluten Grenzwerte zur Eigenversorgung festgelegt sind. Allerdings bezieht sich Art. 6 Pkt. 9 ÜbergangsG nur auf die Vorgaben dieses Artikels und beinhaltet somit eine Freistellung nur vom rechtlichen und eigentumsmäßigen Unbundling. Die für alle Elektrizitätsunternehmen geltende Verpflichtung zur getrennten Rechnungslegung nach elektrizitätswirtschaftlichen Tätigkeiten gemäß § 43 EltWG bleibt davon unberührt. Außerdem beziehen sich die Ausnahmen nur auf die Vorgaben zur Netzentflechtung und auf keine weiteren energierechtlichen Vorschriften, einschließlich der Verpflichtung zur Gewährung des diskriminierungsfreien Netzzugangs.

Zu betonen ist, dass der russischen Ausnahme für Betriebsnetze eine völlig andere Überlegung zugrunde liegt, als der zulässigen Befreiung nach der EU-Richtlinie. Es geht nicht darum, ein kleines Unternehmen von einem unverhältnismäßigen organisatorischen und finanziellen Aufwand im Zusammenhang mit der Umsetzung des Unbundling zu befreien, sondern Art. 6 Pkt. 9 Abs. 6 ÜbergangsG trägt den gefestigten Strukturen der Stromversorgung Rechnung. Dies gleicht eher dem Fall einer unzumutbaren Erschwernis, ähnlich wie bei den kleinen, isolierten Netzen.

dd) sonstige Ausnahmen

Für die Ausnahme in Art. 6 Pkt. 9 Abs. 4 ÜbergangsG findet sich im europäischen und deutschen Recht keine Entsprechung. Dies ist auf den Unterschied in den Regeln bzw. dem Verfahren zur Benennung eines Grundversorgers in beiden Rechtsordnungen zurückzuführen. In Russland ist dafür ein förmliches Ausschreibungsverfahren vorgesehen. In dessen Rahmen wird von der zuständigen Regulierungsbehörde derjenige Antragsteller zum Grundversorger ernannt, der den niedrigsten Gesamterlös beantragte, welcher alle Ausgaben im Zusammenhang mit der Produktion von Waren und Dienstleistungen sowie den notwendigen Gewinn einschließt.[307]

In Deutschland gilt hingegen gemäß § 36 Abs. 2 EnWG dasjenige Unternehmen als Grundversorger, das *de facto* die meisten Haushaltskunden im jeweiligen Netzgebiet der allgemeinen Versorgung beliefert. Dies wird jede drei Jahre vom Netzbetreiber[308] festgestellt. Bei diesem Bestimmungsprinzip könnte die Situation, bei der in Russland unter Umständen eine vorübergehende Übertragung der Grundversorgeraufgaben auf entsprechenden Netzbetreiber notwendig wird, gar nicht entstehen.

Auch die Freistellung für Kernkraftwerksbetreiber erscheint beim Vergleich für das russische Energierecht eigenartig. Dies könnte mit Konstruktionsunterschieden zwischen russischen und deutschen Kernkraftwerken zusammenhängen.

g) Bedarf nach „milderen" Entflechtungsmaßnahmen für freigestellte Elektrizitätsunternehmen

Wie oben dargestellt, ergibt sich aus der Bestimmung des Art. 6 Pkt. 7 ÜbergangsG die Freistellung eines wesentlichen Teils der im russischen Stromsektor

307 Zur Bestellung eines Grundversorgers nach russischem Recht siehe *Archipčenko* in: Säcker (Hrsg.), Handbuch zum deutsch-russischen Energierecht, S. 402 ff.

308 *Bruhn* in: Säcker (Hrsg.), Handbuch zum deutsch-russischen Energierecht, S. 152.

tätigen Unternehmen. Da es sich dabei um keine bloßen *de-minimis*-Fälle handelt, stellt sich die Frage, ob dadurch nicht das Entflechtungsziel teilweise leer laufen könnte. Dies liegt vor allem dann nahe, wenn das betroffene Stromversorgungsunternehmen andere Verbraucher mit Strom beliefert und/oder an seine Netze fremde elektrische Anlagen angeschlossen sind, so dass bei Dritten ein Netznutzungsinteresse bestehen kann. Die Ausnahmen des Art. 6 Pkt. 7 ÜbergangsG sind daher im Hinblick auf diese zwei Kriterien zu untersuchen.

aa) isolierte örtliche Elektrizitätssysteme

In isolierten örtlichen Elektrizitätssystemen konzentrieren sich der Netzbetrieb, die Stromerzeugung und der Stromvertrieb in einem vertikal integrierten Stromversorgungsunternehmen. Dieses ist auch für die Netzsteuerung zuständig.[309] Die Strompreise unterliegen einer staatlichen Regulierung – vgl. Art. 27 Pkt. 3 EltWG. In der Praxis ist es jedoch nicht ausgeschlossen, dass in isolierten örtlichen Elektrizitätssystemen neben dem Grundversorger auch andere Stromanbieter agieren. Nach Ziff. 129 Abs. 1 EndkundenmarktVO ist sämtliche, von solchen Anbietern erzeugte Elektrizität an den Grundversorger zu verkaufen.

Somit stellt sich in den isolierten Versorgungsgebieten die Frage des Netzzugangs Dritter formell gar nicht. Da alle Erzeuger ihren sämtlichen erzeugten Strom an den vertikal integrierten Grundversorger absetzen, ist *per se* keine Kundenbelieferung durch fremde Netze möglich bzw. keine Netznutzung durch Dritte notwendig.

Die aktuelle Rechtsprechung deckt einen potenziellen rechtlichen Konflikt auf, der sich aus dieser Regelung ergibt. Dabei handelt es sich in erster Linie um eine allgemein wettbewerbspolitische Frage, daher würde eine ausführliche Diskussion folgenden Falls den Rahmen dieser Arbeit sprengen. Eine kurze Darstellung erscheint jedoch für ein besseres Verständnis des gesamten Regelungskonzeptes für isolierte örtliche Elektrizitätssysteme in Russland im Kontext der Netzentflechtung sinnvoll.

Das Fischereiunternehmen ZAO „Akros" erhob gegen den im isolierten Elektrizitätssystem Kamtschatka tätigen Grundversorger OAO „Kamtschatskenergo" eine Klage auf Erzwingung des Vertragsschlusses zur Stromdurchleitung. Die Klägerin wollte Strom von einem Wasserkraftwerkbetreiber Kam-

309 Siehe Die Liste technisch isolierter örtlicher Elektrizitätssysteme und entsprechender Betreiber von operativen Dispatchern, genehmigt durch die Verordnung der Regierung der RF [Perečen' technologičeski izolirovannych territorial'nych ėlektroėnergetičeskich sistem i sootvetvtvujuščich sub''ektov operativno-dispetčerskogo upravlenija, utv. Postanovleniem Pravitel'stva RF] vom 27.12.2004 Nr. 854, zuletzt geändert am 7.11.2008 Nr. 820, SZ RF vom 27.12.2004, Nr. 52 (Teil 2), Pos. 5518.

GEK[310] beziehen, an dessen Kapital sie beteiligt war, und strebte für diesen Zweck einen Netznutzungsvertrag mit „Kamtschatskenergo" an. Letztes klagte seinerseits auf Nichtigerklärung des Stromliefervertrages zwischen „Akros" und „KamGEK" auf der Grundlage von der bereits zitierten Ziff. 129 Abs. 1 EndkundenmarktVO.

Nach der Revision vor dem Föderalen Arbitragegericht der Region Kamtschatka wurde der Stromliefervertrag für nichtig erklärt[311] und die Verpflichtung zum Abschluss des angestrebten Vertrags über die Stromdurchleitung dementsprechend verneint.[312]

Der Fall Akros[313] verdeutlicht ein wettbewerbspolitisches Dilemma: Einerseits begründen die vorhandenen Stromversorgungsbedingungen den Verzicht auf die Marktmechanismen und die Einführung einer umfassenden staatlichen Regulierung im betroffenen Gebiet. Zum Tragen kommen folgende Faktoren:

– Angesichts fehlender Verbindung mit dem Einheitlichen Elektrizitätssystem ist Strombezug von Anbietern, die ihre Elektrizität in dieses System einspeisen, technisch nicht möglich.

– Zwischen den im isolierten Elektrizitätssystem tätigen Stromerzeugern besteht ein dermaßen großer Kostenunterschied, dass unter Marktbedingungen ein Teil der Letztverbraucher unzumutbar begünstigt und der andere – genauso benachteiligt wäre.

– Die Ausbaumöglichkeiten der kostengünstigeren Stromerzeugung sind objektiv begrenzt, so dass sie für vollständige Bedarfsdeckung im isolierten Versorgungsgebiet nicht ausreichen.

Andererseits sind die geltenden Regelungen an sich wettbewerbshindernd und schaffen keinen Anreiz für eine kostengünstigere Stromerzeugung. Zwar wird ein Effizienzanreiz für die Stromproduzenten dadurch geschaffen, dass bei der Netzsteuerung nach Ziff. 129 Abs. 2 EndkundenmarktVO stets die Abnahme der kostengünstigsten Elektrizität sicher zu stellen ist, wenn dabei ein zuverläs-

---

310 Abgekürzt von: ZAO „Kamčatskij gazoėnergetičeskij kompleks" [geschlossene Aktiengesellschaft Gas- und Elektrizitätskomplex Kamtschatka].

311 Entscheidung des Föderalen Arbitragegerichts der Region Ferner Osten [Postanovlenie Federal'nogo arbitražnogo suda Dal'nevostočnogo okruga] vom 28.3.2008 Nr. F03-A24/08-1/798; Entscheidung des Arbitragegerichts der Gebiets Kamtschatka [Postanovlenie Arbitražnogo suda Kamčatskogo kraja] vom 24.6.2008 Nr. A24-2436/07-07.

312 Entscheidung des Föderalen Arbitragegerichts der Region Ferner Osten [Postanovlenie Federal'nogo arbitražnogo suda Dal'nevostočnogo okruga] vom 07.11.2007 Nr. F03-A24/07-1/4170; Entscheidung des Arbitragegerichts der Gebiets Kamtschatka [Postanovlenie Arbitražnogo suda Kamčatskogo kraja] vom 16.12.2008 Nr. A24-367/2007.

313 Siehe Hintergrundinformationen bei *Marenin*, Obrečënnye na monopoliju [Verdammt zum Monopol], Zeitung "Vesti" vom 21.8.2007.

siger und sicherer Betrieb des Stromversorgungssystems gewährleistet wird. Jedoch ist zu bedenken, dass in den isolierten örtlichen Elektrizitätssystemen mit der Netzsteuerung die vertikal integrierten Grundversorger betraut sind (siehe oben), die selbst in der Regel teueren Strom produzieren. Missbräuchliches Verhalten ihrerseits kann nicht ausgeschlossen werden.

Vor diesem Hintergrund erscheinen stärkere Effizienzanreize notwendig. Aus der rechtlichen Sicht sollte dies vor allem durch eine strengere Regulierung erreicht werden. Darüber hinaus ist positiver Wandel in langfristiger Perspektive von den staatlichen Investitionsprogrammen für die isolierten örtlichen Elektrizitätssystemen zu erwarten, die einen Umstieg auf kostengünstigere Stromerzeugung ermöglichen.[314] Aber auch die hier untersuchten strukturellen Maßnahmen können zur Effizienzsteigerung beitragen. In diesem Sinne ist rechtliche Entflechtung von wettbewerbsbasierten und Monopoltätigkeiten ratsam.

bb) Netzbetrieb und/oder Netzsteuerung ausschließlich für den eigenen Bedarf

Da das Elektrizitätsunternehmen sich in diesem Fall in den monopolistischen Bereichen ausschließlich für den eigenen Bedarf betätigt, kommt kein Netzzugang Dritter in Frage, genauso keine wettbewerbsverfälschende Quersubventionierung zwischen diesen Bereichen. Bei dieser Ausnahme ist kein Bedarf nach Entflechtungsmaßnahmen jeglicher Art ersichtlich.

cc) Netzbetreiber mit dem Grundversorgerstatus

In dem oben beschriebenen Fall von Ziff. 51 EndkundenmarktVO handelt es sich um einen Verteilnetzbetreiber, der entflochten sein und grundsätzlich keine Stromerzeugungsanlagen besitzen sollte, außer solchen, die er für den eigenen Bedarf nutzt. Außerdem hat die gleichzeitige Ausübung wettbewerbsfähiger und monopolistischer Aktivitäten einen vorübergehenden Charakter. Dauerhaft hat der Netzbetreiber keine Kunden, die er mit Strom versorgt. Vor diesem Hintergrund besteht nach der hier vertretenen Meinung kein maßgebliches Potenzial für eine systematische Quersubventionierung oder Verweigerung des Netzzu-

---

314 Beispielsweise ist im Investitionsprogramm für die Region Kamtschatka der Bau weiterer kleineren Wasserkraftwerke, die Verlegung einer Gasrohrleitung für Stromerzeugung aus Gas sowie die Nutzung von Erdwärme vorgesehen, die die heute überwiegende Stromerzeugung aus den überteueren Heizöl und Dieselöl ablösen bzw. deutlich verringern sollen. Siehe: *Vladimirova*, RAO EES Russlands aufgelöst. Es lebe RAO „Elektrizitätssysteme des Ostens", in: Zeitung „Kamčatskij kraj" vom 09.07.2008 Nr. 28(93), S. 6.

gangs für Dritte und somit kein Bedarf nach zusätzlichen Entflechtungsmaßnahmen.

dd) Netzbetrieb für einen sicheren Betrieb von Atomkraftwerken

Ähnlich, wie bei dem Netzbetrieb für den eigenen Bedarf, bestehen in diesem Ausnahmetatbestand keine Bedenken bezüglich der Gewährung des Netzzugangs und der Kostenzuordnung für den Netzbetrieb und die Stromerzeugung bzw. den Stromvertrieb.

ee) überwiegende Deckung des eigenen Produktionsbedarfs

Dieser Tatbestand weist einen wesentlichen Unterschied zu den anderen Ausnahmen des Art. 6 Abs. 7 ÜbergangsG auf. Letztere erfassen solche Fälle, in denen keine Entflechtung *per se* erforderlich ist. An die Netze freigestellter größerer Industrieunternehmen sind dagegen Dritte angeschlossen, die in der Regel von ihnen mit Strom versorgt werden. Zugleich ist Versorgung durch alternative Stromanbieter durchaus denkbar. Bei dem vertikal integrierten Unternehmen besteht die Möglichkeit für eine Quersubventionierung seines Stromvertriebs durch die Tätigkeit als Netzbetreiber.

All dies macht bei dieser Ausnahme verstärkte Aufsichtsmaßnahmen erforderlich. Teilweise findet die Aufsicht statt, indem die Antimonopolbehörde die jährlichen Berichte über die Einhaltung der Besonderen Vorgaben bearbeitet. Allerdings überprüft sie dabei nur die formellen Freistellungsvoraussetzungen. Angesichts des oben dargestellten Missbrauchspotenzials erscheint diese Kontrolle nicht ausreichend – es besteht ein weiterer Entflechtungsbedarf.

Wie oben dargelegt, besteht der Kern der besprochenen Ausnahme in der Vermeidung der Veräußerung der Stromerzeugungssparte, da sie für das hauptsächliche Geschäft ausschlaggebend ist. Vor diesem Hintergrund ist in erster Linie eine Ausnahme aus der Bestimmung von Art. 6 Pkt. 7 2. Satzhälfte ÜbergangsG erforderlich, die das Verbot gleichzeitiger Betätigung in den Monopol- und den Wettbewerbsbereichen auf affiliierte Personen und Personengruppen erstreckt.

Anders steht es mit demselben Verbot innerhalb einer juristischen Person, d. h. mit dem Legal Unbundling, wie es im deutschen und EG-Recht verstanden wird. Eine Aussonderung des Netzes in eine hundertprozentige Tochtergesellschaft würde nach der hier vertretenen Meinung keine erheblichen Nachteile für das Hauptgeschäft des betroffenen Unternehmens mit sich bringen.[315] Die recht-

315 Eine Gegenmeinung wurde bspw. von dem größten russischen Stahlunternehmen „Severstal“ geäußert. Siehe: Die russische Regierung bereitet eine Milderung des Unbund-

liche Entflechtung würde eine bessere Kontrolle über die getrennte Kostenerfassung für die elektrizitätswirtschaftlichen Aktivitäten ermöglichen. Durch eine effektivere Überprüfung der Netznutzungsentgelte wären Anreize für Effizienzsteigerung geschaffen.

ff) Ergebnis und Vorschlag de lege ferenda

Aus der vorgehenden Darstellung ergeben sich nachvollziehbare Gründe für alle Ausnahmefälle in Art. 6 Pkt. 7 ÜbergangsG, zumindest für das Unbundling in Bezug auf affiliierte Personen. Eine vollständige Freistellung von Art. 6 ÜbergangsG erscheint jedoch nur für einige Ausnahmetatbestände begründet: den Netzbetrieb bzw. die Netzsteuerung ausschließlich für den eigenen Produktionsbedarf; eine vorübergehende Ausübung der Grundversorgeraufgaben durch einen Verteilnetzbetreiber und den Netzbetrieb zur Gewährleistung eines sicheren Betriebs von Kernkraftwerken.

In den zwei anderen Fällen – in den isolierten örtlichen Elektrizitätssystemen und bei Großbetrieben, die in den wettbewerbsfähigen und Monopolbereichen überwiegend zur Deckung des eigenen Bedarfs tätig sind, – würde eine vollständige Ausnahme die Entflechtungsziele untermauern. Für diese zwei Tatbestände erscheint eine rechtliche Entflechtung erforderlich.

Eine entsprechende Gesetzesänderung wäre in gesetzestechnischer Hinsicht relativ unproblematisch. Dafür ist folgende Gesetzesänderung denkbar. Die Vorschrift in Art. 6 Pkt. 7 ÜbergangsG könnte in zwei Absätze geteilt werden. Im ersten Absatz ist das Verbot gleichzeitiger Betätigung in wettbewerbsfähigen und Monopolbereichen innerhalb einer juristischen Person bzw. für einen Einzelunternehmer zu formulieren und im zweiten Absatz – dasselbe Verbot innerhalb affiliierter Personen und Personengruppen. Darauf sollten zwei Aufzählungen von Ausnahmen folgen: erstens von den Vorschriften der Abs. 5 und 6 (in der vorgeschlagenen Fassung) – für die Monopoltätigkeiten ausschließlich für den eigenen Produktionsbedarf, für Verteilnetzbetreiber mit dem Grundversorgerstatus und für die Netze von Kernkraftwerken – und zweitens von Abs. 6 betreffend affiliierte Personen und Personengruppen – für isolierte örtliche Elektrizitätsnetze und gleichzeitige Aktivitäten in den zu trennenden Bereichen überwiegend für den eigenen Produktionsbedarf.

Somit ist folgende Gesetzesformulierung vorzuschlagen:

„[5.] Ab dem 1. April 2006 ist es juristischen Personen und Einzelunternehmern untersagt, die Tätigkeit der Stromdurchleitung und der operativen Dis-

---

ling in der Elektrizitätswirtschaft vor, Inferfax, 1.12.2005, abrufbar unter: http://www.ies-holding.com/industry_id1369.html

patchersteuerung in der Elektrizitätswirtschaft gleichzeitig mit der Tätigkeit der Stromerzeugung und des Handels mit Strom auszuüben.

[6.] Mit Ablauf der Übergangszeit gilt dieses Verbot auch für Personengruppen und affiliierte Personen innerhalb einer Preiszone des Großhandelsmarktes.

[7.] Zum Zwecke der Gewährleistung dieser Voraussetzungen ist es ab dem 1. April 2006 unzulässig, das für die Stromdurchleitung und operative Dispatchersteuerung in der Elektrizitätswirtschaft genutzte Vermögen und das unmittelbar bei der Stromerzeugung und dem Handel mit Strom genutzte Vermögen gleichzeitig als Eigentum oder aus einem anderen in föderaler Gesetzgebung vorgesehenen Grund zu besitzen.

[8.][1] Die Vorschriften von Abs. 5 und 6 finden keine Anwendung auf:

[2] Wirtschaftssubjekte, welche die Tätigkeit der Stromdurchleitung und der operativen Dispatchersteuerung in der Elektrizitätswirtschaft ausschließlich zur Deckung des eigenen Produktionsbedarfs betreiben;

[3] örtliche Netzbetreiber, denen gemäß der föderalen Gesetzgebung der Status eines Grundversorgers zuerkannt wurde;

[4] Betreiberunternehmen, die ihre Tätigkeit aufgrund von Lizenzen für Arbeiten im Bereich der Kernenergienutzung ausüben, wenn sie Stromnetzanlagen besitzen, die einen sicheren Betrieb von Atomkraftwerken gewährleisten.

[9.][1] Die Vorschriften von Abs. 6 finden ferner keine Anwendung auf:

[2] Wirtschaftssubjekte, die in technisch isolierten örtlichen Elektrizitätssystemen bei fehlendem oder beschränktem Wettbewerb tätig sind, sowie Betreiber von Elektrizitätsanlagen, die an das Einheitliche Elektrizitätssystem Russlands nicht angeschlossen oder ausschließlich über Elektrizitätssysteme ausländischer Staaten angeschlossen sind;

[3] Wirtschaftssubjekte, welche die in diesem Artikel genannten Tätigkeiten unter Nutzung der ihnen als Eigentum oder aus einem anderen in föderaler Gesetzgebung vorgesehenen Grund gehörenden Kraftwerke und sonstiger Elektrizitätsanlagen, welche unmittelbar miteinander und (oder) mit den diesen Wirtschaftssubjekten gehörenden Stromentnahmevorrichtungen verbunden sind, hauptsächlich zur Deckung des Eigenproduktionsbedarfs betreiben. Die Ausnahme steht unter der Voraussetzung, dass diese Teilnehmer die von der Föderalen Regierung festgelegten besonderen Vorgaben einhalten und das von der Regierung befugte föderale Exekutivorgan über die Nutzung der genannten Elektrizitätsanlagen unterrichten“.

Danach folgen Abs. 8-13 der geltenden Fassung.

An dieser Stelle ist anzumerken, dass der Verweis in Art. 6 Pkt. 7 ÜbergangsG in der geltenden Fassung auf den gesamten Art. 6 ohnehin ungenau ist. Offenbar meint der Gesetzgeber nur Ausnahmen von den Entflechtungsvorgaben in Art. 6 Pkt. 7 ff. regelt außerdem die Befugnisse der Föderalen Regierung in der Übergangszeit während der Elektrizitätswirtschaftsreform zu einem schrittweisen Übergang von der Strompreisregulierung zu Marktpreisen auf dem Großhandelsmarkt, zur Festlegung der Bedingungen langfristiger Stromlieferverträge an Grundversorger sowie zum Erlass der Regeln für Endkundenmärkte für Elektrizität. Diese Bestimmungen gelten sinngemäß ohne Ausnahmen für alle Unternehmen der Elektrizitätswirtschaft.

5. Entflechtung der Rechnungslegung

In Art. 43 EltWG ist die Pflicht einer getrennten Buchführung nach den elektrizitätswirtschaftlichen Tätigkeiten festgelegt: Erzeugung, Vertrieb, Übertragung bzw. Verteilung und operative Netzsteuerung. Diese Vorschrift trifft ausnahmslos alle im Strombereich tätigen Unternehmen. Maßgeblich ist sie für die Erreichung der Unbundling-Ziele in erster Linie bei solchen Unternehmen, die nach Art. 6 Abs. 9 ÜbergangsG von der rechtlichen Entflechtung (auch für affiliierte Personen und Personengruppen) ausgenommen sind. Angesichts der oben geschilderten, relativ umfangreichen Ausnahmen[316] werden bestimmte Stromversorgungsunternehmen auch weiterhin die vertikale Integration beibehalten. Die getrennte Buchführung soll zur Transparenz[317] beitragen und die staatliche Regulierung ihrer Tätigkeiten erleichtern.

a) untergesetzliche Konkretisierung

Gemäß Art. 43 Pkt. 2 EltWG hat die Föderale Regierung über methodische Vorgaben zur getrennten Rechnungslegung nähere Regelungen zu treffen. Solche methodischen Richtlinien fehlen bis jetzt, soweit ersichtlich.

Die getrennte Kostenerfassung nach den elektrizitätswirtschaftlichen Tätigkeiten wurde allerdings schon ab dem vierten Vierteljahr 1998, also noch vor Reformbeginn, durch die Regierungsverordnung vom 6.7.1998 über die Einführung einer getrennten Kostenerfassung nach den Tätigkeiten in der Elektrizitätswirtschaft (RechnungslegungsVO) eingeführt. Im Vergleich zur Gesetzesbestimmung in Art. 43 EltWG ist in der genannten Verordnung bei der Erzeugung,

316 Siehe Abschnitt B. II. 4.

317 Siehe Abschnitt „Die Reform von Aktiengesellschaften für Elektrizität und Elektrifizierung“ der Regierungsverordnung über die Elektrizitätswirtschaftsreform in der Russischen Föderation [Postanovlenie Pravitel'stva RF „O reformirovanii ėlektroėnergetiki Rossijskoj Federacii"] vom 11.7.2001 Nr. 526, geändert am 1.2.2005, SZ RF vom 16.7.2001 Nr. 29, Pos. 3032.

Durchleitung und dem Vertrieb eine zusätzliche Trennung zwischen Elektrizität und Leistung einerseits und Wärmeenergie andererseits vorgesehen (Ziff. 1 RechnungslegungsVO). Kosten für andere als die aufgezählten, zu trennenden Tätigkeiten, dürfen in diese nicht eingeschlossen werden und sind getrennt auszuweisen (Ziff. 5 RechnungslegungsVO). Nach der Verordnung bezieht sich die getrennte Erfassung auf Produktionsmengen und -kosten; im Wortlaut des Elektrizitätswirtschaftsgesetzes ist die Gewinnerfassung hinzugekommen.

Zu erwähnen ist ebenfalls die Regierungsverordnung über getrennte Erfassung von Einnahmen und Kosten natürlicher Monopole[318]. Dort ist eine Konkretisierung übe die Führung von Einnahmen- und Ertragsrechnung für Dienstleistungen zur Stromdurchleitung, operative Netzsteuerung und Dienstleistungen zur Durchleitung von Wärmeenergie durch das Russische Energieministerium vorgesehen, die bis jetzt ebenfalls ausbleibt. Allerdings stellt die Regierungsverordnung Nr. 707 keine sektorspezifische Regelung für die elektrizitätswirtschaftliche Entflechtung dar, sondern wurde aufgrund Art. 8 Pkt. 4 S. 2 des Föderalgesetzes über natürliche Monopole (NatMonopG) erlassen. Dementsprechend bezieht sie sich nur auf die Bereiche der Stromdurchleitung und der operativen Netzsteuerung. Zudem handelt es sich um ähnliche, aber unterschiedliche[319] Erfassungsparameter: in Art. 43 EltWG um Kosten und in Art. 8 NatMonopG – um Ausgaben. Mit Erlass entsprechender Verordnung durch das Energieministerium wäre also, formell gesehen, die Konkretisierungsaufgabe nach Art. 43 Pkt. 2 EltWG nicht erfüllt. Angesichts des sich teilweise überschneidenden Regelungsgegenstandes erscheint eine Zusammenarbeit der beiden Behörden im Rahmen des Normsetzungsverfahrens wünschenswert.

318 Verordnung der Föderalen Regierung über die getrennte Erfassung von Erträgen und Ausgaben durch natürliche Monopolunternehmen [Postanovlenie Pravitel'stva RF „O porjadke vedenija razdel'nogo učëta dochodov i raschodov sub''ektami estestvennych monopolij"] vom 22.9.2008 Nr. 707, SZ RF vom 29.9.2008, Nr. 39, Pos. 4445.

319 Ausführlicher dazu siehe: *Bogdanovič*, Die Organisation der Erfassung und interner Kontrolle von Ausgaben in der Elektrizitätswirtschaft, S. 29. Unter Ausgaben versteht man verbrauchte Ressourcen, die noch nicht als Kosten erfasst wurden. Somit werden Ausgaben dann zu Kosten, wenn der Gewinn, deren Erzielung der Verbrauch dieser Ressourcen diente, anerkannt wird. Im Gegenteil zu Ausgaben beeinflussen die Kosten zum Zeitpunkt ihrer Anerkennung nicht den Gewinn. Das Tätigen von Kosten mindert das Kapital des Unternehmens.

b) Verpflichtung zur Aufstellung, Veröffentlichung und Prüfung der Jahresabschlüsse

aa) Aufstellung

Anders als im deutschen Recht spricht Art. 43 EltWG nicht vom Jahresabschluss, sondern generell von „Erfassung (insbesondere belegmäßiger buchhalterischer Erfassung)". Außer der Buchführung kommt hier vor allem die steuerrechtliche Erfassung in Betracht.

Die Buchführung als solche beinhaltet gemäß Art. 13 Pkt. 2 des Föderalgesetzes über die Buchführung (BuchführungsG) folgende Unterlagen: die Jahresbilanz, die Gewinn- und Verlustrechnung sowie rechtlich vorgesehene Anlagen und die Erläuterung zu diesen. Verglichen mit Deutschland, entspricht die russische Erläuterung[320] der Bilanz und der Gewinn- und Verlustrechnung in großen Zügen – gleichzeitig dem Anhang i. S. d. § 284 f. HGB und dem Lagebericht i. S. d. § 289 HGB.

Die russische Vorschrift in Art. 43 EltWG richtet sich an „Unternehmen der Elektrizitätswirtschaft" als Adressaten, die laut der Legaldefinition in Art. 3 Abs. 4 EltWG alle im Stromsektor tätigen „Personen" umfassen. Gemeint ist also jede natürliche oder juristische Person.[321] Daraus folgt, dass die russische Vorgabe zur buchhalterischen Entflechtung, genauso wie im deutschen Recht, auch mangels einer ausdrücklichen Formulierung für alle Unternehmen ungeachtet deren Rechtsform gilt.

---

320 Die Erläuterung enthält umfassende Informationen, die in die Tabellenvorlagen sinnvollerweise nicht aufgenommen werden können, jedoch für die Beurteilung der Unternehmenslage notwendig sind. Sie beinhaltet insbesondere Angaben über das betreffende Unternehmen, die Bilanzierungspolitik, zusätzliche Informationen über einzelne Forderungen und Verbindlichkeiten (etwa betriebliche Nutzungsdauer von Vermögensgegenständen, Abschreibungsmethoden, Bewertungsmethoden, Währungskurse bei Buchungen in Fremdwährung u. a.); Analyse der Finanzlage in kurzfristiger Perspektive, Beurteilung der laufenden Zahlungsfähigkeit sowie der Finanzlage für langfristige Perspektive; Erläuterungen zu Gewinnen und Ausgaben; eine Auswertung von Wirtschaftsaktivitäten des Unternehmens, auch im Hinblick auf die Effizienz; die Liste affiliierter Personen (verbundener Unternehmen); gegebenenfalls Angaben zu gewährten Beihilfen sowie sonstige relevante Informationen. Die Anforderungen an den Inhalt des Anhangs zur Jahresbuchführung sind geregelt in Pkt. 24 ff. der durch Erlass des Russischen Finanzministeriums genehmigten Buchführungsordnung „Buchführung eines Unternehmens" [Položenie po buchgalterskomu učëtu „Buchgalterskaja otčëtnost' organizacii", utv. Prikazom Ministerstva finansov RF], vom 06.06.1999, geändert am 18.9.2006, Finansovaja gazeta 1999, Nr. 34.

321 Vgl. die Systematik des Unterabschnitts 2 „Personen" im Abschnitt 1 Teil 1 ZGB.

Laut Art. 43 Pkt. 1 EltWG bezieht sich die Spartentrennung auf die „Erfassung von Produktion, Einnahmen und Kosten (einschließlich buchhalterischer Erfassung)“. Vor diesem Hintergrund stellt sich die Frage, ob somit neben der eigentlichen Kontentrennung auch eine Buchführungspflicht für alle im Strombereich tätigen Unternehmen begründet werden soll. Gemäß dem Föderalgesetz über die Buchführung werden zur Buchführung grundsätzlich alle „Organisationen“ verpflichtet – Art. 4 Pkt. 1 BuchführungsG. Der Begriff einer Organisation ist sehr weit und nirgendwo gesetzlich definiert[322]. Er umfasst insbesondere alle juristischen Personen.[323] Jedenfalls in Bezug auf die im Stromsektor tätigen Unternehmen[324] wäre eine dahingehende begriffliche Vereinfachung zutreffend, „Organisationen“ im Sinne des Buchführungsgesetzes juristischen Personen gleichzustellen. In Art. 4 Pkt. 3 BuchführungsG ist jedoch eine Befreiung von der Buchführungspflicht für solche Organisationen vorgesehen, die sich für ein vereinfachtes Besteuerungssystem entschieden haben. In diesem Fall werden die Einnahmen und Kosten gemäß Kapitel 26.2 des russischen Steuergesetzbuches (SteuerGB-Rus) erfasst.

Die Anwendung des vereinfachten Besteuerungssystems steht solchen Organisationen offen, welche die Voraussetzungen in Art. 346.12 Abs. 2ff. Steu-

---

322 Eine Legaldefinition findet sich zwar in Abs. 2 Pkt. 2 Art. 11 SteuerGB-Rus. Demnach zählen zu Organisationen neben juristischen Personen auch nach ausländischem Recht gegründete Körperschaften, die nach diesem Recht keine juristischen Personen sind, internationale Organisationen sowie im Gebiet der Russischen Föderation gegründete Vertretungen und Filiale dieser ausländischen Personen. Jedoch bezieht sich diese Definition nur auf das Steuerrecht; der allgemeine Begriff ist weiter. So kennt das russische Recht gleichwohl solche Organisationen, die keine juristischen Personen sind, etwa nichtkommerzielle Organisationen ohne Status einer juristischen Person – vgl. Art. 6 Abs. 5 des Föderalgesetzes über gesellschaftliche Vereinigungen [Federal'nyj zakon "Ob obščestvennych ob''edinenijach"] vom 19.5.1995 Nr. 82-FZ, zuletzt geändert am 22.7.2010, SZ RF vom 22.5.1995, Nr. 21, Pos. 1930.

323 Dies ergibt sich aus der Legaldefinition einer juristischen Person in Abs. 1 Pkt. 1 Art. 48 ZGB als eine Organisation, die in Eigentum, in Bewirtschaftung oder in operativen Management abgesondertes Vermögen hat und für seine Verpflichtungen mit diesem Vermögen haftet. Die kann in eigenem Namen Güter- und persönliche Nichtvermögensrechte erwerben und verwerten, Verpflichtungen tragen und ein Kläger oder Beklagte vor Gericht sein.

324 Vgl. Definition eines Unternehmens der Elektrizitätswirtschaft in Art. 3 Abs. 4 EltWG als „Personen, die im Bereich der Elektrizitätswirtschaft tätig sind, insbesondere in der Erzeugung von Elektrizität, Wärmeenergie und Leistung, Beschaffung und Verkauf von Elektrizität und Leistung, Stromversorgung von Kunden, Erbringung von Dienstleistungen zur Stromdurchleitung, zur operativen Netzsteuerung, im Vertrieb von Elektrizität und Leistung sowie in der Organisation des Handels mit Elektrizität und Leistung“. Mit „Personen“ sind natürliche und juristische Personen gemeint.

erGB-Rus erfüllen. Die Grundvoraussetzung ist, dass die Einnahmen in den ersten neun Monaten des Jahres, für welches die vereinfachte Besteuerung beantragt wird, 45 Mio. Rubel (etwa 1.125.000 Euro[325]) nicht übersteigt – Art. 346.12 Pkt. 2.1. Ab 1. Oktober 2012 wird diese Grenze auf 15 Mio. Rubel (etwa 375.000 Euro) gesenkt (Pkt. 2 Abs. 1) und jährlich durch einen Deflationierungsfaktor angepasst (Pkt. 2 Abs. 2).[326] Zusätzlich enthält Pkt. 3 eine abschließende Aufzählung von insgesamt 18 Merkmalen, welche die Anwendung des vereinfachten Besteuerungssystems ausschließen. Davon sind für Stromunternehmen folgende Positionen besonders relevant. Ausgeschlossen sind Organisationen mit Filialen und/oder Vertretungen (Nr. 1); Organisationen, an denen andere Organisationen oder Einzelunternehmer Beteiligungen von über 25 % halten (Nr. 14); Organisationen und Einzelunternehmer mit einer durchschnittlichen Jahreszahl von Angestellten von mehr als 100 Personen (Nr. 15) sowie Organisationen, deren Restbuchwert der Sachanlagen und immaterieller Vermögenswerte 100 Mio. Rubel (ca. 2,5 Mio. Euro) übersteigt (Nr. 16).

Diese Regelung ist mit Erleichterungen für kleine Kapitalgesellschaften im deutschen Recht i. S. d. § 267 Abs. 1 f. HGB vergleichbar. Teilweise Gemeinsamkeiten bestehen in den qualifizierenden Kriterien: Bilanzsumme (deutsch) bzw. Anlagevermögen (russisch), Umsatzerlöse und Arbeitnehmerzahl im Jahresdurchschnitt. Wobei in der russischen Vorschrift noch zusätzliche Bedingungen enthalten sind, welche die Befreiung von der ordentlichen Buchführungspflicht ausschließen. Die Schwellenwerte unterscheiden sich jedoch. So, anders als der deutsche Jahresdurchschnitt von maximal 50 Arbeitnehmern (§ 267 Abs. 1 Nr. 3 HGB), ist nach russischem Recht eine doppelt so große Arbeitnehmerzahl zulässig. Teilweise sind die Schwellenwerte nicht ohne weiteres vergleichbar: so stellt das Anlagevermögen lediglich einen Teil der Bilanzsumme dar[327].

Die Rechnungslegung nach Kapitel 26.2 SteuerGB-Rus unterscheidet sich von der ordentlichen Buchführung nach Buchführungsgesetz in mehreren Hinsichten durch ihren vereinfachten Charakter. Die buchhalterische Erfassung ist nur für Sachanlagen und immaterielles Vermögen erforderlich – Art. 346.13 SteuerGB-Rus. Außerdem ist ein Kassenbuch zwingend zu führen – Art. 346.11 Pkt. 4 SteuerGB-Rus. Im Übrigen genügt eine einfache Einnahmen-Ausgaben-Rechnung nach allen steuerrelevanten Geschäftsvorgängen ohne kontenmäßige

---

325 Hier und im Folgenden wird eine grobe Kursumrechnung vorgenommen, die lediglich einer allgemeinen Vorstellung von Zahlengrößen dienen soll.

326 Ab dem 1. Januar 2013 wird die Einnahmenschwelle auf 15 Mio Rubel (ca. 375.000 Euro) reduziert – vgl. Art. 346.12 Abs. 2.1 SteuerGB-Rus.

327 Vgl. § 266 Abs. 2 lit. A. HGB. Siehe auch bspw. *Vollmuth*, Bilanzen richtig lesen, besser verstehen, optimal gestalten, S. 168.

Erfassung, mit Aufteilung nach Vierteljahren (ein Einnahmen- und Ausgabenbuch).[328] Bei der einfachen Auflistung nach Geschäftsvorgängen würde etwa bei Stromabnahme *per se* keine Auffächerung der Kosten und Erträge nach Erzeugung der gelieferten Elektrizität und deren Durchleitung durch eigene Netze erfolgen. Im Vergleich zu größenabhängigen Erleichterungen für die Bilanz und Gewinn- und Verlustrechnung nach HGB, wobei vor allem der übliche Kontenrahmen nicht entbehrlich wird, ist die Begünstigung nach Kapitel 26.2 besteuerter Unternehmen somit viel umfangreicher.

Es erscheint folgerichtig die Formulierung des Art. 43 Pkt. 1 EltWG dahingehend zu interpretieren, dass sie neben der rechnerischen Spartentrennung an sich auch eine Buchführungspflicht für alle Unternehmen der Elektrizitätswirtschaft vorschreibt. Daraus würde sich kein Widerspruch mit Art. 4 Pkt. 3 BuchführungsG ergeben, vielmehr wäre die energierechtliche Vorschrift demgegenüber als *lex specialis* zu betrachten. Außerdem ist zwischen der Berechtigung zur Anwendung des vereinfachten Besteuerungssystems als solcher und der gesetzlichen Verpflichtung zur Rechnungslegung nach Buchführungsgesetz zu unterscheiden. Denn es ist durchaus möglich, dass ein Unternehmen von der vereinfachen Besteuerung profitiert und gleichzeitig zur ordinären Buchführung verpflichtet ist. Ein Beispiel dafür sind Aktiengesellschaften. Auch wenn einige von ihnen die Voraussetzungen in Art. 346.12 SteuerGB-Rus erfüllen und nach Kapitel 26.2 besteuert werden, gelten auch für sie die Vorschriften in Art. 88 Pkt. 1 AktG-Rus bzw. Art. 97 ZGB. Demnach sind alle Aktiengesellschaften zur Buchführung verpflichtet.[329] Von der Notwendigkeit der Buchführung ist ferner auch bei Gesellschaften mit beschränkter Haftung auszugehen. Auch wenn eine dahingehende ausdrückliche Gesetzesvorschrift fehlt, ergibt sich aus Verweisen

---

328 Eine Vorlage für die Einnahmen-Ausgabenrechnung und Vorgaben zu deren Führung sind festgelegt durch den Erlass des Russischen Finanzministeriums vom 30.12.2008 Nr. 154n [Prikaz Ministerstva finansov RF "Ob utverždenii form knigi učëta dochodov organizacij i individual'nych predprinimatelej, primenjajuščich uproščënnuju sistemu nalogoobloženija, knigi učëta dochodov individual'nych predprinimatelej, primenjajuščich uproščënnuju sistemu nalogoobloženija na osnove patenta, i porjadkov ich zapolnenija"], RG Nr. 36 vom 4.3.2009. Siehe auch die Entscheidung des Obersten Gerichtshofs der RF [Rešenie Verchovnogo Suda RF] vom 26.5.2006 Nr. GKPI06-499, Ėkonomika i žizn' 2006 Nr. 27.

329 Vgl. Schreiben des Russischen Finanzministeriums [Pis'mo Ministerstva finansov RF] vom 2.9.2008 Nr. 03-11-04/2/131, wo Art. 88 AktG-Rus als lex specialis gegenüber Art. 4 Pkt. 3 BuchführungsG bezeichnet wird.

auf die Buchführung in einzelnen Vorschriften des GmbH-Rechts (Dividendenausschüttung etc.), dass die Buchführung erforderlich ist.[330]

Außerdem handelt es sich im Kontext der buchhalterischen Entflechtung immer um Unternehmen, die unter anderem zumindest in einem solcher elektrizitätswirtschaftlichen Bereiche tätig ist, wo ein natürliches Monopol besteht und dementsprechend staatliche Regulierung stattfindet: der Netzbetrieb und die Netzsteuerung. Vor diesem Hintergrund kommt die allgemeine regulierungsrechtliche Vorgabe von Art. 8 Pkt. 4 NatMonopG für alle in natürlichen Monopolbereichen tätigen Unternehmen ihre Gewinne und Ausgaben nach Tätigkeiten zu führen. Dementsprechend sind alle regulierten Unternehmen unabhängig von der Vorgabe in Art. 43 EltWG verpflichtet, der Föderalen Tarifbehörde ihre Buchführung gemäß dem Buchführungsgesetz regelmäßig vorzulegen.[331]

Angesichts bestehender Unterschiede zwischen der Buchführung und der Erfassung nach Steuerrecht erscheint die Buchführungspflicht für alle in der Stromwirtschaft tätigen Unternehmen wünschenswert. Ein einheitlicher Kostenplan und gemeinsame Buchungsgrundsätze tragen zu einer besseren Übersichtlichkeit der Rechnungslegung und somit zur Transparenz bei, die letztlich der energierechtlichen Vorgabe zur buchhalterischen Entflechtung als Ziel zugrunde liegt[332]. Zwar ist die ordinäre Buchführung im Vergleich zur Erfassung nach Steuerrecht mit höheren Kosten verbunden. Jedoch ist eine vollständige Ausweisung getrennt nach den Tätigkeiten für eine wirksame Regulierung unabdingbar, so dass entsprechende Belastung der Stromunternehmen angemessen erscheint.

bb) Prüfung

Im Unterschied zu § 10 Abs. 1 EnWG bezüglich einer Prüfungspflicht für Jahresabschlüsse von Energieversorgungsunternehmen nach einschlägigen Vorschriften des Handelsgesetzbuches für Kapitalgesellschaften fehlt im russischen Recht eine entsprechende flächendeckende Regelung. Generell ist die Verpflich-

---

330 Siehe auch Schreiben des Russischen Finanzministeriums [Pis'mo Ministerstva finansov RF]

331 Pkt. 1 lit. a) der Regierungsverordnung über das System der der Föderalen Behörde zur Regulierung natürlicher Monopole vorzulegenden Rechnungslegung [O sisteme otčëtnosti, predstavljaemoj v federal'nyj organ ispolnitel'noj vlasti po regulirovaniju estestvennych monopolij] vom 20.10.2003 Nr. 638, SZ RF vom 27.10.2003, Nr. 43, Pos. 4245.

332 Siehe Abschnitt „Die Reform von Aktiengesellschaften für Elektrizität und Elektrifizierung" der Regierungsverordnung über die Elektrizitätswirtschaftsreform in der Russischen Föderation [Postanovlenie Pravitel'stva RF „O reformirovanii ėlektroėnergetiki Rossijskoj Federacii"] vom 11.7.2001 Nr. 526, geändert am 1.2.2005, SZ RF vom 16.7.2001 Nr. 29, Pos. 3032.

tung zur externen Wirtschaftsprüfung in einer Reihe von Fällen gesetzlich vorgesehen.[333] Für diese Untersuchung ist vor allem die Vorschrift in Art. 103 Pkt. 5 ZGB bzw. Art. 88 Pkt. 3 Abs. 2 i. V. m. Art. 92 Pkt. 1 Abs. 2 AktG-Rus bzw. Art. 5 Pkt. 1 Nr. 1 des WirtschaftsprüfungsG[334] relevant, wo eine zwingende Überprüfung der Jahresabschlüsse offener[335] Aktiengesellschaften festgelegt ist. Für geschlossene Aktiengesellschaften und Gesellschaften mit beschränkter Haftung besteht grundsätzlich keine gesetzliche Verpflichtung zur Überprüfung ihrer Jahresabschlüsse. Weitere wichtige Tatbestände sind ein Gesamterlös des Unternehmens aus Produktverkauf bzw. Dienstleistungen für das vorausgehende Jahr von über 50 Mio. Rubel (ca. 1.250.000 Euro) oder mit einer Summe der Aktiva nach dem Stand am Ende des vorausgehenden Jahres von über 20 Mio. Rubel (ca. 500.000 Euro) – Art. 5 Pkt. 1 Nr. 3 WirtschaftsprüfungsG.

Die zwei letztgenannten Voraussetzungen entsprechen genau den Kriterien einer kleinen Kapitalgesellschaft i. S. d. § 267 Abs. 1 HGB, die nach § 316 Abs. 1 HGB von zwingenden Prüfung ihrer Jahresabschlüsse befreit ist. Der einzige Unterschied besteht in den Großenklassen: im russischen Recht liegen jeweilige Schwellenwerte wesentlich niedriger.

Eine form- und wahrheitsgemäße Buchführung soll generell die Kostenüberprüfung ermöglichen, um gegebenenfalls Kosteneffizienz zu ermitteln.[336] Im Unbundling-Kontext betrifft eine getrennte Rechnungslegung „so, als ob" die jeweiligen monopolistischen und wettbewerbsfähigen Tätigkeiten von rechtlich selbstständigen Unternehmen ausgeführt würden, wie bereits gesagt, vor allem von der rechtlichen Entflechtung ausgenommene Unternehmen. Bei diesen Unternehmen sind durchaus andere Rechtsformen als die offene Aktiengesellschaft denkbar, für die keine Prüfungspflicht besteht.

Eine gesetzliche Verpflichtung zur Prüfung der Jahresabschlüsse, in deren Rahmen unter anderem auch von einer unabhängiger Seite überprüft wird, ob die Vorgaben zur getrennten Rechnungslegung nach den elektrizitätswirtschaftlichen Tätigkeiten richtig umgesetzt wurden, sollte insgesamt den Regulierungsaufwand mindern. Dennoch ist sie mit zusätzlichen Kosten für die betroffenen Stromunternehmen verbunden. Gerade für kleinere Unternehmen – die von der

---

333 Siehe die komplette Liste in einer Zusammenfassung der juristischen Datenbank KonsultantPlus unter: http://www.consultant.ru/online/base/?req=doc;base=LAW;n=98 278

334 Föderalgesetz über die Wirtschaftsprüfung [Federal'nyj zakon „Ob auditorskoj dejatel'nosti"] vom 30.12.2008 Nr. 307-FZ, zuletzt geändert am 28.12.2010, SZ RF vom 5.1.2009, Nr. 1, Pos. 15.

335 Unter einer offenen Aktiengesellschaft versteht sich eine solche Aktiengesellschaft, deren Gesellschafter ihre Aktien ohne Zustimmung anderer Aktionäre veräußern dürfen, vgl. Art. 97 Pkt. 1 S. 1 ZGB.

336 *Busse von Colbe* in: BerlKomm EnR, zu § 10, RdNr. 4.

rechtlichen Entflechtung ausgenommen sind und in einer anderen Rechtsform als offene Aktiengesellschaft agieren – wäre die Belastung erheblich.

cc) Veröffentlichung

In Bezug auf Veröffentlichung der Rechnungslegung finden sich zwar keine speziellen Vorgaben im Elektrizitätswirtschaftsgesetz. Entsprechende Regelungen sind jedoch in den durch eine Regierungsverordnung genehmigten Standards der Informationsoffenlegung (InformationsVO) enthalten. Gemäß Pkt. 9 lit. a InformationsVO haben die Subjekte des Großhandelsmarktes und der Einzelhandelsmärkte für Elektrizität, einschließlich solcher, die in den natürlichen Monopolbereichen tätig sind, und ausschließlich Verbraucher (vgl. Pkt. 1 Abs. 1 Regierungsverordnung zur Genehmigung der InformationsVO) ihre Jahresabschlüsse, gegebenenfalls einschließlich des Prüfungsberichts, offen zu legen. Unter Einzelhandelsmärkten versteht sich laut Art. 3 Abs. 9 EltWG der Umlauf von Elektrizität außerhalb des Großhandelsmarktes unter Teilnahme von Stromkunden. Vor diesem Hintergrund ist davon auszugehen, dass die oben genannte Veröffentlichungspflicht für alle an der Stromversorgung beteiligten Personen im Gebiet der Russischen Föderation gilt. Sie ist unabhängig sowohl von der Rechtsform als auch von der Unternehmensgröße.

Die Offenlegungsstandards für den Stromsektor beinhalten wesentlich weiter reichende Vorschriften im Vergleich zu den Verpflichtungen zur Veröffentlichung der Jahresbuchführung nach dem allgemeinen Gesellschaftsrecht und dem Gesetz über die Buchführung. Gemäß Art. 16 BuchführungsG ist eine zwingende Veröffentlichung der Jahresbuchführung unter anderem[337] für offene Aktiengesellschaften vorgeschrieben. Geschlossene Aktiengesellschaften i. S. d. Art. 97 Pkt. 2 ZGB bzw. Art. 7 Pkt. 3 AktG-Rus sind zur Veröffentlichung ihrer Jahresbuchführung nur insoweit verpflichtet, als sie Anleihen oder sonstige Wertpapiere öffentlich anbieten.

Gemäß Pkt. 10 InformationsVO ist der Jahresabschluss in elektronischen Massenmedien, auf der offiziellen Website des Unternehmens oder auf einer von der Regierung bestimmten Website – und/oder in einer offiziellen Drucksache zu veröffentlichen.

Man muss anmerken, dass – im Gegenteil zur allgemeinen Buchführungsordnung, wonach die Buchführungsunterlagen auch in verkürzter Form veröf-

337 Des Weiteren besteht die Veröffentlichungspflicht gemäß Art. 16 BuchführungsG für Banken und sonstige Kreditinstitute, Versicherungsgesellschaften, Börsen, Investitions- und sonstige Fonds sowie – vierteljährlich – für die staatlichen Versicherungsfonds (Renten-, Sozial- und Krankenversicherung).

fentlicht werden können[338], – in den Offenlegungsstandards für Stromunternehmen keine solche Möglichkeit vorgesehen ist.

dd) Umsetzungspraxis

Wie bereits erwähnt, sind die Vorgaben zur getrennten Rechnungslegung nach Tätigkeitsbereichen für solche Unternehmen primär von Bedeutung, die von der Entflechtung nach Art. 6 Pkt. 7 ÜbergangsG ausgenommen sind. Von den fünf dort festgelegten Ausnahmetatbeständen erscheint eine effektive buchhalterische Trennung vor allem in zwei Fällen maßgeblich: in geschlossenen Versorgungsgebieten (Art. 6 Pkt. 9 Abs. 2 ÜbergangsG) und bei Unternehmen, die in den voneinander zu trennenden Bereichen überwiegend zur eigenen Bedarfsdeckung und unter Einhaltung von Besonderen Vorgaben gleichzeitig tätig sind (größere stromintensive Industriebetriebe, Art. 6 Pkt. 9 Abs. 6 ÜbergangsG). Die besondere Relevanz hängt damit zusammen, dass in diesen Fällen neben Stromerzeugung und Netzbetrieb auch Kundenbelieferung stattfindet.

In den geschlossenen Versorgungsgebieten erfolgt sämtliche Stromversorgung zu regulierten Preisen, so dass eine transparente und verlässliche Rechnungslegung nach Sparten für eine sinnvolle Preisregulierung unerlässlich ist. Bei gemäß Art. 6 Pkt. 9 Abs. 6 ÜbergangsG ausgenommenen Industriebetrieben kommt außerdem die Verpflichtung zur Gewährung des Netzzugangs für Dritte nach Pkt. 8 Abs. 3 BV hinzu. Auch hier ist für die Genehmigung entsprechender Netznutzungsentgelte eine klare Kostentrennung wichtig. Im Falle der Wahrnehmung von Grundversorgerausgaben durch einen Verteilnetzbetreiber (Art. 6 Pkt. 9 Abs. 4 ÜbergangsG) handelt es sich zwar um eine vorübergehende Situation[339], aber auch hier sind eventuelle Missbräuche denkbar, die mit Hilfe getrennter Rechnungslegung nach den Tätigkeiten sowie durch Prüfung und Veröffentlichung der Buchführung nachvollziehbar gemacht werden könnten.

Im Ausnahmenbereich der überwiegenden Deckung betrieblichen Eigenbedarfs liegen, soweit ersichtlich, keine allgemein zugänglichen Informationen über freigestellte Unternehmen vor.[340] Im Folgenden wird daher untersucht, wie die Vorgabe zur getrennten Rechnungslegung von den nach Art. 6 Pkt. 9 Abs. 2 ÜbergangsG ausgenommenen Stromversorgern in geschlossenen Versorgungs-

338 Anordnung des Finanzministeriums der RF vom 28.11.1996 Nr. 101, Bjulleten' normativnych aktov federal'nych organov ispolnitel'noj vlasti, 1997, Nr. 1.

339 Ausführlicher dazu siehe Abschnitt B. II. 4. c).

340 In einer Pressemitteilung der Föderalen Antimonopolbehörde vom wurde von der Befreiung von 17 Unternehmen berichtet. Noch 32 Anträge befänden sich zu jenem Zeitpunkt in Überprüfung. Es wäre eine Freistellung von insgesamt ca. 100 Unternehmen aufgrund Art. 6 Pkt. 9 Abs. 6 ÜbergangsG absehbar.

gebieten des Ostsibiriens und Fernen Ostens sowie der Region Tajmyr umgesetzt wird.

Im geschlossenen Versorgungsgebiet Kamtschatka wurden die Stromerzeugung und der Stromtransport in getrennte 100 % Tochtergesellschaften ausgesondert, an die entsprechende Aktiva übertragen wurden.[341] Somit liegt keine vertikale Integration im Rahmen einer juristischen Person vor.

In der Region Jakutien agiert ein vertikal integriertes Unternehmen OAO „Sachaenergo" – eine hundertprozentige Tochtergesellschaft von OAO „Jakutskenergo". Sie besitzt Stromerzeugungs- und Netzanlagen und ist gleichzeitig in den Bereichen der Stromerzeugung und Stromverteilung tätig.[342] Nichtsdestotrotz sind in der Gewinn- und Verlustrechnung der Gesellschaft für das Jahr 2009 die Einnahmen und Ausgaben, der Gewinn bzw. Verlust vor Steuern sowie der Nettogewinn pauschal, d. h. ohne Konkretisierung nach den elektrizitätswirtschaftlichen Tätigkeiten ausgewiesen.[343] Im Prüfungsbericht zum Jahresabschluss wird eine glaubwürdige Darstellung der Finanzlage und der Geschäftsergebnisse „nach Maßgabe der russischen Gesetzesvorschriften über die Aufstellung der Buchführung" bestätigt.[344] Nach der hier vertretenen Meinung wurde jedoch die Vorgabe des Art. 43 Pkt. 1 EltWG über getrennte Rechnungslegung nicht eingehalten.

Beim vertikal integrierten Stromversorger in der Region Sachalin OAO „Sachalinenergo" erfolgen Stromerzeugung, Stromvertrieb und Verteilnetzbetrieb im Rahmen entsprechender Filiale, wobei ein Teil der Erzeugungsaktiva in hundertprozentige Tochtergesellschaften ausgesondert ist.[345] Auch in diesem Fall ist in der Gewinn- und Verlustrechnung[346] keine Trennung nach wettbewerbsfähigen und Monopolbereichen erkennbar bzw. von einer Nichteinhaltung von Art. 43 Pkt. 1 EltWG auszugehen. Dasselbe betrifft OAO „Tschukotenergo", das als vertikal integriertes Stromversorgungsunternehmen in der Region

341 Siehe die Gesellschaftsstruktur der OAO „Kamtschatskenergo", abrufbar unter: http://kamenergo.ru/uploads/company/2008orgstr_big.jpg

342 Siehe den Jahresbericht von OAO „Sachaenergo" für das Jahr 2009, S. 6, abrufbar unter: http://sakhaenergo.ru/index.php?option=com_content&task=blogcategory&id=0&Itemid=33

343 Siehe den Jahresabschluss von OAO „Sachaenergo" für das Jahr 2009, S. 6, abrufbar unter: http://sakhaenergo.ru/doc/ZakPrilBuh2009.tif

344 Siehe ebenda, S. 4.

345 Siehe die Unternehmensstruktur unter: http://www.sahen.elektra.ru/?context=21

346 Abrufbar unter: http://www.sahen.elektra.ru/?context=68

Tschukotka tätig ist,[347] sowie das Stromversorgungsunternehmen der Region Tajmyr – OAO „Stromversorgungsgesellschaft Norilsk-Tajmyr"[348].[349]

Bei der Website von OAO „Magadanenergo" lässt es sich nicht von einer ordnungsgemäßen Informationsoffenlegung sprechen, da entsprechende Links faktisch nicht abgerufen werden können bzw. die Jahresabschlüsse nicht hochgeladen wurden.[350]

OAO „Tschukotenergo" ist als vertikal integriertes Stromversorgersunternehmen in der Region Tschukotka tätig und stellt eine hundertprozentige Tochtergesellschaft von OAO „Magadanenergo" dar. Ihre offen zu legenden Informationen sollten auf der Website der Muttergesellschaft[351] zugänglich sein, konnten jedoch ebenfalls nicht online abgerufen werden.

Diese Übersicht macht teilweise noch fehlende Einhaltung der Vorschrift über getrennte Rechnungslegung nach Tätigkeiten entsprechend Art. 43 Pkt. 1 EltWG deutlich.

c) Rechtsvergleich

Insgesamt kommt man beim Vergleich der deutschen und russischen Gesetzesvorschriften zum Accounting Unbundling zu folgendem Ergebnis. In Bezug auf die buchhalterische Erfassung von Kosten und Erträgen, getrennt nach den monopolistischen und wettbewerbsfähigen Bereichen, entsprechen die Regelungen in den beiden Rechtsordnungen einander. Ausgehend von der oben vorgeschlagenen Auslegung von Art. 43 Pkt. 1 EltWG besteht in Russland, ähnlich wie in Deutschland, im Stromsektor eine umfassende, rechtsform- und größenunabhängige Pflicht zur originären Buchführung. Dies entspricht inhaltlich der europarechtlichen Vorgabe zur Aufstellung der Rechnungslegung unabhängig von den Eigentumsverhältnissen und der Rechtsform des Unternehmens in Art. 31 Abs. 2 EltRL 2009. Darüber hinaus besagt Abs. 3 letzter Satz, dass die Rechnungslegung für jede Tätigkeit (d. h. Übertragung und Verteilung) Bilanz und Gewinn- und Verlustrechnung einschließt. Vereinfachte bzw. verkürzte Form ist also ebenfalls nicht zulässig. Die genannten Vorschriften waren noch in der Stromrichtlinie 2003 enthalten (Art. 19 EltRL-2003) und sind entsprechend ins deutsche Recht umgesetzt.

---

347 Siehe:http://demo.fira.ru/search/companies/card.html?mainhash=TM7B-8CoAJYAAA1UoWQ&code=554045

348 OAO „Noril'sko-Tajmyrskaja ėnergetičeskaja kompanija", NTEK.

349 Siehe den Jahresabschluss 2008, abrufbar unter: http://www.oao-ntek.ru/themes/default/NewsCatalog.asp?folder=2185

350 Siehe: http://www.magadanenergo.ru/, abgerufen am 1.11.2010.

351 Siehe: http://www.magadanenergo.ru/chener.htm

Anders als in der EU bestehen in Russland keine sektorspezifischen energierechtlichen Vorschriften zur zwingenden Überprüfung der Jahresabschlüsse von Stromunternehmen. Die Prüfungspflicht besteht nur kraft einer allgemeinen Vorgabe für offene Aktiengesellschaften sowie für alle Unternehmen ab einem bestimmten Jahresgesamterlös und einer bestimmten Summe der Aktiva (Art. 5 Pkt. 1 WirtschaftsprüfungsG). Dies entspricht in etwa der Befreiung kleiner Kapitalgesellschaften gemäß § 316 Abs. 1 S. 1 i. V. m. § 267 Abs. 1 HGB.

Auch die Veröffentlichung der Buchführung ist in der EU bzw. Deutschland und in Russland übereinstimmend geregelt: der Offenlegungspflicht unterliegen in den beiden Rechtsordnungen alle Stromunternehmen. Darüber hinaus ist die Rechnungslegung der zuständigen Regulierungsbehörde vorzulegen.

Bei einem wohl ausreichenden Regelungsrahmen bedarf es in Russland nach der hier vertretenen Meinung dennoch dessen konsequenterer Umsetzung. Zunächst könnten dazu noch fehlende behördliche methodische Richtlinien beitragen, welche die Gesetzesnorm über getrennte Rechnungslegung in praktischer Hinsicht für alle – auch kleinere und in abgelegenen Gebieten tätige – Stromunternehmen erläutern sollten.

6. Behandlung von Informationen

Der informatorische Aspekt des Unbundling nach EU-Recht besteht darin zu vermeiden, dass die Vertriebssparte eines vertikal integrierten Stromversorgungsunternehmens Wettbewerbsvorteile durch Informationen aus dem Netzbereich ziehen kann. Dementsprechend sind wirtschaftlich sensible Informationen über Konkurrenten, welche die Netzgesellschaft im Zusammenhang mit der Zugangsgewährung zu ihren Netzen erlangt, vom konzerneigenen Erzeugungs- bzw. Vertriebsunternehmen geheim zu halten (interner Aspekt). Jede Offenlegung der für alle Kunden relevanten Informationen aus dem Netzbereich soll diskriminierungsfrei erfolgen (externer Aspekt).[352]

Im russischen Energierecht sind keine entsprechenden Vorschriften zu finden. Das wettbewerbsverzerrende Potenzial konzerninternen Austauschs wettbewerbsrelevanter Daten aus dem Netzbetrieb wird, soweit ersichtlich, nicht erkannt. Nichtsdestotrotz enthält das Elektrizitätswirtschaftsgesetz Normen zur diskriminierungsfreien Offenlegung von Informationen durch Netzbetreiber, die im Folgenden dargestellt und mit dem externen Aspekt informatorischer Entflechtung verglichen werden sollen. Ferner ist die Situation mit konzerninternen Informationsflüssen genauer zu untersuchen.

352 Vgl. Abschnitt A. II. 2. c).

a) externer Aspekt

aa) Veröffentlichungspflichten der Netzbetreiber

Genauso wie im europäischen und deutschen Energierecht, existieren in Russland gesetzliche Bestimmungen über diskriminierungsfreie Offenlegung netzbezogener Informationen in der Stromwirtschaft. Nach Art. 22 Pkt. 2 EltWG sind in den natürlichen Monopolbereichen tätige Stromunternehmen verpflichtet, bestimmte Informationen bezüglich des technischen Netzanschlusses (Art. 26 Pkt. 1 Abs. 18 ff. EltWG) sowie des Netzzugangs (vgl. Art. 26 Pkt. 3 Abs. 7 EltWG) offen zu legen. Rechtssystematisch gehört diese Norm allerdings nicht zum Bereich der Netzentflechtung: Art. 26 EltWG regelt den Anschluss und Zugang zu Stromnetzen. Er macht Vorgaben, die auf untergesetzlicher Ebene konkretisiert werden.

Im Bereich des technischen Netzanschlusses haben die Netzbetreiber folgende Informationen nach Maßgabe von Offenlegungsstandards zu veröffentlichen: Informationen, die für die Entscheidungsfindung durch juristische und natürliche Personen über einen Netzanschluss erheblich sind, insbesondere über voraussichtliche Netzentgelthöhe, Fristen für Arbeiten zum technischen Netzanschluss und über die mit dem Systembetreiber abgestimmten Netzausbaupläne sowie über gestellte Anträge auf Netzanschluss, ihr Bearbeitungsergebnis und faktische Fristen für Arbeiten zur Herstellung des Netzanschlusses – vgl. Art. 26 Pkt. § Abs. 7 EltWG. Im Bereich der Stromdurchleitung sind es Informationen über die Durchleitungskapazität der Netze und ihre technische Beschaffenheit – vgl. Art. 26 Pkt. 3 Abs. 7 EltWG.

Die Föderale Regierung ist ermächtigt, Standards der Informationsoffenlegung für in natürlichen Monopolbereichen (Art. 21 Pkt. 2 Abs. 4 EltWG) sowie auf dem Großhandelsmarkt und den Einzelhandelsmärkten für Elektrizität tätige Stromunternehmen (Art. 21 Pkt. 2 Abs. 28 EltWG) festzulegen. Für beide Regelungsbereiche wurde dies mit Erlass der Regierungsverordnung zur Festlegung der Standards der Informationsoffenlegung durch auf dem Großhandelsmarkt und den Einzelhandelsmärkten für Elektrizität tätige Unternehmen umgesetzt. Dabei werden die Monopolunternehmen unter auf den Elektrizitätsmärkten tätige Unternehmen eingeordnet.[353] Die Standards gelten unter anderem für alle Stromnetzbetreiber und – die in Russland gesondert behandelten – mit der Netzsteuerung befassten Unternehmen.

Gemäß Abschnitt II Offenlegungsstandards haben die Föderale Netzgesellschaft und die örtlichen Verteilernetzbetreiber unter anderem die Vertragsbedingungen zur Netznutzung, die Netznutzungs- und Netzanschlussentgelte, Netz-

353 Siehe Abschnitt B. II. 5.b) cc).

verluste, die gesamte Durchleitungskapazität ihrer Netze und vorhandene freie Netzkapazitäten zu veröffentlichen. Die Veröffentlichung erfolgt auf der offiziellen Website des Netzbetreibers, wobei die Informationen drei Jahre öffentlich zugänglich zu halten sind.

bb) Rechtsvergleich

Die Offenlegungsstandards entsprechen im deutschen Recht inhaltlich dem Transparenzgebot, das in § 20 und § 21 Abs. 1 EnWG festgelegt und in § 17 StromNZV und § 27 StromNEV bezüglich der Veröffentlichung netzbezogener Daten durch den Netzbetreiber sowie § 4 Abs. 2 S. 2 NAV bezüglich der Pflicht zur Online-Veröffentlichung der allgemeinen Bedingungen des Netzanschlussvertrages und des Netznutzungsvertrages konkretisiert wird.[354]

Damit erklärt sich auch folgender Unterschied der Offenlegungsstandards von der europäischen bzw. deutschen Norm zur diskriminierungsfreien Offenlegung wirtschaftlich relevanter Informationen. Die Ersteren schreiben eine ausdrückliche Veröffentlichungspflicht vor. In der EU-Richtlinie und § 9 Abs. 2 EnWG werden Unternehmen dagegen zu keiner Offenlegung bestimmter Informationen verpflichtet. Gefordert wird ein diskriminierungsfreier Charakter jeglicher Offenlegung.[355]

Die deutsche Norm über informatorische Entflechtung gilt „unbeschadet gesetzlicher Verpflichtungen zur Offenbarung von Informationen" (§ 9 Abs. 1 EnWG). Dies bedeutet einen Vorrang der Veröffentlichungspflichten von Netzbetreibern gegenüber der Geheimhaltung wirtschaftlich sensibler Informationen. In anderen Worten kann die Geheimhaltung nur da geboten sein, wo keine gesetzliche Veröffentlichungspflicht besteht. Die Offenlegung netzrelevanter Daten und Netznutzungsbedingungen nach § 20 und § 21 Abs. 1 EnWG erfolgen stets in diskriminierungsfreier Weise. Daher liegt es nahe, dass § 9 Abs. 2 EnWG in erster Linie sämtliche anderweitige Informationsoffenlegung abdeckt.

Vor diesem Hintergrund lässt sich festhalten, dass die russischen Offenlegungsstandards einerseits die Transparenz hinsichtlich der wichtigsten Informationen für den Netzanschluss und -zugang gewährleisten. Eben aus diesem Grund werden die Regelungen zu den Veröffentlichungspflichten der Netzbetreiber an dieser Stelle im Kontext der Netzentflechtung angesprochen. Andererseits besteht darüber hinaus kein Schutz vor bevorzugter, früherer oder ander-

---

354 Ausführlicher dazu mit weiteren Literaturnachweisen siehe: *Meinzenbach* in: Säcker (Hrsg.), Handbuch zum deutsch-russischen Energierecht, S. 522f.

355 Gemeinsame Auslegungsgrundsätze, S. 25-26; *Otto*, RdE 2005, 261, 268; *Setz* in: BerlKomm EnR, zu § 9, RdNr. 38.

weitig privilegierter Weitergabe wirtschaftlich relevanter Daten aus der Netzsparte an den verbundenen Vertrieb.

b) interner Aspekt

aa) Rechtslage de lege lata

Wie bereits erwähnt, fand die Norm über die Geheimhaltung wirtschaftlich sensibler Informationen aus dem Netzbereich keinen Eingang in die russischen Energiegesetze.

Eine ferne Parallel lässt sich zur allgemeinen Norm in Art. 15 NatMonopG zum Verbot wettbewerbsbeschränkenden Handelns der Behörden ziehen: gemäß Abs. 1 Nr. 6 wird vorzugsweise Informationsgewährung durch Behörden an einzelne Unternehmen untersagt. Theoretisch könnte man auch privilegierte Informationsgewährung an ausgewählte Unternehmen durch den Netzbetreiber als Missbrauch marktbeherrschender Stellung werten, auch wenn dieser Tatbestand in der nicht abschließenden („insbesondere") Liste in Art. 10 Pkt. 1 WettbG-2006 nicht erwähnt wird. Allerdings würde diese Interpretation aus der hier vertretenen Sicht – vor allem mangels einer ausdrücklichen Festlegung im Gesetz – keine ausreichende Rechtssicherheit gewährleisten.

In besonderem Maße kommt der informatorische Entflechtungsaspekt bei solchen vom Unbundling ausgenommenen Unternehmen zum Tragen, die in einem Geschäftsumfeld mit potenziellem Wettbewerb agieren. Das sind in erster Linie die gemäß Art. 6 Pkt. 9 Abs. 6 ÜbergangsG freigestellten stromintensiven Betriebe, die Strom überwiegend zum eigenen Produktionsbedarf erzeugen und daneben Kunden durch eigene Netze beliefern.[356] Da das vom Unbundling ausgenommene Unternehmen in diesem Fall durchaus dem Wettbewerb seitens anderer Versorger ausgesetzt sein kann, ist ein wettbewerbsverzerrendes Potential der Informationsflüsse innerhalb des vertikal integrierten Stromversorgers ersichtlich. Daten aus dem Netzbetrieb können es ihm beispielsweise ermöglichen besonders attraktive Kunden zu erkennen bzw. auf individuelle Nachfrage zugeschnittene Angebote zu unterbreiten.

Da das russische Entflechtungsmodell darüber hinaus grundsätzlich geringe Kapitalbeteiligungen bis zu 20 % der Stimmen an Unternehmen der jeweils anderen Sparte zulässt, können weiterhin gesellschaftsrechtliche Verbindungen zwischen dem Netzbetreiber und dem Stromvertrieb bestehen. Inwiefern in dieser Situation eine wettbewerbsrelevante Weitergabe wirtschaftlich sensibler Informationen an einen im Stromvertrieb tätigen Gesellschafter bzw. ein Unter-

---

356 Ausführlicher dazu siehe Abschnitt B. II. 4. e).

nehmen stattfinden kann, an dem die Netzgesellschaft selbst eine entsprechende Minderheitsbeteiligung hält, wird sogleich erläutert.

Die Informationsweitergabe ist hier nur auf informellem Wege denkbar. In Betracht käme auch ein Anspruch der Aktionäre auf Informationsgewährung, insbesondere in Bezug auf Belege zur buchhalterischen Erfassung von Geschäftsvorgängen und Protokolle der Vorstandssitzungen. Die genannten Buchhaltungsunterlagen stellen gemäß Art. 10 Pkt. 4 BuchführungsG ein Betriebsgeheimnis dar. Auch bei Protokollen von Vorstandssitzungen kann es sich um Betriebsgeheimnisse handeln.[357] Es ist sehr gut möglich, dass die beiden Arten von Unterlagen in einer Netzgesellschaft wirtschaftlich sensible Informationen im Entflechtungskontext enthalten. In einer Aktiengesellschaft können diese Informationen jedoch gemäß Art. 91 Pkt. 1 S. 2 AktG-Rus nur Gesellschaftern gewährt werden, die – gegebenenfalls gemeinsam – mindestens 25 % stimmberechtigter Aktien halten. Nach stattgefundenem Unbundling, wo Stromerzeugungs- bzw. Stromvertriebsunternehmen über höchstens 20 % der Stimmen verfügen dürfen, können sie diesen Anspruch individuell nicht durchsetzen. Eine gemeinsame Anforderung wirtschaftlich sensibler Informationen mit anderen Aktionären ist eher unwahrscheinlich. In Gesellschaften mit beschränkter Haftung gewährt Art. 67 bzw. Art. 8 Pkt. 1 Abs. 3 GmbHG-Rus den Anteilseignern das Recht, Informationen über das laufende Geschäft und die Finanzlage der Gesellschaft nach Maßgabe der Satzung anzufordern. Die formellen Informationsmöglichkeiten können sich also im Einzelfall erheblich unterscheiden.

In der Praxis sind privilegierte wettbewerbsrelevante Informationsflüsse sowohl auf der Übertragungs- als auch auf der Verteilungsebene denkbar. Der erste Fall betrifft die Informationsweitergabe durch den nationalen Übertragungsnetzbetreiber – die Föderale Netzgesellschaft – an solche im Wettbewerbssektor tätigen Stromunternehmen, an denen sie Kapitalbeteiligungen hält. Gegenwärtig sind es die Aktiengesellschaften „OGK-1“, „TGK-6“, „TGK-7“ und „TGK-11“.[358] Einzelne Verflechtungen mit den wettbewerbsfähigen Bereichen bestehen auch auf der Verteilungsebene. So gehören gegenwärtig 31 % der Stimmen am Kapital des Verteilernetzbetreibers in der Region Moskau MOESK („Moskauer Vereinigte Stromnetzgesellschaft“[359]) der Gazpromgruppe, die zugleich Mehrheitseigentümer des größten, in dieser Region tätigen Stromerzeugers ist – OAO „Mosenergo“ (TGK-3). Auch nach vollständiger Umsetzung der Entflech-

357 *Lomakin*, Chozjajstvo i pravo 1997, Nr. 11, abrufbar in KonsultantPlus.

358 Siehe Abschnitt B. II. 3. e) aa).

359 OAO „Moskovskaja ob’’edinënnaja ėlektrosetevaja kompanija“, gehört zur MRSK Holding.

tungsvorgaben für affiliierte Personen und Personengruppen werden Kapitalbeteiligungen von bis zu 20 % der Stimmen zulässig bleiben.

In der Föderalen Gesellschaft gilt die Anordnung des Vorstandsvorsitzenden „Über die Organisation der Arbeit zum Schutz vertraulicher Informationen“[360]. Sie enthält als Anlage ein Verzeichnis vertraulich zu behandelnder Informationen. Darunter sind unter anderem in Pkt. 2.11 zusammengefasste Daten über Kontrahenten, Bedingungen und Preise nach den von der Gesellschaft zu schließenden bzw. verhandelnden Verträgen, insbesondere Verträgen über den technischen Anschluss an die von der Gesellschaft betriebenen Netze, erwähnt. Relevant erscheinen ebenfalls Informationen über die Finanzlage der Kontrahenten, welche die Föderale Netzgesellschaft im Laufe ihrer Geschäftstätigkeiten erlangt (Pkt. 11.4). Genau diese Daten bilden den Kern wirtschaftlich sensibler Informationen i. S. d. Art. 12 Abs. 1 S. 1 und Art. 16 Abs. 1 S. 1 EltRL-2003 bzw. § 9 Abs. 1 EnWG. Die Anordnung enthält ausführliche Regelungen zum Umgang mit vertraulichen Informationen, einschließlich einer im Arbeitsvertrag entsprechender Mitarbeiter, Maßnahmen zum eigentlichen Datenschutz sowie Haftung für verbotene Offenbarung.[361]

Diese betriebsinternen Vorgaben sind positiv zu werten. Mangels entsprechender gesetzlicher Regelungen bestehen zwar keine behördlichen Kontrollbefugnisse. Da eine wirksame Kontrolle der Informationsflüsse in der Praxis sehr schwierig ist, erscheint die aktuelle Situation jedoch befriedigend.

Bemerkenswert ist auch die Informationspolitik der Holding MRSK. In Pkt. 2 Abs. 7 ihres internen Papiers zur Informationspolitik[362] ist unter deren Aufgaben der Schutz solcher Informationen über die Gesellschaft festgelegt, deren Offenlegung bzw. Nutzung bestimmten Personen *ceteris paribus* unbegründete Vorteile gegenüber anderen Personen bringen können. Unter diese sehr allgemeine Formulierung fallen nach der hier vertretenen Meinung auch im Entflechtungskontext verstandene wirtschaftlich sensible Informationen. Es fehlen jedoch detaillierte Regelungen zur Umsetzung in der Praxis. Daher erscheint diese unternehmensinterne Vorgabe zugleich begrüßenswert und konkretisierungsbedürftig, wobei etwa Maßnahmen zur Mitarbeiterbelehrung über den

360 Anordnung über die Organisation der Arbeit zum Schutz vertraulicher Informationen [Prikaz „Ob organizacii raboty po zaščite konfidencial'noj informacii“] vom 17.5.2004 Nr. 105, abrufbar unter: http://www.fsk-ees.ru/media/File/stockholders/documents/confi dence_Prikaz.rtf

361 Ebenda.

362 [Položenie ob informacionnoj politike OAO „Cholding mežregional'nych raspredelitel'nych setevych kompanij], genehmigt durch den Beschluss des Aufsichtsrates, Protokoll vom 19.11.2009, abrufbar unter: http://www.holding-mrsk.ru/media/docs/Pologe nie_inform_politika.pdf

Umgang mit wirtschaftlich sensiblen Informationen in Betracht kommen. Empfehlenswert wäre auch die Aufnahme dieser Formulierung in entsprechende Regelwerke aller Tochtergesellschaften der Holding MRSK, denen die Stromverteilernetze gehören und bei denen Verbindungen zu den Wettbewerbsbereichen eher bestehen könnten.

bb) Rechtsvergleich

Vergleicht man die Situation mit der Geheimhaltung wirtschaftlich sensibler Informationen nach dem geltenden deutschen Rechtsrahmen und dem russischen Entflechtungsmodell, ist sie durch einen wesentlichen Unterschied geprägt. In Deutschland bestehen im Stromsektor Konzerne, bei denen ohne gesetzliche Vorgaben in § 10 EnWG weit reichende Möglichkeiten für Informationsflüsse bestehen würden. Auch im Rahmen des nach der neuen Stromrichtlinie umzusetzenden ITO-Modells werden die Konzernstrukturen beibehalten bleiben. In Russland hingegen werden Konzerne zerschlagen, spartenübergreifende Minderheitsbeteiligungen von bis zu 20 % Stimmen aus Aktien bzw. Anteilen bleiben jedoch zulässig. Auch nach einer vollständigen Umsetzung der Vorgaben des Art. 6 Pkt. 7 ÜbergangsG wird unter Umständen keine vollständige eigentumsmäßige Netztrennung eintreten. Wie oben ausgeführt, werden weiterhin Räume für – zumindest informelle – selektive Informationsflüsse aus dem Netzbereich zu vermuten sein.

Nicht umsonst findet der informatorische Aspekt in der EU, mit ihrer vergleichsweise längeren Erfahrung der Umsetzung einer effektiven Netzentflechtung, eine besondere Beachtung. In der neuen Stromrichtlinie ist die Geheimhaltung wirtschaftlich sensibler Daten für jeden Übertragungsnetzbetreiber – d. h. sowohl für einen ITO als auch für einen ISO – als auch für jeden Netzeigentümer vorgesehen, vgl. Art. 16 Abs. 1. Selbst beim Ownership Unbundling wird das Diskriminierungspotential im Hinblick auf solche Daten in Rechnung genommen: nach Art. 9 Abs. 7 EltRL-2009 soll sichergestellt werden, dass keine Weitergabe wirtschaftlich sensibler Informationen vom Übertragungsnetzbetreiber an Unternehmen stattfinden soll, die in den Bereichen Erzeugung und Vertrieb tätig sind. Diese Vorschrift ist so formuliert, dass sie nicht nur auf den Zeitpunkt der eigentlichen Entflechtungsmaßnahmen (etwa Veräußerung), sondern auf die nachfolgenden täglichen Geschäftsabläufe Anwendung finden kann.

Vor diesem Hintergrund erscheint es sinnvoll die europarechtlichen Entwicklungen in Bezug auf den informatorischen Aspekt des Unbundling in Betracht zu ziehen. Spätestens nach vollständiger Umsetzung geltender Entflechtungsvorgaben und vollumfänglicher Herstellung freier Strommärkte ist eventueller Bedarf nach einer Einführung von Vorgaben zur Informationstrennung nach EU-Vorbild genauer zu untersuchen.

Besonders für die von Art. 6 Pkt. 7 ÜbergangsG ausgenommene Stromerzeugung überwiegend für den eigenen Bedarf (Art. 6 Pkt. 9 Abs. 6 ÜbergangsG) sowie für Stromversorger in geschlossenen örtlichen Versorgungsgebieten (Art. 6 Pkt. 9 Abs. 2 ÜbergangsG) erscheint die gesetzliche Einführung des informatorischen Unbundling notwendig. Erforderlich wäre vor allem eine Vorschrift zur Informationspolitik, so wie sie oben beispielsweise für die MRSK Holding geschildert wurde. Eine solche Vorschrift sollte Regelungen zur Geheimhaltung solcher Daten, die einzelnen Personen unbegründete Vorteile gegenüber anderen bringen können, sowie eine entsprechende Mitarbeiterbelehrung und Haftungsbestimmungen in der unternehmensinternen Regelung zur Geheimhaltung vertraulicher Informationen beinhalten.

7. Verfassungsrechtliche Vereinbarkeit der Entflechtungsregelungen

Zur Besprechung der materiellen Unbundling-Vorgaben ist abschließend auf ihre Vereinbarkeit mit den verfassungsrechtlichen Unternehmensfreiheit und Eigentumsgarantie einzugehen, die zum Gegenstand einiger Verfassungsbeschwerden im Rahmen konkreter Normkontrolle vor dem Verfassungsgericht der Russischen Föderation wurden. Obwohl keine dieser Beschwerden angenommen und in der Sache entschieden wurde, können sie als ein anschaulicher Hintergrund für eine Auseinandersetzung mit der verfassungsrechtlichen Vereinbarkeit der Netzentflechtung und ihrer konkreten Ausgestaltung dienen.

a) Verfassungsbeschwerden

aa) Rechtssache Elektrizitätsnetze Pjatigorsk

Die Frage nach der Vereinbarkeit der Vorschriften des Art. 6 ÜbergangsG wurde in einer Klage des russischen Elektrizitätsunternehmens Offene AG Elektrizitätsnetze Pjatigorsk (OAO „Pjatigorskie ėlektričeskie seti", im Folgenden genannt „Elektrizitätsnetze Pjatigorsk") vor dem Verfassungsgericht der Russischen Föderation aufgeworfen.[363]

363 Siehe Feststellung des Verfassungsgerichts der RF „Über die Verweigerung der Annahme der Beschwerde der offenen Aktiengesellschaft Elektrizitätsnetze Pjatigorsk wegen Verletzung der Grundrechte und Freiheiten durch die Vorschriften des Art. 6 des Föderalen Gesetzes „Über die Besonderheiten des Funktionierens der Elektrizitätswirt-

Die Klägerin wies darauf hin, dass das gesetzliche Verbot einer gleichzeitigen Ausübung monopolistischer und wettbewerbsbasierter elektrizitätswirtschaftlicher Tätigkeiten wesentliche Beeinträchtigungen der Rechte von Aktionären, eine geminderte Ertragsfähigkeit und Liquidität deren Aktien nach der Unternehmensaufspaltung bewirken sowie unlauteren Wettbewerb begünstigen könne. Folglich verstoße Art 6 ÜbergangsG gegen Art. 8 Abs. 1, Art. 15 Abs. 1, Art. 34 Abs. 2, Art. 35 Abs. 2 und 3, Art. 55 Abs. 2 sowie Art. 76 Abs. 3 der Russischen Verfassung.[364] In diesen Vorschriften handelt es sich insbesondere um die Unternehmensfreiheit, das Verbot monopolistischer Tätigkeiten und unlauteren Wettbewerbs sowie die Eigentumsgarantie.

Das Verfassungsgericht setzte sich mit den gestellten Fragen nicht auseinander, indem er die Annahme der Klage verweigerte. Als Begründung wies er darauf hin, dass das Gericht gemäß dem, seinem Funktionieren zu Grunde liegenden Föderalen Verfassungsgesetz „Über das Verfassungsgericht der Russischen Föderation" nur befugt ist, über Rechtsfragen zu entscheiden. Über Tatsachenfragen, unter anderem solchen, die sich im Zuständigkeitsbereich anderer Gerichte befinden, habe es keine Jurisdiktion (Art. 3 Abs. 3 und 4 des Gesetzes über das Verfassungsgericht[365]).[366]

Dem Schluss des Verfassungsgerichts kann man nicht ohne weiteres zustimmen. Nach unserer Meinung wurden die Fragen von der Klägerin zutreffend formuliert. In der Verfassungsbeschwerde handelt es nicht darum, ob die geltenden Entflechtungsregelungen den wirtschaftlichen Zielen entsprechen bzw. ob sie tatsächlich geeignet sind, den Wettbewerb im Elektrizitätssektor effektiv zu fördern. Vielmehr geht die Frage dahin, ob die gesetzlich angeordneten Ein-

---

schaft in der Übergangszeit und über Änderungen einiger Gesetzesakten der Russischen Föderation und das Unwirksamwerden einiger Gesetzesakten der Russischen Föderation im Zusammenhang mit der Annahme des Föderalen Gesetzes "Über die Elektrizitätswirtschaft"" [Opredelenie Konstitucionnogo Suda RF «Ob otkaze v prinjatii k rassmotreniju žaloby otkrytogo akcionernogo obščestva „Pjatigorskie ėlektričeskie seti" na narušenie konstitucionnyh prav i svobod položenijami stat'i 6 Federal'nogo zakona „Ob osobennostjach funkcionirovanija ėlektroėnergetiki v perechodnyj period i o vnesenii izmenenij v nekotorye zakonodatel'nye akty Rossijskoj Federacii i priznanii utrativšimi silu nekotorych zakonodatel'nych aktov Rossijskoj Federacii „Ob ėlektroėnergetike"] vom 8.2.2007 N 274-O-O, abrufbar unter: http://www.ksrf.ru:8081/SESSION/S__f8m7lVCL/PILOT/main.html

364 Ebenda, Tz. 1 Abs. 3.

365 Föderales Verfassungsgesetz "Über das Verfassungsgericht der Russischen Föderation" [Federal'nyj konstitucionnyj zakon "O Konstitucionnom Sude Rossijskoj Federacii"] vom 21.07.1994 Nr. 1-FKZ, zuletzt geändert am 28.12.2010, SZ RF vom 27.7.1994, Nr. 13, Pos. 1447. Im Folgenden: Gesetz über das Verfassungsgericht.

366 Feststellung des Verfassungsgerichts vom 8.2.2007 N 274-O-O, Tz. 3 Abs. 2.

schränkungen auf die Tätigkeit von Elektrizitätsunternehmen mit den verfassungsrechtlich verankerten Grundrechten und Freiheiten vereinbar sind. Um diese Frage zu beantworten, ist allerdings eine Abwägung zwischen der Unternehmensfreiheit, der Eigentumsgarantie und gegebenenfalls dem Verbot unlauteren Wettbewerbs einerseits und dem Verbot monopolistischer Tätigkeiten erforderlich. Für diese Abwägung kann es unter anderem darauf ankommen, inwieweit die konkreten Maßnahmen zur Wettbewerbsförderung in die betroffenen Grundrechte und Freiheiten eingreifen, aber auch ob diese Maßnahmen für die Zwecke der Wettbewerbsförderung geeignet, notwendig und angemessen sind. Der Aspekt der wirtschaftlichen Effizienz ist hier tatsächlich vorhanden, jedoch nicht vorrangig. Dessen Klärung ist nebensächlich zur eigentlichen Rechtsfrage über das Verhältnis zwischen der Unternehmensfreiheit bzw. Eigentumsgarantie und dem Ziel der Wettbewerbsförderung.

In diesem Zusammenhang sei angemerkt, dass das Bundesverfassungsgericht über ausreichende Mittel zur Klärung der für das Verfahren relevanten Tatfragen verfügt. Gemäß Art. 49 des Gesetzes über das Verfassungsgericht kann der berichterstattende Richter (d. h. das Gericht auf eigener Initiative) bei der Vorbereitung der mündlichen Verhandlung erforderliche Prüfungen, Recherchen, Fachgutachten beauftragen, Sachverständigenberatung einholen sowie Anfragen stellen. Auf diese Mittel hätte das Verfassungsgericht zur Ermittlung ökonomischer Auswirkungen der Entflechtung für die Elektrizitätswirtschaft durchaus zugreifen können. Eine andere Alternative wäre, eine bedingte Antwort zu geben. Ohne auf die wirtschaftliche Effizienz des Unbundling einzugehen, hätte das Gericht sich trotzdem über die verfassungsrechtliche Vereinbarkeit des Art. 6 ÜbergangsG äußern können, gestellt ihren nachgewiesenen Beitrag zur Wettbewerbsförderung. Die Ermittlung spezieller wettbewerbsrechtlicher Fragen wäre den Arbitragegerichten überlassen bzw. deren Zuständigkeit nicht entzogen.

Allerdings verweigert das Russische Verfassungsgericht typischerweise die Annahme unter anderem. solcher Beschwerden, in denen politische oder wirtschaftliche Aspekte im Vordergrund stehen. In der Literatur wird dies als einer der häufigsten Ablehnungsgründe bezeichnet.[367] Daneben sei angemerkt, dass das Gericht in mehreren anderen Fällen von diesem Ansatz der politischen Neutralität absah bzw. sich in konkrete Auseinandersetzungen zwischen den obersten

---

367 Siehe: *Vitruk*, Die Verfassungsrechtspflege. Das Recht und Verfahren der Verfassungsgerichtsbarkeit, S. 358.

Verfassungsorganen einmischte. In dieser Untersuchung soll auf dieses staatsrechtliches Problem nicht weiter eingegangen werden.[368]

bb) Rechtssache Flugzeugreparaturwerk Nr. 123

Zu erwähnen ist außerdem eine weitere Klage mit einem sehr ähnlichen Sachverhalt.[369] Das Flugzeugreparaturwerk Nr. 123 stellte im Zusammenhang mit einer gegen ihn aufgrund Art. 6 ÜbergangsG ergangenen Entflechtungsverfügung vor dem Verfassungsgericht die Frage nach der Vereinbarkeit dieser Vorschrift mit Art. 8, 34 sowie Art. 55 Abs. 2 und 3 der Russischen Verfassung. Die Beschwerde wurde deswegen nicht angenommen, weil bis dahin ein Berufungsgericht die umstrittene behördliche Verfügung vom Berufungsgericht als unwirksam bzw. rechtswidrig erklärte und die Rechte und Interessen der Klägerin somit ausreichend geschützt wurden.

cc) Rechtssache Gelman

Eine andere Perspektive vertritt die Klage des Minderheitsaktionärs von RAO EES M.M. Gelman, die sich insbesondere auf Art. 4 ÜbergangsG und Art. 30 ff. EltWG (Bestimmungen über den Großhandelsmarkt für Elektrizität) bezog.[370]

---

368 Für eine ausführliche Analyse zum Thema der Politisierung der Verfassungsgerichtsbarkeit siehe bspw.: *Sergeev, D.N.*: Konstitucionnoe pravosudie v Rossii: Politiko-pravovoe issledovanie [Die Verfassungsrechtspflege in Russland: Eine politikwissenschaftlich-rechtliche Studie] [Diss.], Moskau, 2006.

369 Feststellung des Verfassungsgerichts der RF über die Annahmeverweigerung der Beschwerde von OAO „Flugzeugreparaturwerk Nr. 123" wegen Verletzung der Grundrechte und Freiheiten durch die Vorschriften des Art. 6 des Föderalen Gesetzes „Über die Besonderheiten des Funktionierens der Elektrizitätswirtschaft in der Übergangszeit und über Änderungen einiger Gesetzesakten der Russischen Föderation und das Unwirksamwerden einiger Gesetzesakten der Russischen Föderation im Zusammenhang mit der Annahme des Föderalen Gesetzes "Über die Elektrizitätswirtschaft"" [Opredelenie Konstitucionnogo Suda RF „Ob otkaze v prinjatii k rassmotreniju žaloby OAO "123 aviacionnyj zavod" na narušenie konstitucionnyh prav i svobod položenijami stat'i 6 Federal'nogo zakona "Ob osobennostjach funkcionirovanija ėlektroėnergetiki v perechodnyj period i o vnesenii izmenenij v nekotorye zakonodatel'nye akty Rossijskoj Federacii i priznanii utrativšimi silu nekotorych zakonodatel'nych aktov Rossijskoj Federacii "Ob ėlektroėnergetike""] vom 19.2.2009 Nr. 161-O-O.

370 Entscheidung des Verfassungsgerichts der RF vom 24.5.2005 Nr. 173-O über die Abweisung der Beschwerde des Bürgers Gelman, Moisej Meerowitsch, wegen Verstoßes gegen seine Grundrechte durch die Vorschriften des Kapitels 6 des Föderalen Gesetzes über die Elektrizitätswirtschaft, Art. 4 des Föderalen Gesetzes über die [...] Übergangszeit während der Elektrizitätswirtschaftsreform" [Opredelenie Konstitucionnogo Suda

Behauptet wurde ihre Unvereinbarkeit mit Art. 7[371], Art. 8, Art. 19 Abs. 2[372], Art. 34 Abs. 2, Art. 35 Abs. 2 und 3, Art. 55 Abs. 2 und 3, Art. 71 lit. i und Art. 76 Abs. 1-3 der Russischen Verfassung. Die Beschwerde wurde mangels Nachweises eines konkreten Verstoßes gegen die Grundrechte und Freiheiten der Klägerin abgewiesen. In der Tat war die Klage nicht ganz klar argumentiert und hatte eher einen politischen, als einen juristischen Charakter.[373] Auf Presseäußerungen[374] lässt sich schließen, dass der Status eines Minderheitsaktionärs in diesem Falle genutzt wurde, um die Öffentlichkeit auf den Standpunkt der Gegner der Elektrizitätswirtschaftsreform aufmerksam zu machen. Die Sonderregelungen in Art. 4 ÜbergangsG verdienen hier unter verfassungsrechtlichen Gesichtspunkten trotzdem Aufmerksamkeit.

b) Stellungnahme

Indem das Verfassungsgericht sich weigerte, die Verfassungsbeschwerde der Elektrizitätswerke Pjatigorsk zu verhandeln, blieb die Frage nach der Verfassungsmäßigkeit des Unbundling der russischen Elektrizitätswirtschaft offen. Währenddessen wird dieses Problem noch mehr an Bedeutung gewinnen, wenn die Umsetzungsfrist für eine eigentumsmäßige Entflechtung abläuft, die noch mehr in die Eigentumsrechte Privater eingreift. Es bleibt abzuwarten, welche rechtliche Lösung diese Probleme in der Praxis finden werden. Einige Wertungsansätze lassen sich allerdings aufgrund einer Abwägung der relevanten verfassungsrechtlichen Normen formulieren.

Bei Beurteilung des Unbundling in der russischen Elektrizitätswirtschaft aus der verfassungsrechtlichen Sicht sind zwei Aspekte auseinanderzuhalten: erstens, das Verbot gleichzeitiger Betätigung in den wettbewerbsfähigen und Mo-

---

RF „Ob otkaze v prinjatii k rassmotreniju žaloby graždanina Gel'mana Moiseja Meeroviča na narušenie ego konstitucionnych prav položenijami glavy 6 Federal'nogo zakona „Ob ėlektroėnergetike“, stat'i 4 Federal'nogo zakona „Ob osobennostjach funkcionirovanija ėlektroėnergetiki [...]].

371 Sozialstaatsprinzip.

372 Gleichheitsgrundsatz.

373 Siehe die Beschwerde an das Verfassgungsgericht der RF von dem Aktionär der RAO EES Russlands M.M. Gelman wegen Verletzung seiner Vermögensrechte [...] [Žaloba v kontitucionnyj sud RF ot akcionera RAO „EĖS Rossii“ Gel'mana M.M. na narušenie pri reformirovanii RAO „EĖS Rossii“ moich imuščestvennych prav ...], abrufbar unter: http://www.zlev.ru/51_46.htm

374 *Gurkina,* Die Elektrizitätswirtschaftsreform: der Aufstand eines Minderheitsaktionärs. Der Minderheitsaktionär von RAO EES Moisej Gelman will die Reform umkehren, in: Zeitung „Promyšlennye vedomosti, Nr. 16, November 2004. http://www.promved.ru/articles/article.phtml?id=246&nomer=11

nopoltätigkeiten in der Stromwirtschaft und damit verbundener eventueller Bedarf nach Umstrukturierung, einschließlich Veräußerung von Unternehmensteilen, und zweitens – die gesetzlich vorgesehenen Sondervorschriften zum Entscheidungsverfahren in den Leitungsgremien der vor der Reform bestehenden Stromversorgungsaktiengesellschaften, aufgrund deren die Entflechtung der staatlich beherrschten Holding RAO EES vollzogen wurde.

aa) Verbot gleichzeitiger Tätigkeiten im Monopol- und Wettbewerbsbereich

Beim gesetzlichen Verflechtungsverbot geht es, wie soeben ausgeführt, um Einschränkung unternehmerischer Freiheit. Sie äußert sich darin, dass das Unternehmen daran gehindert wird, ein Geschäftsmodell umzusetzen, bei dem es gleichzeitig in der Stromerzeugung bzw. –vertrieb und im Stromtransport tätig wird. Insbesondere im Hinblick auf das Verflechtungsverbot für affiliierte Personen und Personengruppen kommt ein Eingriff ins Eigentumsrecht hinzu, da es für ein vertikal integriertes Unternehmen unter Umständen die Notwendigkeit bedeuten kann, seine Unternehmensteile zu veräußern.

Laut Art. 55 der Verfassung ist eine Einschränkung der Grundrechte und –freiheiten nur durch ein Föderalgesetz zulässig und nur insoweit dies zum Schutz von Grundlagen der Verfassungsordnung, der Moral, der Gesundheit, der Rechte und rechtmäßiger Interessen anderer Personen sowie zur Gewährleistung nationaler Verteidigung und Sicherheit erforderlich ist. Es wird also ein Verhältnismäßigkeitsgrundsatz eingeführt („soweit erforderlich"). Als Rechtfertigung der Einschränkung der unternehmerischen Freiheit und der Eigentumsrechte von Stromversorgungsunternehmen durch die Einführung des Verbots gleichzeitiger Betätigung in den wettbewerbsfähigen und Monopolbereichen der Elektrizitätswirtschaft kommt der Schutz von Rechten und rechtmäßigen Interessen anderer Personen zum Tragen. Dies sind vor allem das Interesse von Stromversorgungsunternehmen an einer diskriminierungsfreien Nutzung der Stromnetze sowie das damit zusammenhängende Interesse von Stromverbrauchern an einer preisgünstigen Stromversorgung.

Entsprechende, gegeneinander abzuwägende Rechtsgüter sind unmittelbar nebeneinander in den jeweiligen Normen der Verfassung festgeschrieben. Art. 8 Abs. 1 der Verfassung, in der die Freiheit der wirtschaftlichen Betätigung verankert ist, garantiert gleichzeitig einen freien Waren- und Dienstleistungsverkehr im Binnenmarkt sowie die Förderung des Wettbewerbs. Art. 34 der Verfassung zur unternehmerischen Freiheit verbietet auf Monopolisierung abzielende wirtschaftliche Aktivitäten.

Vor dem Hintergrund der volkswirtschaftlichen Erkenntnis, dass eine Quersubventionierung zwischen dem Vertrieb und dem Netzbetrieb nur durch die Verpflichtung zur getrennten Rechnungslegung nicht wirksam kontrolliert bzw. unterbunden werden kann und dass eine bloße rechtliche Entflechtung zur Sicherstellung tatsächlicher Unabhängigkeit des Netzbetreibers nicht ausreicht, erscheint die mit der Vorschrift in Art. 6 ÜbergangsG bewirkte Einschränkung der Rechte betroffener Unternehmen angemessen, wie dies in Art. 55 Abs. 3 der Verfassung gefordert wird.

Dieses Ergebnis entspricht der Stellung in vielen anderen Rechtsordnungen, in denen gesetzliche Maßnahmen zur Liberalisierung und Entflechtungsmaßnahmen in der Stromwirtschaft eingeführt wurden. Besonders trifft dies auf Deutschland zu, dessen Grundgesetz einen maßgeblichen Einfluss auf die Russischen Verfassung ausübte, was weitgehende Ähnlichkeiten in der Regelung von Grundrechten in beiden Ländern erklärt.

bb) einfache Mehrheitsentscheidungen

Ein Problem der verfassungsrechtlichen Konformität kann außerdem in den in Art. 4 ÜbergangsG festgelegten Sondervorschriften zum Entscheidungsverfahren für die Reorganisation von RAO EES und ihren Tochtergesellschaften erblickt werden. Durch das Herabsetzen der Stimmenmehrheit könnten die Bestimmungsrechte der Minderheitsaktionäre von RAO EES und ihren Tochtergesellschaften eingeschränkt worden sein. Zwar ist ein wesentliches inhaltliches Element der Entscheidungen, für die einfache Stimmenmehrheit gilt, gesetzlich vorgegeben. Dank der proportionalen Aktienverteilung an den neu gegründeten Gesellschaften wurde den Minderheitsaktionären ein Mindestschutz ihrer Rechte geboten, indem der Status quo der Kapitalanteile beibehalten wurde. Jedoch ist darauf hinzuweisen, dass die besprochene gesetzliche Sonderregelung es dem Staat erlaubte, die Minderheitsaktionäre aus der Entscheidungsfindung über alle anderen Bedingungen der Umwandlung auszuschließen. Die Angemessenheit bzw. Notwendigkeit zum Erreichen der Unbundling-Ziele erscheint in diesem Falle grenzwertig.

III. Kontrolle über die Einhaltung der Entflechtungsregelungen

Die Besprechung geltender Entflechtungsvorschriften für die Elektrizitätswirtschaft wäre unvollständig, ohne dass auf die Mechanismen zu deren Durchsetzung eingegangen wird.[375] Erst dann können potenzielle Probleme bei der Anwendung erblickt bzw. die Effizienz der rechtlichen Vorgaben umfassend beurteilt werden. Während vorgehend der Regelungsgehalt der Unbundling-Vorgaben erörtert wurde, behandelt dieses Kapitel Instrumente zu deren Durchsetzung. Im Vordergrund werden insbesondere die zuständigen Aufsichtsbehörden, das Verfahren zur Feststellung einer Nichteinhaltung der Entflechtungsvorschriften sowie die entsprechenden Sanktionen stehen.

1. Die zuständige Behörde

a) Zuständigkeit der Kartellbehörde

In Russland ist die Kontrolle im Bereich der Entflechtung, anders als bei den vorgehend dargestellten deutschen Regelungen, rechtssystematisch ausgesondert. Art. 6 ÜbergangsG mit den wichtigsten Entflechtungsvorgaben regelt auch deren Durchsetzung. Art. 6 Pkt. 15 ÜbergangsG überlässt es der Föderalen Regierung, die zuständige Aufsichtsbehörde für die Einhaltung dieses Artikels zu bestimmen. Auf dieser Grundlage erging die Regierungsverordnung, durch welche die Föderale Antimonopolbehörde (im Folgenden bezeichnet mit der russischen Abkürzung „FAS") zur Kontrolle über die Einhaltung des Unbundling (Pkt. 4), insbesondere zur Anordnung zwangsweiser Entflechtungen (Pkt. 2), befugt wurde und Regeln zur Ausübung dieser Kontrolle festgelegt wurden.[376] Dementsprechend ist in der Verordnung über die Föderale Antimonopolbehörde[377] unter deren Aufsichts- und Kontrollbereichen auch die elektrizitätswirtschaftliche Entflechtung genannt (Pkt. 5.3.1.10 FAS-Ordnung).

Die russische Föderale Antimonopolbehörde ist eine Kartellbehörde mit normsetzender und ausführender Funktionen.[378] Sie erlässt im Rahmen ihrer Zuständigkeit Rechtsverordnungen und übt die allgemeine kartellrechtliche Kontrolle und Aufsicht auf den Waren- und Finanzmärkten sowie in den Bereichen natürlicher Monopole und der Gesetze über Werbung (Unlauterkeitsrecht) aus – Pkt. 1 FAS-Ordnung. Insbesondere handelt es sich dabei um die Kontrolle über

375 Vgl. *Möschel*, Das Instrument der Entflechtung im Kontext des deutschen und europäischen Wettbewerbsrechts: ein Vorschlag zur Ausgestaltung, S. 2.

376 Siehe UnbundlingKontrollVO.

377 Ordnung der Föderalen Antimonopolbehörde, genehmigt durch die Verordnung der Föderalen Regierung [Položenie o Federal'noj antimonopol'noj službe, utv. Postanovleniem Pravitel'stva Rossijskoj Federacii] vom 30.6.2004 Nr. 331, zuletzt geändert am 15.6.2010, SZ RF vom 2.8.2004, Nr. 31, Pos. 3259. Im Folgenden: FAS-Ordnung.

378 Näher zu den russischen Kartellbehörden siehe *Timofeeva* in: Säcker (Hrsg.), Handbuch zum deutsch-russischen Energierecht, S. 587 ff.

Wettbewerbsbeschränkungen einschließlich Preiskontrolle, die Feststellung bzw. Kontrolle über eventuellen Missbrauch marktbeherrschender Stellung, Genehmigung von Fusionen sowie Aufsicht über wettbewerbsrelevantes Handeln der öffentlichen Hand –Pkt. 5 FAS-Ordnung.

Es sei angemerkt, dass in Russland auch eine Regulierungsbehörde existiert – die Föderale Tarifbehörde (im Folgenden bezeichnet mit der russischen Abkürzung „FST"). FST ist für die Preis- bzw. Tariffestsetzung sowie für die Regulierung natürlicher Monopole, insbesondere in den Bereichen Elektrizität, Gas, Eisenbahn und Telekommunikation, zuständig.[379]

Obwohl die Kontrolle über Unbundling der FAS obliegt – und nicht etwa, wie in Deutschland, der Regulierungsbehörde – wird sie in der Verwaltungspraxis als eine besondere Kompetenz verstanden, die von der allgemeinen kartellrechtlichen Kontrolle zu unterscheiden ist. FAS wies in einem Auslegungsdokument – Schreiben des FAS-Leiters[380] – speziell darauf hin, dass die Umwandlung im Rahmen der Unbundling-Kontrolle gemäß Art. 6 Pkt. 11 ÜbergangsG keinen Unterfall der allgemeinen Missbrauchsaufsicht i. S. d. Art. 38 Pkt. 1 WettbG-2006, sondern einen Sonderfall der Kontrolle darstellt. Ihr läge kein Verstoß gegen das Kartellrecht zugrunde. Dementsprechend sei der Tatbestand von Art. 6 Pkt. 11 ÜbergangsG nicht nach den allgemeinen Regeln des Wettbewerbsgesetzes von 2006 festzustellen.[381]

In Art. 38 Pkt. 1 WettbG-2006 ist die Befugnis der Aufsichtsbehörde vorgesehen, die Umwandlung eines Unternehmens anzuordnen, wenn es seine marktbeherrschende Stellung missbraucht. Art. 6 Pkt. 11 ÜbergangsG begründet dieselbe Befugnis im Falle einer Nichteinhaltung der Entflechtungsvorschriften im Bereich der Stromwirtschaft. Auf den Inhalt dieser Gesetzesnormen und die rechtliche Natur der behördlichen Anordnung wird noch im Weiteren eingegangen. Allerdings lässt sich bereits jetzt feststellen, dass die Tatbestände der beiden Artikel erhebliche Unterschiede aufweisen.

---

379 Näher zu den russischen Regulierungsbehörden siehe *Izotova* in: Säcker (Hrsg.), Handbuch zum deutsch-russischen Energierecht, S. 581 ff. Siehe auch Ordnung der Föderalen Tarifbehörde, genehmigt durch die Verordnung der Regierung der Russischen Föderation [Položenie o Federal'noj službe po tarifam, utv. Postanovleniem Pravitel'stva Rossijskoj Federacii] vom 30.6.2004 Nr. 332, zuletzt geändert am 29.10.2010, SZ RF vom 19.7.2004, Nr. 29, Pos. 3049.

380 Schreiben der Föderalen Antimonopolbehörde an den Leiter der Abteilung der Föderalen Antimonopolbehörde im Gebiet Nizhnij Nowgorod, Herrn G.N.Gudkov „Zur Entflechtung wettbewerbsbasierter und monopolistischer Tätigkeiten in der Elektrizitätswirtschaft" [Pis'mo FAS rukovoditelju Upravlenija FAS Rossii po Nižegorodskoj oblasti G.N.Gudkovu „Voprosy razdelenija konkurentnyh i estestvenno-monopol'nyh vidov dejatel'nosti v elektroenergetike"] vom 1.1.2006 Nr. IA/20502.

381 Ebenda. Tz. 3.1.

Art. 38 Pkt. 1 WettbG-2006 setzt voraus, dass es sich, erstens, um ein marktbeherrschendes Unternehmen handelt, das – zweitens – systematisch eine monopolistische Tätigkeit[382] ausübt. Für eine zwangsweise Umwandlung von Elektrizitätsunternehmen gemäß Art. 6 Pkt. 11 ÜbergangsG müssen diese zwei Voraussetzungen dagegen nicht vorliegen. Die Regelungen des Art. 6 Pkt. 11 ÜbergangsG besitzen vielmehr einen formellen Charakter und schreiben ein Verbot gleichzeitiger Tätigkeiten in den Monopol- und Wettbewerbsbereichen für juristische Personen und später für affiliierte Personen und Personengruppen vor, das grundsätzlich für alle Elektrizitätsunternehmen gilt. Auf die eventuelle Marktmacht und das Verhalten des betroffenen Unternehmens kommt es dabei nicht an.[383]

Darüber hinaus ist eine der Voraussetzungen für die zwangsweise Umwandlung nach allgemeinem Kartellrecht, dass kein technologischer Zusammenhang zwischen den voneinander zu trennenden Abteilungen des Unternehmens besteht (Art. 38 Pkt. 2 Abs. 2 WettbG-2006). Im Falle der Entflechtung von Stromversorgungsunternehmen nach Art. 6 ÜbergangsG ist diese Voraussetzung *per se* nicht erfüllt, da die Stromerzeugung und Stromübertragung bzw. -verteilung technisch unmittelbar miteinander zusammenhängen. Angesichts dieser Unterschiede kann die Umwandlung von Stromversorgungsunternehmen dogmatisch nicht der allgemeinen wettbewerbsrechtlichen Kontrolle gemäß Art. 38 Abs. 1 WettbG-2006 als deren Unterfall zugeordnet werden.

Ein weiterer Unterschied besteht darin, dass es sich im Art. 38 WettbG-2006 um eine Umwandlung aufgrund einer Gerichtsentscheidung und in der speziellen energierechtlichen Vorschrift des Art. 6 ÜbergangsG – um eine Umwandlung durch eine behördliche Anordnung handelt. (In der allgemeinen Vorschrift über zwangsweise Umwandlungen – Art. 57 Abs. 2 ZGB – werden diese zwei Fälle ausdrücklich benannt bzw. voneinander unterschieden.) Bei der Feststellung systematischer monopolistischer Tätigkeiten eines marktbeherrschenden Unternehmens erhebt die Kartellbehörde unmittelbar vor Gericht eine Klage auf Umwandlung. Wenn ein Verstoß gegen die energierechtlichen Entflechtungsvorschriften vorliegt, fordert die Behörde zunächst das Unternehmen auf, Maßnahmen zur Einstellung des Verstoßes zu ergreifen. Erst wenn das Unternehmen die Anordnung fristgemäß nicht erfüllt hat, klagt FAS vor Gericht auf Umwandlung durch einen externen Verwalter gemäß Art. 57 Pkt. 2 Abs. 2 ZGB.

382 Die monopolistische Tätigkeit wird im russischen Gesetz über den Schutz des Wettbewerbs wie folgt definiert: ein Missbrauch der marktbeherrschenden Stellung, eine kartellrechtswidrige Absprache, aufeinander abgestimmte Verhaltensweisen oder sonstige Handlungen bzw. Unterlassen, die im Gesetz als monopolistische Tätigkeit bezeichnet werden (Art. 4 Pkt. 10 WettbG-2006).

383 *Baev*, Ėnergorynok, 2004, Nr. 3, S. 49 f.

Insofern ist der Stellung der Föderalen Antimonopolbehörde zuzustimmen.[384] Die russische Behörde greift somit eine grundlegende Frage für das Verständnis des Wesens energierechtlicher Entflechtungsvorschriften auf. Ähnlich wird das Verhältnis zwischen dem Unbundling und dem allgemeinen Kartellrecht auch in Deutschland verstanden. Auch hier wird die behördliche Aufsicht über die Einhaltung der Entflechtungsvorgaben als „spezifisch regulierungsrechtlicher Rechtsschutz“[385] betrachtet.

b) Kompetenzabgrenzung zwischen der zentralen und den örtlichen Behörden

Gemäß Art. 71 der Russischen Verfassung befinden sich die Festlegung rechtlicher Grundlagen des Binnenmarktes, die Grundlagen der Preispolitik (lit. g) sowie die föderalen elektrischen Systeme, Kernenergie und föderaler Transport (lit. i) in der ausschließlichen Kompetenz der Föderation. Dabei beinhaltet der Begriff der rechtlichen Grundlagen des einheitlichen Marktes insbesondere die Wettbewerbsförderung, die Kartellgesetzgebung und die Wettbewerbskontrolle.[386] Folglich befindet sich die Kartellregulierung und -kontrolle in Russland in der ausschließlichen Kompetenz der Föderation.[387] Dementsprechend sind alle Kartellbehörden, im Gegenteil zu Deutschland, föderale Organe.

384 Vgl. Entscheidung des Föderalen Arbitragegerichts des Kreises Wolga-Wjatka [Postanovlenie Federal'nogo arbitražnogo suda Volgo-Vjatskogo okruga] vom 29.10.2008 in Rs. Nr. A28-3924/2008-117/12. Das Gericht befand als falsch die erstinstanzliche Auffassung, dass für den Erlass einer energierechtlichen Entflechtungsanordnung objektive Voraussetzungen für eine tatsächlich mögliche Ausgliederung bzw. Aufspaltung des Vermögens, insbesondere die Voraussetzungen in Art. 38 WettbG-2006 erfüllt werden müssen.

385 *Antweiler/Nieberding*, NJW 2005 3673, 3673. Vgl. auch bspw. Sondergutachten 58 der Monopolkommission „Gestaltungsoptionen und Leistungsgrenzen einer kartellrechtlichen Unternehmensentflechtung“, Abs. 35 f.

386 Siehe Pkt. 2 Abs. 2 der Feststellung des Verfassungsgerichtes der RF auf Anfrage des Handelsgerichts des Gebiets Kostroma über die Überprüfung der Verfassungsmäßigkeit der Vorschriften von Art. 12 Abs. 3 des Gesetzes der Russischen Föderation über den Wettbewerb und die Beschränkung monopolistischer Tätigkeiten auf Warenmärkten [Opredelenie Konstitucionnogo Suda RF „Po zaprosu Arbutražnogo suda Kostromskoj oblasti o proverke konstitucionnosti položenij abzaca 3 stat'i 12 'i 12 Zakona Rossijskoj Federacii „O konkurencii i ograničenii monopolističeskoj dejatel'nosti na tovarnych rynkach“] vom 16.11.2000 Nr. 237-O.

387 *Bagandov*, Die Verfassungsgrundlagen der Organisation und Tätigkeit der Kartellbehörden, S. 127-128.

An der Spitze der russischen Kartellbehörden steht die Föderale Antimonopolbehörde. Dieser sind örtliche Abteilungen untergeordnet, die ebenfalls zur föderalen Ebene gehören und deren räumliche Zuständigkeit den Gebieten eines oder mehrerer Föderationsmitglieder entspricht (Pkt. 3 der Ordnung des örtlichen Organs der FAS[388]). Die Kompetenzabgrenzung zwischen der zentralen und den örtlichen Behörden ist in der Ordnung des örtlichen Organs der FAS festgelegt. Gemäß Pkt. 4.1.3. der Ordnung sind die örtlichen Organe im Energiebereich für Strom, Wärme- und Gasverteilernetze zuständig (Übertragungsnetze sind von ihrer Kompetenz folglich nicht umfasst). Ferner überwachen sie die Einhaltung der Standards der Informationsoffenlegung durch Elektrizitätsunternehmen[389] – Pkt. 4.1.3. lit. i.

In der Praxis wird über die Berechtigung zu einer Freistellung vom Unbundling gemäß Art. 6 Pkt. 9 ÜbergangsG ausschließlich von der FAS entschieden. Die örtlichen Abteilungen dürfen lediglich Bescheide von Unternehmen gemäß Pkt. 2 lit. a UnbundlingKontrollVO annehmen und an den zentralen Apparat weiterleiten. Darüber hinaus fordern sie gemäß Pkt. 2 lit. b UnbundlingKontrollVO bei Elektrizitätsunternehmen Informationen an, überprüfen die Umsetzung der Entflechtung und ordnen gegebenenfalls Umwandlungen gemäß Art. 6 Pkt. 11 ÜbergangsG an. Dabei können auch diese Aufgaben in einzelnen Fällen von der zentralen Behörde übernommen werden.[390] Insgesamt liegt also die Kontrolle über die Einhaltung der energiewirtschaftlichen Entflechtung maßgeblich im Zuständigkeitsbereich der zentralen Antimonopolbehörde, wobei die örtlichen Abteilungen ein Monitoring ihrer Umsetzung durchführen.[391] Im Vergleich zu Deutschland lässt es sich insgesamt von einer größeren Kompetenzzentralisierung sprechen. Jedenfalls im Rahmen der russischen Rechtsordnung ist sie positiv zu beurteilen, da so eine einheitliche und unparteiliche Rechtsanwendung besser gewährleistet werden kann.

---

388 Die Ordnung des territorialen Organs der Föderalen Antimonopolbehörde, genehmigt durch die Anordnung der Föderalen Antimonopolbehörde [Položenie o territorial'nom organe Federal'noj antimonopol'noj služby, utv. Prikazom Federal'noj antimonopol'noj služby] vom 15.12.2006 Nr. 324, zuletzt geändert am 5.7.2010, Bjulleten' normativnych aktov federal'nych organov ispolnitel'noj vlasti, Nr. 11 vom 12.3.2007.

389 Vgl. dazu Abschnitt B. II. 6. a) aa).

390 Pis'mo FAS rukovoditelju Upravlenija FAS Rossii po Nižegorodskoj oblasti G.N. Gudkovu „Voprosy razdelenija konkurentnyh i estestvenno-monopol'nyh vidov dejatel'nosti v elektroenergetike" (Schreiben der Föderalen Antimonopolbehörde an den Leiter der Abteilung der Föderalen Antimonopolbehörde im Gebiet Nizhnij Nowgorod, Herrn G.N.Gudkov „Zur Entflechtung wettbewerbsbasierter und monopolistischer Tätigkeiten in der Elektrizitätswirtschaft") vom 1.1.2006 Nr. IA / 20502. – Ziff. 1.

391 *Pirożenko*, Zum Monitoring der Entflechtung in der Elektrizitätswirtschaft.

c) sachlicher Umfang der Kontrollbefugnisse

Die Regeln zur Kontrolle über Unbundling erfassen lediglich die Aufsicht über die Einhaltung des Verbotes einer gleichzeitigen Ausübung wettbewerbsbasierter und Monopoltätigkeiten in der Stromwirtschaft sowie die Einhaltung der Besonderen Vorgaben für Unternehmen, die in beiden Bereichen überwiegend zur Deckung des eigenen Produktionsbedarfs tätig und aufgrund Art. 6 Pkt. 9 Abs. 6 ÜbergangsG von der Entflechtung ausgenommen sind. Somit sind nur die Vorschriften über die rechtliche und eigentumsmäßige Entflechtung erfasst, nicht jedoch die buchhalterische Entflechtung und Informationsoffenlegung[392]. Allerdings sind diese Aspekte angesichts der Ausnahmen gemäß Art. 6 Pkt. 9 ÜbergangsG von Bedeutung.

Die Kontrollbefugnisse in Bezug auf die buchhalterische Entflechtung und den Informationsaspekt werden durch andere Gesetzesvorschriften begründet. Die Aufsichtsbefugnisse in Bezug auf die Einhaltung der Veröffentlichungspflichten nach den Standards der Informationsoffenlegung sind der Föderalen Antimonopolbehörde und der Föderalen Tarifbehörde sowie ihren örtlichen Organen „im Rahmen ihrer Befugnisse“ eingeräumt – vgl. Pkt. 2 der Regierungsverordnung zur Festlegung der Standards i. V. m. Art. 21 Pkt. 2 Abs. 28 EltWG. Eine genaue Kompetenzabgrenzung wird nicht näher festgelegt. Auch die Verhandlung von Beschwerden wegen Informationsverweigerung durch auf den Strommärkten tätige Unternehmen wird entsprechend Pkt. 7 InformationsVO auf beide Behörden[393] auferlegt. Es ist davon auszugehen, dass die Kartellbehörden für die Informationsoffenlegung in den wettbewerbsfähigen Bereichen und die Regulierungsbehörden – gegebenenfalls zusätzlich[394] – für die in natürlichen Monopolbereichen tätige Unternehmen zuständig sind.

392 Die bedingte Relevanz der Veröffentlichungspflichten von Netzbetreibern nach den Standards der Informationsoffenlegung im Kontext der Entflechtung wird in Abschnitt B. II. 6. a) aa) erläutert.

393 In Bezug auf das Verfahren vor den Antimonopolbehörden gelten die von der FAS erlassenen Regeln zur Verhandlung vor der Antimonopolbehörde von Beschwerden wegen Verweigerung von Informationen gemäß den Offenlegungsstandards, genehmigt durch Anordnung der FAS [Pravila rassmotrenija antimonopol'nymi organami zajavlenij ob osparivanii otkaza sub''ektami optovogo i rozničnych rynkov èlektričeskoj ènergii v predostavlenii zainteresovannzm licam informacii, perdusmotrennoj standartami eë raskrytija, utv. Prikazom FAS] vom 29.9.2005 Nr. 224, Bjulleten' normativnych aktov federal'nych organov ispolnitel'noj vlasti, Nr. 50 vom 12.12.2005.

394 So ist in Pkt. 3(1) Abs. 2 InformationsVO vorgesehen, dass auf den Strommärkten tätige Unternehmen die Veröffentlichungsstelle für die offen zu legenden Informationen der zuständigen Aufsichtsbehörde mitteilen und die in den natürlichen Monopolbereichen tätigen Unternehmen – „auch“ der Föderalen Tarifbehörde.

Die Vorschriften über die getrennte Rechnungslegung enthalten keine Vorgaben zu entsprechenden Aufsichtsbefugnissen. Kontrolle über deren Einhaltung erfolgt jedenfalls im Rahmen der Entgeltgenehmigung durch die Föderale Tarifbehörde und örtlichen Regulierungsbehörden in den regulierten Tätigkeitsbereichen, in denen Stromversorgungsunternehmen der Regulierungsbehörde ihre Buchhaltung vorzulegen haben.

Die vorstehenden Erläuterungen zusammenfassend lässt sich festhalten, dass in Russland der gesamte Bereich des Unbundling im EG-rechtlichen bzw. deutschen Verständnis im Wesentlichen von der Kontrollkompetenz der Föderalen Antimonopolbehörde umfasst ist. Rechtstechnisch gelten allerdings mehrere Kompetenzgrundlagen entsprechend den einzelnen Entflechtungsaspekten. Im Gegenteil zur deutschen Rechtsordnung, in der die Aufsicht über sämtliche Unbundling-Vorschriften von einer Rechtsgrundlage ergriffen ist, ist in Russland keine umfassende Regelung gegeben.

Dies könnte zwar darauf zurückzuführen sein, dass auch in den grundlegenden Elektrizitätswirtschaftsgesetz und Übergangsgesetz keine so deutliche Systematik der Entflechtungsmaßnahmen, wie im EG- bzw. deutschen Recht erkennbar ist. Zum anderen ist dasselbe logische Normenverhältnis objektiv auch im russischen Gesetz vorhanden. Beispielsweise ist bei Art. 43 EltWG erkennbar, dass diese Vorschrift, ebenso wie Art. 6 ÜbergangsG, auf eine Trennung zwischen den monopolistischen und wettbewerbsfähigen Tätigkeiten abzielt, wenn auch mit einer wesentlich geringeren Eingriffsintensität. Es empfiehlt sich daher, für einen gemeinsamen Regelungsrahmen für die Aufsicht über sämtliche Entflechtungsmaßnahmen zu sorgen. Es wäre bereits hilfreich, wenn in die Besonderen Vorgaben für die aufgrund Art. 6 Abs. 21 ÜbergangsG von Unbundling ausgenommenen Unternehmen die Voraussetzung für die getrennte Rechnungslegung aufgenommen würde. Somit würden sich die Aufsichtsbefugnisse der Antimonopolbehörde auf die Einhaltung der buchhalterischen Entflechtung zumindest in dieser Unternehmensgruppe erstrecken.

2. Feststellung einer Nichteinhaltung der Entflechtungsvorgaben

Die Kontrolle durch die Föderale Antimonopolbehörde über die Einhaltung der Vorschriften des Art. 6 ÜbergangsG ist eine *ex post* Kontrolle. Sie findet in verschiedenen Formen statt, die in der UnbundlingKontrollVO geregelt sind.

Die wichtigsten Verfahrensmittel sind Anfragen an Unternehmen nach erforderlichen Informationen (Pkt. 2 lit. b UnbundlingKontrollVO) und Inspektionen (Pkt. 2 lit. c UnbundlingKontrollVO), die FAS von Amts wegen[395] stellt bzw. durchführt. Die Verordnung enthält keine weiteren verfahrensrechtlichen Regelungen für diese Anfragen und Inspektionen und verweist allgemein auf die geltenden Gesetze. Daher stellt sich die Frage, nach welchen Vorschriften sich die konkreten Befugnisse der Antimonopolbehörde richten. Das Verfahren für die Feststellung eines Verstoßes gegen die Entflechtungsvorschriften wurde im oben bereits erwähnten Schreiben der FAS[396] festgelegt.

Bevor man die Besprechung des Aufsichtsverfahrens fortsetzt, ist eine Anmerkung zur Rechtsnatur eines Schreibens der FAS erforderlich. Diesbezüglich findet man im Gesetz oder in Rechtsverordnungen keine klaren Bestimmungen. Generell fehlt es in Russland an der gesetzlichen Festlegung einer abschließenden Auflistung aller Benennungen von Rechtsverordnungen,[397] so dass lediglich die Benennung eines Dokumentes nicht ohne weiteres auf die rechtliche Natur seiner Vorschriften schließen lässt. Ob es sich um einen normativen Rechtsakt oder lediglich eine Empfehlung handelt, ist oft am Inhalt der entsprechenden Bestimmungen erkennbar. In manchen Fällen ist die Qualifizierung als normativer oder Verwaltungsrechtsakt allerdings umstritten.

Das besprochene Schreiben der FAS enthält nach der hier vertretenen Meinung sowohl normative, als auch empfehlende Bestimmungen. Dies kann aus dem Wortlaut einzelner Sätze entnommen werden. Zum einen wird das Dokument in seinem Text mehrfach als „diese methodische Empfehlung" bezeichnet. Methodische Empfehlungen als eine Art von Akten der Antimonopolbehörde sind zwar nicht rechtlich bindend, werden aber von Behörden und Gerichten genutzt und beeinflussen so die Rechtsanwendung.[398] Zum anderen besagen einige Sätze ausdrücklich, dass bestimmtes Vorgehen *empfohlen* wird. Der Kontrast zu sonstigen Vorschriften, die in einer eindeutig befehlenden Form formuliert sind,

---

395 Einleitung von Verfahren und Entscheidungsfindung von Amts wegen durch die Kartellbehörden wird in der Literatur als ein wesentlicher Unterschied vom Gerichtsverfahren hervorgehoben. Siehe dazu: *Klejn* in: Problemfragen des Arbitrage- und Zivilprozesses.

396 Schreiben der Föderalen Antimonopolbehörde an den Leiter der Abteilung der Föderalen Antimonopolbehörde im Gebiet Nizhnij Nowgorod, Herrn G.N.Gudkov „Zur Entflechtung wettbewerbsbasierter und monopolistischer Tätigkeiten in der Elektrizitätswirtschaft" [Pis'mo FAS rukovoditelju Upravlenija FAS Rossii po Nižegorodskoj oblasti G.N.Gudkovu „Voprosy razdelenija konkurentnych i estestvenno-monopol'nych vidov dejatel'nosti v ėlektroėnergetike"] vom 1.1.2006 Nr. IA / 20502.

397 Siehe bspw.: *Erëmina*, Die Anfechtung normativer Rechtsakte, abrufbar unter: http://www.garant.ru/jurist/apr2007_11_1.htm

398 *Tot'ev*, Wettbewerbsrecht, S. 27.

könnte vermitteln, dass es sich bei diesen übrigen Vorschriften um Rechtsnormen handelt.[399]

Laut Pkt. 3.2 des oben genannten Schreibens der FAS regelt er das Verfahren für die Feststellung einer Nichteinhaltung des Art. 6 ÜbergangsG. Wie oben bereits angesprochen, weist FAS dabei ausdrücklich darauf hin, dass das allgemeine Missbrauchsverfahren im Falle der Feststellung einer Zuwiderhandlung gegen Art. 6 ÜbergangsG keine Anwendung findet. Zusätzlich zur Wiedergabe der relevanten Bestimmungen der UnbundlingKontrollVO wird dort der interne Mechanismus der Entscheidungsfindung konkretisiert. Die Entscheidung wird nämlich von einem Ausschuss aus drei Beamten unter dem Vorsitz des Stellvertretenden Vorsitzenden des zentralen Apparats bzw. des Vorsitzenden der örtlichen Abteilung der FAS mit der Mehrheit der Stimmen getroffen. Die Enthaltung bei der Abstimmung ist nicht möglich; das überstimmte Ausschussmitglied darf allerdings seine Sondermeinung beifügen, die dem betroffenen Unternehmen jedoch nicht mitzuteilen ist. (Pkt. 3.3 des Schreibens) Diese Bestimmungen entsprechen weitgehend dem Missbrauchsverfahren nach dem Gesetz über den Schutz des Wettbewerbs, geregelt insbesondere in Art. 40 und 41 WettbG-2006. Darüber hinaus besagt das Schreiben in Pkt. 3.3, dass gegebenenfalls auch ohne Anhörung des betroffenen Unternehmens entschieden werden kann.

Im Zusammenhang mit der letzteren Bestimmung ist zu hinterfragen, ob eine Feststellung ohne Anhörung rechtmäßig wäre, insbesondere im Hinblick auf das Prinzip des Rechtsstaates. Für das Ordnungswidrigkeitsverfahren ist ein Anhörungsgrundsatz vorgesehen: gemäß Art. 25.1 Pkt. 2 S. 1 des russischen Gesetzesbuches über Ordnungswidrigkeiten (OWiG-Rus) ist ein Fall bezüglich einer Ordnungswidrigkeit in Anwesenheit des Betroffenen zu verhandeln. Seine Abwesenheit ist nur zulässig, wenn der Betroffene über die Verhandlungszeit und -ort nachweisbar informiert wurde. Da es sich bei der Aufsicht über die Einhaltung der Entflechtungsvorgaben um kein Ordnungswidrigkeitsverfahren handelt[400], findet diese Vorschrift jedoch keine Anwendung. Allerdings sei angemerkt, dass auch für das Missbrauchsverfahren im Art. 45 Abs. 2 WettbG-2006 vorgeschrieben ist, dass die Parteien über den Ort und die Zeit der mündlichen Verhandlungen zu benachrichtigen sind. Nur wenn die Parteien trotz einer ordnungsgemäßen Benachrichtigung zur Sitzung nicht erscheinen, darf die Anhörung auch in ihrer Abwesenheit stattfinden. An diesem Beispiel und auch im Übrigen lässt es sich feststellen, dass indem man die Kontrolle über Unbundling

---

399 *Richterman* geht dagegen von einer rechtlich nicht verbindlichen Natur des Schreibens aus. Siehe: Richterman in: Juridičeskij biznes 2010, Nr. 2, 59, 61.

400 Vgl. Abschnitt B. III. 4. b).

aus dem Geltungsbereich von Art. 40 ff. WettbG-2006 ausnimmt, deren wesentliche prozedurale Aspekte ungeregelt bzw. ungenügend geregelt bleiben.

Vor diesem Hintergrund erscheint es sinnvoll, die Regelungen des WettbG-2006 zum kartellrechtlichen Missbrauchsverfahren auch auf die Kontrolle über die Entflechtung in der Elektrizitätswirtschaft anzuwenden, solange die Energiegesetzgebung keine einschlägigen verfahrensrechtlichen Bestimmungen enthält. Dies widerspricht an sich nicht dem Ansatz, dass die Unbundling-Kontrolle ihrem Sinn und Inhalt nach nicht als ein Unterfall der Kontrolle über den Missbrauch marktbeherrschender Stellung zu sehen ist. Art. 40 ff. WettbG-2006 können *mutatis mutandis* an die Kontrolle des Art. 6 ÜbergangG eine analoge Anwendung finden.

Dafür sprechen auch positive Erfahrungen in Deutschland, wo, wie oben dargestellt, die allgemeinen kartellrechtlichen Verfahrensregelungen aus dem GWB weitgehend im EnWG für Regulierungsbehörden übernommen wurden. Somit wurde die Auswertung bewährter Normen bzw. eine effiziente rechtliche Regelung gewährleistet.[401]

Art. 21 Pkt. 1 Abs. 13 EltWG ermächtigt die Föderale Regierung zu einer untergesetzlichen Konkretisierung von Besonderheiten einer zwangsweisen Entflechtung von Elektrizitätsunternehmen. Ursprünglich war die Erarbeitung entsprechender Rechtsverordnung, deren Entwurfseinbringung noch im Jahr 2008 geplant war[402], wurde, soweit bekannt, noch nicht erlassen. Es ist zu erhoffen, dass in dieser Verordnung unter anderem die verfahrensrechtlichen Aspekte der Unbundling-Kontrolle ihre Regelung finden werden.

Im Verfahren wegen Nichteinhaltung der Entflechtungsvorschriften trägt die Antimonopolbehörde die Beweislast.[403]

---

401 *Antweiler/Nieberding*, NJW 2005 3673, 3676.

402 Plan meroprijatij na 2008-2010 gody po reasizacii Federal'nogo zakona ot 4 nojabrja 2007 g. Nr. 250-FZ „O vnesenii izmenenij v otdel'nye zakonodatel'nye akty Rossijskoj Federacii v svjazi s osuščestvleniem mer po reformirovaniju Edinoj ėnegetičeskoj sistemy Rossii“ [Maßnahmenplan für 2008-2010 zur Umsetzung des Föderalgesetzes vom 4. November 2007 Nr. 250-FZ „Über Änderungen einzelner Gesetzesakte der Russischen Föderation im Zusammenhang mit der Reform des Einheitlichen Elektrizitätssystems Russlands“], SZ RF vom 12.05.2008, Nr. 19, Pos. 2212.

403 Siehe die Entscheidung des Föderalen Arbitragegerichts des Kreises Volgo-Wjatskij [Postanovlenie Federal'nogo arbitražnogo suda Volgo-Vjatskogo okruga] vom 22.05.2009 in Rs. Nr. A29-6612/2008 („Royalty“). In diesem Fall setzte das Unternehmen eine Klage gegen eine Entflechtungsverfügung aufgrund deren unzureichenden Begründung durch die Antimonopolbehörde durch. Vgl. auch die Entscheidung des 14. Berufungs-Arbitragegerichts [Postanovlenie 14 arbitražnogo apelljacionnogo suda] vom 23.09.2008 in Rs. Nr. A44-300/2008 (123 aviacionnyj remontnyj zavod).

Einige Besonderheiten gibt es bei der Kontrolle über Unternehmen, die Strom vorwiegend für den eigenen Betriebsbedarf erzeugen und durchleiten. Gemäß Art. 6 Pkt. 7 Abs. 6 ÜbergangsG sind sie von der Entflechtung ausgenommen und unterliegen bestimmten Bedingungen, die sie in ihrer Tätigkeiten einzuhalten haben. Diese Unternehmen sind verpflichtet, jährlich einen Bericht über die Einhaltung der Besonderheiten des Funktionierens zu erstatten, der von der Antimonopolbehörde zu genehmigen ist. Stellt die Behörde fest, dass das Unternehmen die genannten Bedingungen nicht erfüllt, so wird ihm eine entsprechende Umwandlung angeordnet.

3. Anordnung einer Umwandlung

An die Feststellung einer Nichteinhaltung der Entflechtungsvorgaben knüpft sich Erlass einer Anordnung der Antimonopolbehörde zur Durchführung einer zwangsweisen Umwandlung in Form einer Aufspaltung oder Ausgliederung gemäß Art. 6 Pkt. 11 ÜbergangsG. Der Tatbestand der Vorschriften, wogegen eine Zuwiderhandlung zu einer Entflechtung auf behördliche Anordnung führen kann, wurde in der vorigen Abhandlung erörtert, indem auf die einzelnen Aspekte des rechtlichen und eigentumsmäßigen Unbundling im russischen Recht eingegangen wurde.

In Pkt. 10 UnbundlingKontrollVO werden die Fälle, in denen die Kartellbehörden die Umwandlungsbefugnisse besitzen, wie folgt konkretisiert: (a) ein Verstoß gegen das Verbot einer gleichzeitigen Ausübung wettbewerbsbasierter und monopolistischer elektrizitätswirtschaftlicher Tätigkeiten; (b) eine Nichteinhaltung der Bedingungen, unter denen eine gleichzeitige Ausübung dieser Tätigkeiten ausnahmsweise gestattet ist, und (c) Fälle, wo diese Bedingungen nicht mehr eingehalten werden. Somit wird ein Verstoß gegen die Voraussetzungen der Ausnahmen von den Entflechtungsvorschriften einer Nichteinhaltung dieser Vorschriften in einem Normalfall gleichgestellt.

a) zwangsweise Umwandlung nach russischem Recht

Die allgemeinen Vorschriften zur zwangsweisen Umwandlung finden sich im russischen Recht in erster Linie im Zivilgesetzbuch. Laut Art. 57 Abs. 2 Unterabs. 2 ZGB kann eine juristische Person nicht nur durch eine Entscheidung deren Teilnehmer bzw. zuständigen Organe (freiwillige Umwandlung), sondern auch in gesetzlich vorgesehenen Fällen auf Entscheidung des befugten Exekutivorgans oder durch eine Gerichtsentscheidung umgewandelt werden. Hier handelt es sich also um zwei Formen der zwangsweisen Umwandlung: durch einen Verwaltungsakt und durch eine Gerichtsentscheidung. Die beiden Formen beschränken sich auf Aufspaltung und Ausgliederung, was eine wettbewerbsfördernde Ausrichtung dieses Instrumentes für den Eingriff der Staatsorgane in die Struktur privater Unternehmen sichern soll.

Am Rande ist eine weitere wichtige Gesetzesvorschrift i. S. d. Art. 57 Abs. 2 Unterabs. 1 ZGB zu erwähnen, die neben Art. 6 Pkt. 11 ÜbergangsG die Befugnis zur zwangsweisen Umwandlung vorsieht: Art. 38 Pkt. 1 WettbG-2006. Demgemäß kann einem marktbeherrschenden Unternehmen, das systematisch monopolistisch handelte, auf Klage der Kartellbehörde durch Gericht die Aufspaltung oder Ausgliederung angeordnet werden.[404] Oben wurde bereits ausführlich erläutert, dass es sich bei der energierechtlichen und der allgemeinen kartellrechtlichen Vorschrift um zwei selbstständige Rechtsgrundlagen handelt. Außerdem ist folgender Unterschied bemerkenswert: über die allgemeine kartellrechtliche Entflechtung entscheidet das Gericht und über die energierechtliche Entflechtung – die Antimoponolbehörde.

Hinsichtlich der Befugnisse der Antimonopolbehörde gegenüber zu entflechtenden Einzelunternehmern besteht ein Unterschied im Vergleich zu entsprechenden Regelungen für juristische Personen. Im Falle einer Nichteinhaltung der Entflechtungsvorschriften durch einen Einzelunternehmer erlässt die Behörde nicht unmittelbar eine Entflechtungsanordnung, sondern klagt vor Gericht auf Einstellung seiner Tätigkeit, wobei die eigentliche Entscheidungsbefugnis beim Gericht liegt – vgl. Art. 6 Pkt. 10 ÜbergangsG. Dies könnte mit einem engen Ansatz des Gesetzgebers bei der Wahl der Durchsetzungsinstrumente in Art. 6 ÜbergangsG zusammenhängen, indem er ausschließlich strukturelle Maßnahmen vorsieht. Da für Einzelunternehmer, bedingt durch die Rechtsnatur dieser Form unternehmerischer Tätigkeit, keine Reorganisation möglich ist, wird sofort eine radikale Maßnahme – die Einstellung seiner Tätigkeit – aufgegriffen.

Dabei liegt eine deutlich unterschiedliche Behandlung von im Bereich der Elektrizitätswirtschaft tätigen juristischen Personen und Einzelunternehmern vor. Juristische Personen haben bei der Feststellung einer Nichteinhaltung der Unbundling-Vorgaben in Art. 6 ÜbergangsG die Möglichkeit binnen einer von der Behörde vorgegebenen Frist erforderliche Maßnahmen zu ergreifen, um den Unbundling-Vorschriften nachzukommen, ohne dabei nachteilige Rechtsfolgen zu erleiden. Für Einzelunternehmer hingegen besteht nach dem Wortlaut von Art. 6 Pkt. 10 ÜbergangsG eine solche Möglichkeit nicht, obwohl die Compli-

---

404 Ausführlich dazu siehe bspw. *Varlamova*, Wettbewerbsrecht, S. 154 ff.; vgl. auch aus der deutschen Sicht: *Knüpfer/Hennig*, Fragen der rechtlichen Regelung der Umwandlung von Wirtschaftunternehmen in der RF vor dem Hintergrund der deutschen Gesetze, S. 14 f.

ance etwa durch Aufgabe eines elektrizitätswirtschaftlichen Tätigkeitsbereichs erreicht werden könnte.

Im Bereich der Elektrizitätswirtschaft spielen Einzelunternehmer eine geringe Rolle, jedoch ist unternehmerische Tätigkeit in dieser Rechtsform denkbar, beispielsweise im Bereich der Stromerzeugung aus erneuerbaren Energien. Daher wäre es sinnvoll, die gesetzliche Regelung zur zwangsweisen Entflechtung für juristische Personen und Einzelunternehmer in dieser Hinsicht dadurch aneinander anzupassen, dass auch für Einzelunternehmer zunächst Erlass einer Anordnung der Antimonopolbehörde gesetzlich vorgesehen wird, in dem der Unternehmer aufgefordert wird binnen einer gesetzten Frist den Vorgaben von Art. 6 Pkt. 7 ÜbegangsG nachzukommen. Erst nach fehlender Umsetzung der Anordnung sollte die Behörde Einstellung seiner Tätigkeit im Gerichtswege durchsetzen.

b) Rechtsnatur der behördlichen Anordnung

Eine Anordnung ist im russischen Recht ein individueller Verwaltungsakt, der eine bindende Aufforderung an Wirtschaftssubjekte oder Staatsorgane zur Vornahme bzw. zum Unterlassen bestimmter Handlungen beinhaltet.[405] In der Literatur werden folgende Merkmale einer kartellbehördlichen Anordnung genannt:

ein konkreter Adressat;

eine genaue Bezeichnung der vorzunehmenden Handlungen;

bindender Charakter;

der Inhalt der Anordnung soll dem Inhalt der dieser zugrunde liegenden Feststellung entsprechen;

die Einhaltung der vorgeschriebenen Form;

die Verwirklichung der in der Anordnung angedrohten Folgen deren Nichterfüllung.[406]

Die Anordnung wird als ein rechtsbegründender Verwaltungsakt bezeichnet.[407] Dies ist allerdings in dem Sinne zu verstehen, dass dadurch die Verpflichtung zu bestimmten Handlungen oder Unterlassen für das betroffene Unternehmen begründet wird. Auch wenn die Antimonopolbehörde eine Reorganisation zu konkreten Bedingungen angeordnet, wird dadurch keine unmittelbare Veränderung der Unternehmensstruktur bewirkt.

Richtigerweise wird in diesem Zusammenhang darauf hingewiesen, dass die Anordnung an sich keine Sanktionsfunktion, sondern vielmehr eine Erzwin-

---

405 *Vasil'eva/Gorjačeva/Doronina* in: Klejn/Fonarëva (Hrsg.), Wettbewerbsrecht in der Russischen Föderation, S. 146.

406 *Tot'ev*, Zakonnost' 2000, Nr. 12, S. 7 f.

407 Ebenda.

gungsfunktion erfüllt. Bei dem betroffenen Unternehmen entstehen weder zusätzliche Verpflichtungen außer den bereits aus geltender Gesetzgebung bestehenden noch Vermögensnachteile.[408]

c) aufschiebende Wirkung einer Beschwerde

Das betroffene Unternehmen kann die Anordnung der Antimonopolbehörde innerhalb von drei Monaten nach ihrem Erlass vor Gericht anfechten – Pkt. 13 UnbundlingKontrollVO. Vor diesem Hintergrund ist des Weiteren zu erörtern, ob die Anfechtung eine aufschiebende Wirkung hat. Diesbezüglich gilt die allgemeine Vorschrift in Art. 199 Pkt. 3 der Arbitragegerichtsprozessordnung (im Weiteren: ArbPO)[409]: das Gericht kann die Wirkung des angefochtenen nicht normativen Rechtsaktes bzw. Entscheidung auf Antrag des Klägers aussetzen. Anweisungen zur Anwendung dieser Vorschrift sind in einem Informationsschreiben des Präsidiums des Obersten Arbitragegerichts[410] enthalten. Dort wird insbesondere empfohlen, mangels einer weiteren gesetzlichen Konkretisierung die Regelungen bezüglich einstweiliger Verfügung (Art. 90 ff. ArbPO) entsprechend zu berücksichtigen. Die Gerichtsentscheidung nach Art. 199 Pkt. 3 ArbPO sei zu begründen. Der Antragsteller müsse beweisen, dass die Aussetzung erforderlich ist, damit die Umsetzung der Gerichtsentscheidung nicht erschwert oder unmöglich wird bzw. um einen erheblichen Schaden beim Antragsteller zu vermeiden. In erster Linie sei darauf zu achten, dass die Aussetzung eines angefochtenen Rechtsaktes keine Verschiebung des Interessengleichgewichts der Beteiligten oder Unmöglichkeit der Umsetzung des angefochtenen Rechtsaktes in Zukunft bewirkt. Die Aussetzung bedeutet keine Unwirksamkeit der behördlichen Entscheidung, sondern verbietet lediglich den Vollzug von darin vorgesehenen Maßnahmen – Ziff. 4 des Informationsschreibens.

Eine Entflechtungsanordnung der Antimonopolbehörde gemäß Art. 6 Pkt. 11 ÜbergangsG beinhaltet umfassende Umstrukturierungsmaßnahmen, die mit erheblichem organisatorischen Aufwand und Kosten verbunden und nur mit einem vergleichbaren Aufwand wieder zurückgesetzt werden können. Ange-

---

408 Ebenda.

409 [Arbitražnyj prozessual'nyj kodeks Rossijskoj Federacii] vom 24.7.2002, zuletzt geändert am 27.7.2010, SZ RF vom 29.07.2002 Nr. 30, Pos. 3012.

410 Informationsschreiben des Präsidiums des Obersten Arbitragegerichts zu einigen Fragen der Anwendung von Art. 199 Pkt. 3 der Arbitragegerichtsprozessordnung der Russischen Föderation [Informacionnoe pis'mo Prezidiuma Vysšego Arbitražnogo suda Rossijskoj Federacii „O nekotorych voprosach, svjazannych s primeneniem časti 3 stat'i 199 Arbitražnogo processual'nogo kodeksa Rossijskoj Federacii"] vom 13.8.2004 Nr. 83, Vestnik VAS RF 2004, Nr. 10.

sichts der hohen Eingriffsintensität der behördlichen Entscheidung erscheint eine Zusage der aufschiebenden Wirkung der Anfechtung begründet und wünschenswert.

d) Inhalt und Konkretisierungsgrad der Entflechtungsanordnung

Eine wichtige Frage in Bezug auf die zwangsweise Umwandlung als ein Mittel zur Erzwingung der Umsetzung der gesetzlichen Entflechtungsvorschriften besteht darin, wie weit die Befugnisse der Antimonopolbehörde bei der Anordnung der Umwandlung reichen. Insbesondere betrifft dies den Inhalt der behördlichen Anordnung: ob FAS das betroffene Unternehmen im Rahmen der Unbundling-Kontrolle lediglich in allgemeiner Form auffordert, entsprechende Maßnahmen zu ergreifen, um den Bestimmungen des Art. 6 ÜbergangsG nachzukommen oder ob vielmehr konkrete Maßnahmen vorgeschrieben werden können.

Aus dem Wortlaut des Art. 6 Abs. 23 ÜbergangsG lässt das sich nicht entnehmen. Die UnbundlingKontrollVO konkretisiert zwar den Inhalt der Anordnung, jedoch heißt es in Pkt. 11 lit. c allgemein: „die Aufforderung, die juristische Person (in Form einer Aufspaltung oder Ausgliederung) umzuwandeln". Mangels gesetzlicher Vorgaben ist eine weitere Auslegung erforderlich.

Die Auffassung der Föderalen Antimonopolbehörde kommt zum Ausdruck in ihrem oben bereits zitierten Schreiben vom 01.01.2006 Nr. IA/20502[411]. In Ziff. 3.4 lit. c Abs. 2 dieses Schreibens wird „empfohlen", in der Entscheidung der Behörde die Form der anzuordnenden Umwandlung alternativ zu bestimmen. FAS weist darauf hin, dass das Ziel dieser Entscheidung ist, dass das betroffene Unternehmen seine Tätigkeit in Einklang mit den gesetzlichen Vorgaben bringt, ohne Bezug auf die konkreten Mittel, die es hierzu nutzt. Allerdings schließt sie die Anordnung einer konkreten Umwandlungsform nicht aus, wobei die Formwahl von der Behörde zu begründen sei. Darüber hinaus wird erklärt, in welchen Fällen insbesondere die Anordnung der Antimonopolbehörde als nicht bzw. nicht ordnungsgemäß erfüllt zu betrachten ist. Demgemäß sei die Erfüllung der Entscheidung als nicht ordnungsgemäß, wenn das Unternehmen abweichend von der vorgeschriebenen Umwandlungsform umgewandelt wird oder ein anderes Mittel gewählt wird, um den Vorschriften des Art. 6 ÜbergangsG nachzukommen, beispielsweise durch Verzicht auf bestimmte Tätigkeiten – Pkt. 4.1. Abs. 3 des Schreibens.

Daraus folgt, FAS es generell für möglich hält, dass die Kontrollbehörde nicht nur eine Nichteinhaltung des Art. 6 ÜbergangsG feststellen und entspre-

---

411 Siehe Abschnitt B. III. 1. a).

chende Maßnahmen eine Umwandlung in allgemeiner Form anordnen kann, sondern auch die konkrete Form der Umwandlung (Aufspaltung oder Ausgliederung) oder aber keine Umwandlung, sondern die Einstellung einer der relevanten energiewirtschaftlichen Tätigkeiten vorzuschreiben.

In der Literatur ist dieses Problem, soweit ersichtlich, nicht ausführlich behandelt. *Richterman* schlägt einen aus der hier vertretenen Sicht sehr sinnvollen Lösungsansatz vor, der auf zwei Faktoren beruht: dem Ziel einer zwingenden Umwandlung und dem konkreten Tatbestand, von dem die Intensität des staatlichen Eingriffs unmittelbar abhängt. Dabei geht die Autorin davon aus, dass im Rahmen der energierechtlichen Entflechtung durchaus auch detailliertere Anordnungen zulässig sind. Eine entsprechende Entscheidung könne neben der Umsetzungsfrist eine bestimmte Umwandlungsform (etwa Ausgliederung), den auszugliedernden Geschäftsbereich (etwa Stromtransport) vorschreiben und sogar das zu veräußernde Vermögen auflisten.[412] Dem kann hingegen nicht zugestimmt werden.

Die Vorgabe konkreter Umstrukturierungsmodelle erscheint angesichts der zwei soeben genannten Faktoren nicht gerechtfertigt. Das Ziel einer zwangsweisen Umwandlung besteht in der Einhaltung des gesetzlichen Verbotes einer gleichzeitigen Betätigung in den wettbewerbsfähigen und Monopolbereichen. In Bezug auf konkrete Umstrukturierungsmodelle, mit deren Hilfe die Entflechtungsvorgabe erreicht werden soll, bestehen in der Regel mehrere Optionen. Entsprechende strategische Entscheidungen betroffener Unternehmen stellen einen Ausdruck der in Art. 34 Abs. 1 der Russischen Verfassung verankerten unternehmerischen Freiheit dar, deren Einschränkung durch eine konkretisierende behördlichse Entscheidung zum Erreichen der Entflechtungsziele nicht notwendig bzw. unangemessen erscheint.

Obwohl die Texte von Anordnungen, die die Antimonopolbehörde im Rahmen der Aufsicht über die Einhaltung von Art. 6 ÜbergangsG erlässt, nicht öffentlich zugänglich sind und sich nur in Pressemitteilungen reflektieren, lässt es sich über ihr Inhalt anhand Gerichtsentscheidungen im Beschwerdeverfahren urteilen. Aus der Rechtsprechung ist von keinen Fällen aus der Praxis bekannt, wo die Behörde etwaige konkretere Vorgaben machte, als „Umwandlung in Form einer Aufspaltung oder Ausgliederung“.

---

412 *Richterman*, Juridičeskij biznes, 2010, Nr. 2, S. 62.

4. Sanktionen

Wie bereits erwähnt, stellt die Anordnung einer Umwandlung eines vertikal integrierten Stromversorgungsunternehmens an sich noch keine Sanktion dar, sondern dient lediglich dazu, auf die Einhaltung der Gesetzesvorgaben hinzuwirken. Negative rechtliche Folgen einer solchen Nichteinhaltung treten erst ein, wenn die Anordnung nicht bzw. nicht ordnungsgemäß umgesetzt wird. In diesem Falle kann die Antimonopolbehörde auf Gerichtswege Durchsetzung der Entflechtungsanordnung durch Bestellung eines externen Verwalters verlangen. Parallel dazu tritt die Haftung in Form einer Geldbuße gemäß Verwaltungsrecht[413] ein, da eine Nichteinhaltung der behördlichen Anordnung eine Ordnungswidrigkeit darstellt. Auf diese Sanktionen wird sogleich näher eingegangen.

a) zwangsweise Umwandlung durch einen externen Verwalter

Setzt das betroffene Unternehmen die behördliche bzw. gerichtliche Anordnung nicht fristgemäß um, so kann das Gericht auf Klage der erlassenden Behörde gemäß Art. 57 Pkt. 2 Abs. 2 ZGB einen externen Verwalter bestellen und ihn mit der Durchführung der Umwandlung beauftragen. Seit der Bestellung geht auf ihn die Geschäftsführungsbefugnis in Bezug auf die juristische Person über. Der externe Verwalter vertritt die juristische Person im Gericht. Er erstellt die Auseinandersetzungsbilanz und die Gründungsunterlagen und legt sie dem Gericht zur Genehmigung vor. Die Genehmigung dient als Rechtsgrundlage für die Eintragung der neuen juristischen Personen.[414]

In Art. 6 Pkt. 12 ÜbergangsG für den Fall einer zwangsweisen Umwandlung von Stromversorgungsunternehmen vorgesehen, dass die Aktien der zu schaffenden Gesellschaften zwischen den Gesellschaftern proportional zu ihren Anteilen an der ursprünglichen Gesellschaft zu verteilen sind. Das Gesetz spricht an dieser Stelle ausdrücklich von Aktiengesellschaften, obwohl es sich bei Stromversorgungsunternehmen auch um Gesellschaften mit beschränkter Haftung und anderen Rechtsformen handeln kann.

Eine Ausgliederung bzw. Aufspaltung mit einem proportionalen Übergang der Anteile in den neuen juristischen Personen an die ursprünglichen Eigentümer bewirkt geringere Änderungen im Vergleich zu anderen möglichen Umstrukturierungsmodellen, da zwar nicht die Gesellschaftsstruktur, jedoch die Eigentumsstruktur erhalten bleibt. Es ist kein Grund für den Gesetzgeber ersicht-

413 In Russland wird das Ordnungswidrigkeitenrecht als ein Teil des Verwaltungsrechts verstanden.

414 Art. 57 Pkt. 2 Abs. 2 ZGB.

lich, weiter reichende Eingriffsmöglichkeiten bei zwangsweiser Entflechtung für Unternehmen anderer Rechtsformen, als für Aktiengesellschaften zuzulassen. Daher erscheint eine entsprechende Anwendung von Art. 6 Pkt. 12 ÜbergangsG bei einer Umwandlung auch solcher Stromversorgungsunternehmen, die keine Aktiengesellschaften sind, berechtigt.

Mit dieser Vorschrift wird im Grunde die wesentliche Vorgabe zu den Bedingungen einer Umstrukturierung gemacht. Der Ermessensspielraum des externen Verwalters bezieht sich in erster Linie auf ihre organisatorische Umsetzung. Bei der Genehmigung der Unterlagen sollte das Gericht überprüfen, ob durch die geplante Umstrukturierung die Einhaltung von Unbundling-Regelungen sichergestellt wird. Die gerichtliche Überprüfung sollte auch dem Schutz der Interessen des umzuwandelnden Unternehmens sowie seiner Gläubiger dienen.

In der Praxis ist von keinen Fällen der Durchsetzung einer Anordnung zwangsweiser Entflechtung nach Art. 6 Pkt. 11 ÜbergangsG durch einen externen Verwalter bekannt.

b) Bußgeld

Fehlende fristgemäße Umsetzung einer Anordnung der Antimonopolbehörde bezüglich einer zwangsweisen Aufspaltung oder Ausgliederung gemäß Art. 6 Pkt. 11 ÜbergangsG stellt an sich eine Ordnungswidrigkeit dar[415] und zieht eine Bußgeldstrafe nach sich. Die Rechtsgrundlage dafür ist in Art. 19.5 Abs. 2.6 Alt. 2 des russischen Gesetzbuches über Ordnungswidrigkeiten (OWiGB-Rus) enthalten: bei einer fehlenden fristgemäßen Erfüllung einer rechtmäßigen Entscheidung bzw. Anordnung der Föderalen Antimonopolbehörde oder ihrer örtlichen Abteilung über die Vornahme von gesetzlich vorgesehenen Handlungen eine Strafe zu zahlen.

Art. 19.5 OWiGB-Rus enthält mehrere Tatbestände, die sich auf Nichterfüllung von Entscheidungen der Antimonopolbehörden beziehen, wobei die Höhe des Bußgeldes sich je nach Art der Entscheidung unterscheidet. Also wird hier die oben besprochene Qualifizierung der Kontrolle über die Einhaltung der Entflechtungsvorschriften in der Elektrizitätswirtschaft als ein Sonderfall der Kontrolle relevant. Dementsprechend ist nach der hier vertretenen Meinung die Sammelvorschrift in Pkt. 2.6 einschlägig – und nicht etwa Pkt. 2.2 oder 2.3 über Nichteinhaltung einer Anordnung im Rahmen der Missbrauchs- bzw. der Fusionskontrolle.

Das Bußgeld nach Art. 19.5 Abs. 2.6 beläuft auf 8 bis 12 tausend Rubel für Amtsträger (alternativ kann eine Disqualifizierung für drei Jahre folgen) und

---

415 Vgl. *Deev*, Status Orël 2007, Nr. 25/3, S. 29.

von 100 bis 500 tausend Rubel für juristische Personen. Die verwaltungsrechtliche Sanktion wird parallel zu den Umwandlungsmaßnahmen auferlegt.

5. Eignung einer Aufspaltung bzw. Ausgliederung für die Umsetzung der Entflechtungsvorgaben

Aus der Schilderung gesetzlicher Instrumente zur Durchsetzung von Unbundling-Regelungen in Art. 6 ÜbergangsG wird deutlich, dass sie keinen umfassenden Charakter besitzen. Dies äußert sich in mehreren Hinsichten.

a) mangelnde Flexibilität

Im Falle einer fehlenden bzw. nicht ordnungsgemäßen Umsetzung der Entflechtungsvorgaben sieht Art. 6 Pkt. ÜbergangsG eine „zwangsweise Umwandlung (in Form einer Aufspaltung oder Ausgliederung) auf Entscheidung der zuständigen Behörde" vor. Diese Formulierung impliziert keinen Ermessensspielraum für die behördliche Entscheidung. Andere Handlungsformen sind im Gesetz ebenfalls nicht vorgesehen. Es sind jedoch Fallkonstellationen denkbar, in denen die Unbundlingkonformität auch mit anderen Mitteln hergestellt werden kann.

Ein anschauliches Beispiel liefert die Rechtssache „Kirower Werk für Buntmetallverarbeitung"[416]. In ihrem Sachverhalt handelt es sich um einen Großbetrieb, der neben der Stromdurchleitung gleichzeitig auch im Stromvertrieb tätig war, indem er von einem Stromerzeuger beschafften Strom an die an seine Netze angeschlossenen Kunden weiterverkaufte. Nachdem die Antimonopolbehörde eine Zuwiderhandlung gegen Art. 6 Pkt. 7 1. Hs. ÜbergangsG feststellte und eine zwangsweise Umwandlung anordnete, kündigte das Werk die Stromversorgungsverträge mit allen seinen Kunden, forderte sie zum Abschluss eines Vertrages direkt mit dem Stromerzeuger auf und ficht die behördliche Anordnung vor Gericht an.

Die Berufungsinstanz unterstützte das von der Antimonopolbehörde zur Begründung der Rechtmäßigkeit ihrer Umwandlungsanordnung eingebrachte Argument, dass im Gesetz keine anderen Mittel zur Sicherstellung von Einhaltung der Entflechtungsvorgaben vorgesehen sind.[417] Dieser Ansatz erscheint jedoch

416 Siehe Entscheidung des Arbitragegerichts des Gebiets Kirow [Rešenie Arbitražnogo suda Kirovskoj oblasti] vom 27.6.2008 in Rs. Nr. A28-3924/2008-117/12; Entscheidung des Föderalen Arbitragegerichts des Kreises Wolga-Wjatka [Postanovlenie Federal'nogo arbitražnogo suda Volgo-Vjatskogo okruga] vom 29.10.2008 in Rs. Nr. A28-3924/2008-117/12.

417 Ebenda.

zu vereinfacht. Nach der hier vertretenen Meinung bedarf es einer differenzierteren Herangehensweise mit einem Blick am Entflechtungsziel. Es ist bemerkenswert, dass die Antimonopolbehörde selbst als Angeklagte eine konstruktivere Position eingenommen hat. In erster Instanz berief sie sich darauf, dass eine zwangsweise Umwandlung nicht unvermeidlich ist, da die angefochtene Anordnung auf die Einhaltung des Verbots einer gleichzeitigen Betätigung in den wettbewerbsfähigen und Monopolbereichen – und nicht auf eine Umwandlung als Selbstzweck – abzielt.[418] Im Berufungsverfahren erklärte sich die Behörde bereit, einen Nachweis, dass die Klägerin keine Stromzahlungen mehr empfängt, als ordnungsgemäße Umsetzung ihrer angefochtenen Anordnung zu akzeptieren.[419]

Insbesondere bei den nach Art. 6 Pkt. 9 Abs. 6 ÜbergangsG vom Unbundling ausgenommenen Unternehmen, bei denen festgestellt wird, dass sie die Besonderen Vorgaben nicht einhalten, ist offensichtlich, dass die Einhaltung auch mit Hilfe weniger aufwändiger Maßnahmen, als eine Reorganisation, erreicht werden kann. Auch ihnen ist dies jedoch nach geltendem Recht nicht möglich – vgl. Pkt. 10 lit. b und c UnbundlingKontrollVO.

b) kein umfassender Charakter

Im soeben dargestellten Fall ging es um die gesetzlich vorgesehene unflexible Handlungsweise der Antimonopolbehörde, die das betroffene Unternehmen unnötig in seiner Wahl der Entflechtungsmittel einschränkte. In anderen Fällen ist die Aufspaltung oder Ausgliederung von ihrer Natur her für die Herstellung der „Unbundling-Compliance“ nicht geeignet. Dies betrifft beispielsweise Situationen, in denen solche Merkmale einer Personengruppe vorliegen, die sich nicht auf Beteiligungen am Gesellschaftskapital beziehen, sondern auf personelle Verflechtungen in den Leitungsorganen, ihre Bestellung, Weisungsbefugnisse aufgrund der Gründungsunterlagen oder Verträgen u. a. – Art. 9 Pkt. 1 Nr. 3 ff. WettbG-2006. Beispielsweise lässt sich eine Zuwiderhandlung gegen Art. 6 Pkt. 7 2 Hs. ÜbergangsG, die sich in vertraglich begründeten Weisungsbefugnissen einer Stromvertriebsgesellschaft gegenüber einer Netzgesellschaft äußert, nicht mittels einer Aufspaltung oder Ausgliederung beheben. Vielmehr wäre eine entsprechende Vertragsänderung erforderlich.

---

418 Entscheidung des Arbitragegerichts des Gebiets Kirow [Rešenie Arbitražnogo suda Kirovskoj oblasti] vom 27.6.2008 in Rs. Nr. A28-3924/2008-117/12.

419 Entscheidung des Föderalen Arbitragegerichts des Kreises Wolga-Wjatka [Postanovlenie Federal'nogo arbitražnogo suda Volgo-Vjatskogo okruga] vom 29.10.2008 in Rs. Nr. A28-3924/2008-117/12.

c) Durchsetzung durch externen Verwalter

Ein weiterer Aspekt hängt mit der Durchsetzung einer Entflechtungsanordnung gemäß Art. 57 Pkt. 2 Abs. 2 ZGB zusammen. Vor dem Hintergrund der Vorgabe in Art. 6 Pkt. 12 ÜbergangsG[420] ist offensichtlich, dass die Durchsetzung einer Entflechtungsanordnung der Antimonopolbehörde durch einen externen Verwalter nur die Umsetzung des Verbotes einer gleichzeitigen Betätigung in den Wettbewerbs- und Monopolbereichen für dieselbe juristische Person (Art. 6 Pkt. 7 1. Hs.) bewirken kann – also die reine rechtliche Entflechtung. Sie reicht jedoch nicht aus, um eventuell vorhandene Merkmale einer Affiliierung bzw. Personengruppe zu beheben.[421] So im Falle eines vertikal integrierten Stromversorgungsunternehmens mit einem Mehrheitseigentümer mit über 50 % der Stimmen würde es auch nach einer Umwandlung gemäß Art. 6 Pkt. 11 ÜbergangsG i. V. m. Art. 57 Pkt. 2 Abs. 2 ZGB Mehrheitsbeteiligungen an der Erzeugungs- bzw. Vertriebsgesellschaft und an der Netzgesellschaft behalten. Beide Gesellschaften gehörten somit zu einer Personengruppe nach Art. 9 Pkt. 1 Nr. 2 WettbG-2006.

Im russischen Schrifttum findet sich eine Besprechung[422] eines ähnlichen Problems im allgemeinen Aktienrecht – im Zusammenhang mit einer ehemaligen Regelung im Standard der Wertpapieremission, die eine anteilige Verteilung der Aktien neuer Gesellschaften unter allen ursprünglichen Gesellschaftern vorsah. Richtigerweise wurde darauf hingewiesen, dass eine Umwandlung unter dieser Bedingung keine tatsächliche Trennung des Geschäfts ermöglicht. Sie könne nur eine äußere Formänderung bewirken; die Eigentümer der neuen Gesellschaften blieben dabei dieselben. Eine eventuelle Monopolstellung bliebe folglich auch nach der Umstrukturierung bestehen.[423]

Wie bereits erwähnt, betraf die obige Kritik den Rechtsrahmen für eine normale (freiwillige) Umwandlung. Im Kontext des allgemeinen Aktienrechts kann in dieser Vorschrift eine ungerechtfertigte Einschränkung der Unternehmensautonomie erblickt werden. Im Bereich der elektrizitätswirtschaftlichen Entflechtung kommen jedoch andere Erwägungen zum Tragen. Die Notwendigkeit, ein Unternehmen aufzuspalten, entspringt in diesem Fall nicht aus dem freien Willen der Gesellschafter, sondern ist gesetzlich vorgegeben. Diese Regelung stellt an sich bereits einen wesentlichen Eingriff in die Autonomie des Un-

---

420 Siehe Abschnitt B. III. 4. a) oben.

421 Vgl. ähnliche Anmerkung bezüglich der allgemeinen kartellrechtlichen Entflechtung nach dem alten WettbG-1991 bei: *Barinov/Kozlova*, Zakony Rossii 2006 Nr. 8, S. 18.

422 *Ždanov*, Die Umwandlung von Aktiengesellschaften in der Russischen Föderation, S. 55-56.

423 Ebenda.

ternehmens und das Teilnahmerecht der Gesellschafter dar. Vor diesem Hintergrund bezweckt Art. 6 Pkt. 12 ÜbergangsG einen bestimmten Schutz der Gesellschafter vor einer weiteren Beeinträchtigung ihrer Interessen bei der Anteils- bzw. Aktienverteilung.

Wenn bei der energierechtlichen Umwandlung das Anteilsverhältnis der neuen Eigentümer an den neuen Gesellschaften erhalten bleibt, kann die gesetzlich vorgesehene Entflechtung nicht erreicht werden. Würde der bestellte externe Verwalter die dafür erforderlichen strukturellen Änderungen vorgenehmen, so stellte das einen unverhältnismäßig weiten Eingriff in die unternehmerische Freiheit des betroffenen Stromversorgungsunternehmens dar. Dieses Dilemma weist aus der hier vertretenen Sicht auf mangelnde Eignung der zwangsweisen Reorganisation durch einen externen Verwalter als Durchsetzungsinstrument des Entflechtungsmodells gemäß Art. 6 Pkt. 7 ÜbergangsG.

d) Sicherstellung der buchhalterischen Entflechtung

Ähnlich, wie mit dem Ownership Unbundling, stellt sich die Frage, wie die Erfüllung der buchhalterischen Entflechtung nach Art. 43 EltWG gewährleistet werden soll, die ausnahmsweise für alle in der Stromwirtschaft tätigen Unternehmen gilt. Von den Aufsichtsbefugnissen und Sanktionen in Art. 6 ÜbergangsG ist dieser Aspekt der Entflechtung nicht umfasst.[424]

Es erscheint empfehlenswert der Antimonopolbehörde die Befugnis einzuräumen die Einhaltung der Vorgabe zur getrennten Rechnungslegung zu überwachen und bei Feststellung einer Nichteinhaltung das Unternehmen aufzufordern erforderliche Compliance-Maßnahmen zu ergreifen.

e) Zwischenergebnis

Aus den vorstehenden Ausführungen wird deutlich: die Anordnung einer Umwandlung in Form einer Aufspaltung oder Ausgliederung als die einzige im Gesetz vorgesehene Maßnahme der Antimonopolbehörde im Falle einer festgestellten Nichteinhaltung der Entflechtungsvorgaben in Art. 6 Pkt. 7 ÜbergangsG ist nicht in allen Fällen dafür geeignet. Oft stehen dem Stromversorgungsunternehmen neben einer Umwandlung noch andere Optionen frei, etwa Einstellung einer der Tätigkeiten. Einige Merkmale der Zugehörigkeit von in den Monopol- und Wettbewerbsbereichen tätigen Unternehmen zu einer Personengruppe kön-

424 Oben wurde bereits festgestellt, dass keine klaren Aufsichtsbefugnisse der Antimonopolbehörden bezüglich der Einhaltung von Art. 43 EltWG im Gesetz begründet sind. Siehe Abschnitt B. III. 1. c).

nen *per se* nicht durch eine Aufspaltung oder Ausgliederung behoben werden. Um auch nach Ablauf der Übergangszeit den Unbundling-Vorgaben gerecht zu werden, sind weitere Maßnahmen erforderlich.

Vor diesem Hintergrund erscheint es sinnvoll, den geltenden Rechtsrahmen dahingehend zu ändern, dass er den Erlass auch solcher Anordnungen der Antimonopolbehörde zulässt, die nicht zwingend eine Umwandlung zum Inhalt haben. Dabei geht es darum, dem betroffenen Unternehmen eine größere Wahl von Maßnahmen zur Umsetzung von Unbundling-Vorschriften zu sichern und nicht ihm diese zu nehmen. In einigen Fällen bietet sich eine solche Anordnung an, in der die Antimonopolbehörde das betroffene Unternehmen auffordert dem Verbot in Art. 6 Pkt. 7 ÜbergangsG nachzukommen, ohne „eine Umwandlung (in Form einer Aufspaltung oder Ausgliederung)“ als vorzuschreiben. Solange in der die Anordnung begleitenden Feststellung bestimmt ist, worin genau die Nichteinhaltung von Art. 6 ÜbergangsG besteht, wird es dem betroffenen Unternehmen möglich sein, eine zutreffende Maßnahme zur Beseitigung der Zuwiderhandlung zu wählen.

In diesem Zusammenhang ist die Vorschrift in Art. 6 Pkt. 14 ÜbergangsG bemerkenswert, die besagt, dass die Föderale Regierung gemäß geltenden Föderalgesetzen weitere besondere Vorgaben für solche Unternehmen festlegen kann, welche die Vorschriften dieses Artikels nicht einhalten. Soweit ersichtlich, nahm die Regierung von dieser Ermächtigung noch keinen Gebrauch; es fehlen auch Kommentierungen in der Literatur. Diese Norm kann man aber in Erwägung ziehen als eine mögliche Rechtsgrundlage für eventuelle untergesetzliche Konkretisierung, die andere rechtlichen Instrumente für eine vollständige Umsetzung des Unbundling vorsehen werden.

Das Problem der Durchsetzung der eigentumsrechtlichen Entflechtung wird noch bestimmt in den Vordergrund kommen, wenn die Übergangszeit der Elektrizitätswirtschaftsreform endet und das grundsätzliche Verbot der Affiliierung zwischen der Stromerzeugungs- bzw. Stromvertriebsgesellschaft und der Netzgesellschaft bzw. ihrer Zugehörigkeit zu einer Personengruppe wirksam wird. Also ist auf entsprechende Verfahren vor den Kartellbehörden und vor Gericht abzuwarten.

6. Rechtsvergleich

Abgesehen von der unterschiedlichen Behördenzuständigkeit für die Aufsicht über die Einhaltung der Entflechtungsvorgaben in Deutschland und in Russland ergeben sich grundlegende Gemeinsamkeiten bei den verfahrensrechtlichen Regelungen in beiden Rechtsordnungen. Trotz gesonderter Regelungen in den russischen Energiegesetzen und Rechtsverordnungen, erscheinen sie teilweise lückenhaft und verbesserungsbedürftig, was auch die allgemeine Situation im russischen Verwaltungsverfahrensrecht widerspiegelt. Deshalb empfiehlt es sich, bei der Herausarbeitung der untergesetzlichen Konkretisierung des Verfahrens zur Aufsicht und Durchsetzung des Unbundling in Russland die relevanten deutschen Regelungen in diesem Bereich zu berücksichtigen.

Die rechtliche Konstruktion des Bußgeldes als Sanktion für eine Nichteinhaltung der Unbundling-Vorschriften weist im deutschen und im russischen Recht viele Gemeinsamkeiten auf. In beiden Fällen knüpft sich dessen Verhängung an die als Ordnungswidrigkeit qualifizierte Nichtbefolgung einer behördlichen Anordnung im Zusammenhang mit einer festgestellten Nichteinhaltung der gesetzlichen Vorschriften zur Entflechtung. Die Nichteinhaltung an sich führt in beiden Rechtsordnungen noch zu keiner Sanktion. Dies schafft keinen wirklichen Anreiz für eine fristgemäße Rechtsumsetzung, bedeutet einen erhöhten Aufwand für die Aufsichtsbehörde und kann unter Umständen eine Schlechterstellung solcher Unternehmen bewirken, die Entflechtungsmaßnahmen fristgemäß und freiwillig durchführen.

Es besteht jedoch ein drastischer Unterschied in der Höhe des Bußgeldes: in Russland beträgt es für juristische Personen ca.2.500-12.500 Euro, somit ist die Höchstgrenze um Einiges niedriger als in Deutschland. Für ein mittelgroßes bis größeres Unternehmen erscheint die Drohung eines einmalig zu verhängenden Bußgeldes in Höhe von 12.500 Euro kein hinreichend abschreckendes, ausschlaggebendes Sanktionsmittel. Aus diesem Grund spielt das Bußgeld in Russland trotz der genannten Gemeinsamkeiten eine eher untergeordnete Rolle.

Das Rechtsinstitut eines externen Verwalters (Treuhänders) im russischen Recht erfüllt im Grunde dieselbe Funktion wie das Zwangsgeld in Deutschland. Es dient der tatsächlichen Vornahme der angeordneten Umstrukturierung, wenn das betroffene Unternehmen trotz aller Drohungen diesbezüglich untätig bleibt. Der Unterschied besteht darin, dass der russische Gesetzgeber die Umwandlung anscheinend nicht als eine unvertretbare Handlung sieht, so dass ihr der Grundsatz der unternehmerischen Freiheit nicht im Wege steht. Er erklärt diesen staatlichen Eingriff für zulässig, indem entsprechende Befugnisse in Art. 57 Pkt. 2 ZGB i. V. m. Art. 6 Pkt. 11 ÜbergangsG ausdrücklich festgelegt worden sind. Das Zwangsgeld erscheint in dieser Situation zugleich wirksamer und mehr verfassungsrechtskonform. Dem allgemeinen russischen Verwaltungsvorstreckungsrecht ist es jedoch nicht bekannt. Bei Anwendung eines ähnlichen Instrumentes ist – zumindest in Russland – unter Umständen eine gravierende finanzielle Belastung für betroffene Stromversorger zu befürchten, die sich auf ein stabiles Angebot in diesem wichtigen Bereich der Daseinsvorsorge negativ auswirken kann. Vor diesem Hintergrund ist eine Übernahme der deutschen energierechtlichen Bestimmung zum Zwangsgeld in § 94 EnWG ins russische Recht der Elektrizitätswirtschaft nicht zu empfehlen. Zu betonen ist außerdem der Bedarf nach Erläuterung gesetzlicher Vorschriften um den Normadressaten ihre Umsetzung zu erleichtern.

Ein mit dem Zertifizierungsverfahren nach Art. 10 EltRL-2009 vergleichbares Instrument existierte auch in Russland. Bis 2007 war für den Verkauf von Elektrizität an natürliche Personen sowie für den Betrieb von Elektrizitätsnetzen eine Genehmigung (Lizenz) erforderlich. Eine der Voraussetzungen für die Genehmigungserteilung war die Einhaltung der geltenden Energiegesetze. Somit konnte eine Nichteinhaltung von Entflechtungsvorschriften zur Verweigerung oder Rücknahme der Genehmigung führen.[425] Nachdem der Stromverkauf an Haushaltskunden[426] und der Betrieb von Elektrizitätsnetzen[427] aus der Liste genehmigungspflichtiger Aktivitäten gestrichen wurden, entfiel auch die zusätzliche fördernde Wirkung auf die Einhaltung des Unbundling.

---

425 Darauf verwies ausdrücklich die Föderale Antimonopolbehörde in ihren Methodischen Richtlinien zum Unbundling, S. 14.

426 Art. 4 Nr. 1 des Föderalgesetzes vom 4.11.2007 Nr. 250-FZ, zuletzt geändert am 26.7.2010, SZ RF vom 5.11.2007 Nr. 45, Pos. 5427.

427 Siehe Pkt. 29 Liste der aufgehobenen Entscheidungen der Regierung der Russischen Föderation zu Fragen der Genehmigung einzelner Tätigkeiten [Perečen' utrativšich silu rešenij Pravitel'stva Rossijskoj Federacii po vorposam licenzirovanija otdel'nych vidov dejatel'nosti], genehmigt durch Verordnung der Föderalen Regierung vom 14.12.2006 Nr. 767, zuletzt geändert am 11.3.2010, SZ RF vom 22.12.2006, Nr. 52 (3. Teil), Pos. 5587.

Fazit

Aus dieser Untersuchung lassen sich folgende wichtige Ergebnisse zusammenfassen.

Das in Russland gesetzlich festgelegte Unbundling-Regime für die Elektrizitätswirtschaft entspricht bei seiner vollständigen Umsetzung weitgehend dem 2009 in der EU eingeführten Modell der Eigentumsentflechtung (Ownership Unbundling). Dabei orientiert sich die russische Rechtskonstruktion eher auf eine abschließende gesetzliche Festlegung formaler Merkmale von Einflussmöglichkeiten zwischen den elektrizitätswirtschaftlichen Sparten, als auf eine wertende tatsächliche Betrachtung im Einzelfall. Bemerkenswert sind zudem vergleichsweise weniger strenge Beschränkungen in Bezug auf personelle Verflechtungen und Bestellungsrechte für Leitungsorgane einer Gesellschaft.

Die gesetzlich vorgesehene Befugnis der Föderalen Netzgesellschaft (FSK EES) als Übertragungsnetzbetreiber zum Abschluss aller Netznutzungsverträge für das gesamte Übertragungsnetz, einschließlich der Netzanlagen anderer Eigentümer bzw. Besitzer, und zur Genehmigung der Außerbetriebsetzung dieser Anlagen weist bei genauerem Vergleich mehr Unterschiede, als Ähnlichkeiten mit dem ISO-Modell nach der Stromrichtlinie 2009 auf. Vor allem ist die Föderale Netzgesellschaft Eigentümerin vom überwiegenden Großteil der Übertragungsnetze. Außerdem können solche Netzanlagen sowohl von der FSK als auch von ihrem jeweiligen Eigentümer betrieben werden. Die Föderale Netzgesellschaft besitzt keine Befugnisse zur Vorgabe von Investitionsentscheidungen den Netzeigentümern gegenüber und ist allein für Planung und Finanzierung des plangemäßen Ausbaus des Übertragungsnetzes verantwortlich.

Die operationelle Unabhängigkeit der Netzbetreiber wird im Wesentlichen durch Berücksichtigung gleichzeitiger Tätigkeit derselben Person in Leitungsorganen entsprechender Gesellschaften sowie der Befugnisse zur Weisungserteilung und Bestellung von Leitungsorganen in den Begriffen „affiliierte Personen" und „Personengruppe" gesichert. Die Notwendigkeit des informatorischen Unbundling wird in Russland dagegen weder vom Gesetzgeber noch in der Doktrin erkannt.

Auch nach der Reform bleibt der russische Staat nicht nur Mehrheitseigentümer des nationalen Übertragungsnetzes, der Holding für Stromverteilernetze und des mit der Netzsteuerung befassten Systembetreibers, sondern auch im Bereich der Stromerzeugung aus Kern- und Wasserenergie. Darüber hinaus behält er mittelgroße Beteiligungen an einigen weiteren Stromerzeugungsunternehmen, deren Verwaltung seit kurzem zunehmend konsolidiert wird. Die Beteiligung der Föderation an allen Stromerzeugern, außer der Kernkraftwerks-Holding

„Rosatom“, widerspricht nach der hier vertretenen Meinung bereits nach geltendem Recht dem Verbot der Betätigung des nationalen Übertragungsnetzbetreibers sowie seiner affiliierten Personen und seiner Unternehmensgruppe angehörender Personen in den elektrizitätswirtschaftlichen Wettbewerbsbereichen.

Gleichzeitige Beteiligung des Staates am Netzbetrieb und an der Stromerzeugung bedarf einer kritischeren Auseinandersetzung, da daraus wettbewerbsverzerrende Effekte für den russischen Strommarkt resultieren können. Die Sonderregelung für staatlich kontrollierte Unternehmen in der EU-Richtlinie kann hier nicht als Rechtfertigung herangezogen werden, da sie trotzdem eine tatsächliche Unabhängigkeit des Übertragungsnetzbetreibers fordert. Außerdem ist sie als Kompromisslösung gedacht und erklärt sich mit europarechtlichen Kompetenzschranken.

Das russische Recht sieht eine Reihe von Ausnahmen vom Verbot gleichzeitiger Betätigung in den elektrizitätswirtschaftlichen Monopol- und Wettbewerbsbereichen vor, die nach der Gesamtmenge des gelieferten Stroms sowie nach der Zahl versorgter Kunden recht spürbar erscheinen. Besonderer Aufmerksamkeit bedürfen Freistellungen für die vom Verbundnetz isolierten geschlossenen Versorgungsgebiete in Ostsibirien und im Fernen Osten sowie stromintensive Industriebetriebe, die Strom überwiegend für den eigenen Produktionsbedarf erzeugen und als Nebengeschäft Kunden durch eigene Netze beliefern. Im ersten Fall – bei fehlendem Wettbewerb und vollständiger Strompreisregulierung – ist mangelnde Transparenz zu befürchten. Im zweiten Fall sind die Bedenken noch größer angesichts gegebener Möglichkeit potenziellen Wettbewerbs seitens anderer Stromanbieter bzw. eines möglichen Interesses am Zugang zu den Stromnetzen des freigestellten Unternehmens. Vor diesem Hintergrund kommt der den europarechtlichen und deutschen Vorgaben weitgehend ähnlichen Verpflichtung zur getrennten Rechnungslegung nach elektrizitätswirtschaftlichen Tätigkeiten eine wichtige Rolle zu. Darüber hinaus ist für die zwei genannten Ausnahmen die Einführung einer rechtlichen Entflechtung ohne Änderung der Eigentumsverhältnisse ratsam.

Das hauptsächliche Rechtsinstrument zur Durchsetzung der Unbundling-Vorschriften ist gegenwärtig die Verfügung durch die für die Aufsicht in diesem Bereich zuständige Kartellbehörde zur Durchführung einer Umstrukturierung in Form einer Aufspaltung oder Ausgliederung. Andere behördliche Handlungsweisen sind im Gesetz nicht vorgesehen. Dabei ist offensichtlich, dass nicht jede Zuwiderhandlung gegen die Entflechtungsvorschriften durch eine Umwandlung behoben werden kann bzw. muss. Vor diesem Hintergrund besteht ein klarer Bedarf nach einer dahingehenden Änderung des unflexiblen Gesetzeswortlauts, der bei Feststellung einer Zuwiderhandlung auch allgemeinere behördliche Anordnungen zulassen würde, wobei die Wahl geeigneter Maßnahmen dem betroffenen Unternehmen überlassen werden soll.

Vor Ablauf der Umsetzungsfrist für Art. 6 Pkt. 7 ÜbergangsG erscheint es sinnvoll, auf eine lückenlose und auf die Entflechtungsziele bedachte Umsetzung des geltenden Verflechtungsverbots für juristische Personen und affiliierte Personen bzw. Personengruppen hinzuwirken. Nach vollständiger Umsetzung der geltenden Entflechtungsvorschriften und dem Beginn eines vollumfänglichen Funktionierens des Großhandelsmarktes für Strom empfiehlt sich eine umfassende Untersuchung zum Geschäftsverhalten der Teilnehmer am Großhandelsmarkt und auf den Endkundenmärkten mit dem Ziel, den Bedarf nach Verschärfung des Unbundling auszuwerten und dementsprechend ergänzende legislative Maßnahmen herauszuarbeiten.

Literatur

Achmedšina, A.N.: Affilirovannye lica: pravovye normy i problemy ich primenenija [Affiliierte Personen: Rechtsnormen und deren Anwendungsprobleme], in: Žurnal rossijskogo prava, 2002, Nr. 4, S. 63-66.

Appel, Mathhias / Beisheim, Carsten E. / Edelmann, Helmut / Kaufmann, Roland: Praxis des Unbundling – der Teufel steckt im Detail, in: ET 2006, 36-41.

Avdaševa, S. / Šastitko, A., Ėkonomičeskij analiz konstrukcii „gruppa lic" v kontekste antimonopol'nogo regulirovanija [Wirtschaftsanalyse der Konstruktion einer Personengruppe im Kontext des Wettbewerbsrechts], Russian-European Centre for Economic Policy (RECEP), Moscow, 2005.

Baev, Sergej, Osobennosti reorganizacii akcionernych obščestv v processe reformirovanija ėlektroėnergetiki [Besonderheiten bei der Umwandlung von Aktiengesellschaften im Rahmen der Elektrizitätswirtschaftsreform], in: Ėnergorynok, 2004, Nr. 3, S. 48-51.

Baev, S. / Ivanjuk, E., Pravovye problemy reformirovanija ėlektroėnergetičeskoj otrasli [Die rechtlichen Probleme der Elektrizitätswirtschaftsreform], in: Ėnergorynok, 2006, Nr. 11, S. 43-46.

Bagandov, A.I.: Konstitucionnye osnovy organizacii i dejatel'nosti organov gosudarstvennogo antimonopol'nogo regulirovanija [Die Verfassungsgrundlagen der Organisation und Tätigkeit der Kartellbehörden] [Diss.], Moskau, 2003.

Baur, Jürgen F. / Pritzsche, Kai Uwe / Simon, Stefan (Hrsg.): Unbundling in der Energiewirtschaft. Ein Praxishandbuch, 1. Aufl., 2006.

Beisheim, Carsten: Europarechtliche Vorgaben zur Entflechtung von EVU – die Unbundling-Regelungen der neuen Richtlinien, ew 2003 (20), 22-25.

Beisheim, Carsten: Europarechtlichen Vorgaben zur Entflechtung von EVU – Überlegungen zur praktischen Umsetzung der Unbundling-Vorschriften, ew 2003 (21), 26-29.

Bericht der Arbeitsgruppe des Präsidiums des Staatlichen Rates für die Fragen der Elektrizitätswirtschaftsreform „Über ein einheitliches staatliches Konzept für die Elektrizitätswirtschaftsreform" [Doklad Rabočej gruppy Prezidiuma Gosudarstvennogo Soveta po voprosam reformirovanija ėlektroėnergetiki „O edinoj gosudarstvennoj koncepcii reformirovanija ėlektroėnergetiki] vom 15.05.2001, abrufbar unter: http://www.prom polit.ru/54705 Zitiert: Kress-Bericht.

Bericht des Expertenrates beim Ausschluss für Industriepolitik des Föderationsrates der RF „Staatliche Körperschaften im modernen Russland" [Doklad

„Gosudarstvennye korporacii v sovremennoj Rossii“, podgotovlen Ėkspertnym Sovetom pri komitete Soveta Federacii RF po promyšlennoj politike], Entwurf, abrufbar unter: prompolit.ru/files/289856/public_corporation.doc

Bericht der Föderalen Antimonopolbehörde über den Stand des Wettbewerbs in der Russischen Föderation [Doklad FAS o sostojanii konkurencii v Rossijskoj Federacii], Moskau, 2010

Birkenmeier, Meike: Legal Unbundling. Die weitreichenden Folgen einer vermeintlich harmlosen „joint control“ für kommunale Energieversorgungsunternehmen, in: Variationen im Recht: Beiträge zum Arbeits-, Immaterialgüter-, Infrastruktur-, Lauterkeits-, Unternehmens-, Wettbewerbs- und Zivilrecht; Festbeigabe für Franz Jürgen Säcker zum 65. Geburtstag, hrsg. von K.V. Boesche, J.T. Füller, M. Wolf, 2006.

Boesche, Katharina Vera / Wolf, Maik: Viel Lärm um kleine Netze, ZNER 2005, 285-301.

Boesche, Katharina Vera / Wolf, Maik: Das Ende der „kleinen Netze“?, in: ZNER 2008, 123-132.

Boës, Axel: Die Gesellschaft mit beschränkter Haftung im russischen und deutschen Recht [Diss. Hamburg], 2007.

Bogdanovič I.S., Organizacija učëta i vnutrennego kontrolja raschodov v ėlektroėnergetike [Die Organisation der Erfassung und interner Kontrolle von Ausgaben in der Elektrizitätswirtschaft], Omsk, 2008.

Bojko, Tatiana: Ispol'zovanie ponjatija „gruppa lic“ pri opredelenii ponjatija „affilirovannye lica“ [Die Nutzung des Begriffs „Personengruppe“ bei der Definition des Begriffs „affiliierte Personen“], in: Korporativnyj jurist, 2008, Nr. 2, S. 39-44.

Bourwieg, Karsten / Antoni, Julia: FOU, ISO, EEU und ITO – Eine Bestandsaufnahme der Entflechtungsmodelle in der europäischen Diskussion, ET 2008, 36-40.

Callies, Christian: Ownership Unbundling für alle? – Kritische Überlegungen zu den aktuellen Entflechtungsvorhaben der Europäischen Kommission, ET 2007, 92-99.

Cvetkov, V.A.: Finansovo-promyšlennye gruppy RF: osnovnye ponjatija i opredelenija [Finanz-Industrie-Gruppen in der Russischen Föderation: Grundbegriffe und Definitionen], abrufbar unter: http://www.cemi.rssi.ru/mei/articles/afpg-1.htm

Deev, Michail: Razvitie konkurencii i antimonopol'nyj kontrol' v perechodnyj period reformirovanija ėlektroėnergetiki [Die Wettbewerbsförderung und staatliche Kontrolle in der Übergangszeit während der Elektrizitätswirtschaftsreform], in: Zeitschrift „Status Orël“, 2007, Nr. 25/3, S. 28.

Dielmann, Heinrich Josef: Die Beteiligung der öffentlichen Hand an Kapitalgesellschaften und die Anwendbarkeit des Rechts der verbundenen Unternehmen, 1977.

Dobrovol'skij, V.I.: Primenenie korporativnogo prava. Praktičeskoe rukovodstvo dlja korporativnogo jurista [Die Anwendung des Gesellschaftsrechts. Handbuch für Firmenanwälte], Moskau, 2008, abrufbar in KonsultantPlus.

Dolinskaja, V.V.: Problemy zakonodatel'stva o gosudarstvennych korporacijach [Probleme der Gesetze über staatliche Körperschaften], in: Zakony Rossii, 2009, Nr. 4, S. 4-17.

Eckpunkte zur EnWG-Novelle 2011, Bundesministerium für Wirtschaft und Technologie, 27.10.2010, abrufbar unter: http://www.bmwi.de/BMWi/ Redaktion/PDF/E/eckpunkte-enwg-novelle,property=pdf,bereich=bmwi,sprache=de,rwb=true.pdf

Ehricke, Ulrich: Die Regulierungsbehörde für Strom und Gas, 2004.

Empfehlung zur Entflechtung von Unternehmen der Elektrizitätswirtschaft [Metodičėskie rekomendacii po razdeleniju dejatel'nosti sub''ektami ėlektroėnergetiki], FAS, Moskau, 2005.

Engelhardt, Hanns / App, Michael (Hrsg.), Verwaltungs-Vollstreckungsgesetz, Verwaltungszustellungsgesetz. Kommentar, 8. Aufl., 2008.

Erëmina, O.A.: Osparivanie normativnyx pravovyx aktov [Die Anfechtung normativer Rechtsakten], abrufbar unter: http://www.garant.ru/jurist/ apr2007_11_1.htm

Erina, E.N.: Novye tendencii v razvitii zakonodatel'nogo regulirovanija ėlektroėnergetiki [Neue Tendenzen in der Regulierung der Elektrizitätswirtschaft, in: Pravo i politika 2008, Nr. 4 In: Zeitschrift „Recht und Politik 2008, Nr. 4], S. 857-860.

Fadeev, Ju.L. (Hrsg.), Vzaimozavisimye i affilirovannye lica [Abhängige und affiliierte Personen], juristische Datenbank KonsultantPlus, 2007.

Falter, Manuela: Russlands natürliche Monopole. Deregulierung am Beispiel der russischen Stromwirtschaft [Diss. Berlin], Berlin, 2008.

Fortschrittsbericht der Kommission über die Verwirklichung des Erdgas- und Elektrizitätsbinnenmarkts, KOM (2009) 115 endg. v. 11. 3. 2009

Gabov A.V., Pravovoe regulirovanie otnošenij akcionernogo obščestva i lica, imejuščego pravo davat' obščestvu objazatel'nye ukazanija [Die rechtliche Regelung der Verhältnisse einer Aktiengesellschaft und einer zur Erteilung verbindlicher Anweisungen berechtigten Person], in: Vestnik FAS Zapadno-Sibirskogo okruga, 2003 Nr. 0, abrufbar unter: http://www.mer-acq.com/pravov_regulir.htm

Gabov A.V., Sdelki s zainteresovannost'ju v praktike akcionernych obščestv: problemy pravovogo regulirovanija [Rechtsgeschäfte mit nahe stehenden

Personen in der Praxis von Aktiengesellschaften: Probleme der rechtlichen Regelung], Moskau, 2005.

Gabov A.V., Prinuditel'noe prekraščenie juridičeskogo lica v rossijskom zakonodatel'stve [Zwangsweise Auflösung einer juristischen Person nach russischen Gesetzen], in: Vestnik graždanskogo prava 2010, Nr. 3, S. 33-106.

Gajdov, A.V.: Zakonodatel'stvo RF ob affilirovannych licach [Die Gesetze der Russischen Föderation über affiliierte Personen], 31. 5.2004, abrufbar unter: http://www.lawfirm.ru/article/index.php?id=108

Gärditz, Klaus Ferdinand: Regulierungsrechtliche Grundfragen des Legislativpakets für die europäischen Strom- und Gasbinnenmärkte in: Löwer, Wolfgang (Hrsg.), Neuere europäische Vorgaben für den Energiebinnenmarkt, 2010, S. 23-58.

Gemeinsame Auslegungsgrundsätze der Regulierungsbehörden des Bundes und der Länder zu den Entflechtungsbestimmungen in §§ 6-11 EnWG vom 1.3.2006.

Gončarov, Ju., Der neue Entflechtungsmechanismus für die Übertragungsnetze von AO-Energos [Novyj mechanizm obosoblenija magistral'nych setej AO-ėnergo], in: Ėnergorynok, 2005, Nr. 3, S. 46-47.

Göckeritz, Wolfgang / Wedde, Rainer: Das neue russische GmbH-Recht: Einführung und Textsammlung, 2009.

Gundel, Jörg / Germelmann, Claas Friedrich: Kein Schlussstein für die Liberalisierung der Energiemärkte: Das Dritte Binnenmarktpaket, EuZW 2009, 763-770.

Gutachten über die freiwillige Übertragung der Energieübertragungsnetze, die Errichtung einer bundesweiten Netzgesellschaft und die regulatorischen Rahmenbedingungen, von Hammerstein, Christian von / Nelle, Andreas / Koch, Stephan Bernhard / Jaecks, Jörg / Hoff, Stefanie von / Schlemmermeier, Ben / Meyer-Spasche, Jonna. Hogan & Hartson Raue L.L.P., 2009.

Ivanov, E.A.: Privatizacija v ėnergetičeskom sektore [Privatisierung im Energiesektor], in: Moskovskij žurnal meždunarodnogo prava 2005, Sonderheft Dezember, S. 186-201.

Iojryš, A.I. / Terent'ev, V.G.: Rosatom obrël status korporacii [Rosatom erwarb den Status einer Körperschaft], abrufbar unter: http://www.antiatom.ru/2008_1-10.php

Judaeva, Ksenija: Reforma energetiki: sozdanie konkurencii ili usilenie monopolii? [Reform der Elektrizitätswirtschaft: Herstellung von Wettbewerb oder Stärkung des Monopols?], in: Briefing des Carnegie-Zentrums Moskau, Bd. 5, Heft 2, Feb. 2003; abrufbar unter: http://www.carnegie.ru/ru/pubs/briefings/02-03.pdf

Kajl', A.N., Kommentarij k Federal'nomu zakonu ot 26 ijunja 2006 g. Nr. 135-FZ „O zaščite konkurencii" [Kommentar zum Föderalgesetz vom 26. Juni 2006 zum Schutz des Wettbewerbs], 2. Aufl., ergänzt u. überarb., KonsultantPlus, 2009.

Kirilin, A.V.: Sovet direktorov i ispolnitel'nyj organ akcionernogo obščestva. Kompetencija i otvetstvennost' [Der Aufsichtsrat und der Vorstand einer Aktiengesellschaft. Zuständigkeiten und Haftung], in: Pravo i ėkonomika, 2005, Nr. 6, S. 24-29.

Klees, Andreas / Spreckelmeyer, Johannes: Zur GmbH als geeignete Rechtsform für den Netzbetrieb, oder „Geht's nicht" gibt's nicht?, in: Klees, Andreas / Langerfeldt, Michael (Hrsg.): Entflechtung in der deutschen Energiewirtschaft. Kostenfalle oder Effizienzquelle? 2004, S. 45-59.

Klejn, N.I.: Rassmotrenie del o narušenijach antimonopol'nogo zakonodatel'stva arbitražnymi sudami i antimonopol'nymi organami // Problemnye voprosy arbitražnogo i graždanskogo prozessov [Verhandlung von Fällen über Zuwiderhandlungen gegen das Kartellrecht durch Arbitragegerichte und Kartellbehörden, in: Problemfragen des Arbitrage- und Zivilprozesses], Moskau, 2008, S. 417-437.

Klejn, N.I. / Fonareva, N.E. (Hrsg.): Konkurentnoe pravo Rossijskoj Federacii [Wettbewerbsrecht in der Russischen Föderation, hrsg. von], Moskau, 1999.

Knüpfer, Werner / Hennig, Gunther: Voprosy zakonodatel'nogo regulirovanija reorganizacii chozjajstvennych organizacij v RF v svete zakonodatel'stva Germanii [Fragen der rechtlichen Regelung der Umwandlung von Wirtschaftsunternehmen in der RF vor dem Hintergrund der deutschen Gesetze]. Projekt der GTZ zur Beratung der Staatsduma der RF, Ausschuss für Eigentum, abrufbar unter: http://www.duma.gov.ru/sobstven/analysis/corporation/120707reorg/00.htm

Konkretisierung der gemeinsamen Auslegungsgrundsätze der Regulierungsbehörden der Länder und des Bundes zu den Entflechtungsbestimmungen in §§ 6-10 EnWG, vom 21.10.2008.

Koppenfels, Ulrich von: Mehr Wettbewerb durch wirksame Entflechtung der Strom- und Gasversorgungsnetze. Das dritte Liberalisierungspaket zum Energiebinnenmarkt der Europäischen Union in: Dratwa, Friederike Anna / Ebers, Malko / Pohl, Anna Kristina / Spiegel, Björn / Strauch, Gunnar (Hrsg.), Energiewirtschaft in Europa. Im Spannungsfeld zwischen Klimapolitik, Wettbewerb und Versorgungssicherheit, 2010, S. 77-89.

Kopytov, Vasilij: Objazatel'nye ukazanija na golosovanii v sovete direktorov akcionernogo obščestva. O direktivach dlja golosovanija i otvetstvennosti mažoritarnogo akcionera [Zwingende Anweisungen bei der Abstimmung im Aufsichtsrat einer Aktiengesellschaft. Zu den und der Haftung des Mehrheitsaktionärs], in: Akcinernoe obščestvo: voprosy korporativnogo upravlenija, 2010, Nr. 4, S. 24-29.

Korosteleva/Bol'šakov: Zapret affilirovannosti i gruppy lic v sfere ėlektroėnergetiki [Verbot einer Affiliierung und Personengruppe in der Elektrizitätswirtschaft], in: Korporativnyj jurist 2008, S. 34-38.

Kozlov, Roman / Černova, Ljudmila: O nekotorych voprosach prinuditel'nogo vydelenija akcionernych obščestv po trebovaniju antimonopol'nogo organa [Zu einigen Fragen der zwangsweisen Ausgliederung von Aktiengesellschaften auf Forderung der Kartellbehörde] in: Slijanija i pogloščenija 2005, Nr. 12 (34), 51-54.

König, Christian / Schellberg, Margaret / Spiekermann, Kristin: Energierechtliche Entflechtungsvorgaben versus gesellschaftsrechtliche Kontrollkompetenzen? Regelungskonflikte am Beispiel der Tätigkeiten von Aufsichtsräten in vertikal integrierten Energieversorgungsunternehmen, RdE 2007, 72-76.

Krivonos, Olga: Priroda Rosatoma: nekommerčeskaja organizacija s gosudarstvennymi funkcijami [Die Rechtsnatur der „Rosatom“: eine nichtkommerzielle Organisation mit staatlichen Funktionen], 28.11.2008, abrufbar unter: http://ecoperestroika.ru/priroda-rosatoma

Kruse, Tilman: Die personalistische Kapitalgesellschaft russischen Rechts. Aspekte der Rechtsformwahl zwischen der Gesellschaft mit beschränkter Haftung und der geschlossenen Aktiengesellschaft [Diss. Köln], 2002.

Kühling, Jürgen / Hermeier, Guido: Eigentumsrechtliche Leitplanken eines Ownership-Unbundlings in der Energiewirtschaft, ET 2008, 134- 141.

Kühling, Jürgen / Pisal, Ruben: Objektnetzbetreiber zwischen EuGH und Europäischem Parlament, IR 2009, 74-79.

Langen, Eugen / Bunte, Hermann-Josef (Hrsg.), Kommentar zum deutschen und europäischen Kartellrecht, Aufl. 10, Bd. 1, 2006.

Langerfeldt, Michael: Das neue Berichtswesen (Compliance Reporting) vertikal integrierter Energieversorger unter dem energiewirtschaftlichen Entflechtungsregime in: Klees, Andreas / Langerfeldt, Michael (Hrsg.), Entflechtung in der deutschen Energiewirtschaft. Kostenfalle oder Effizienzquelle?, 2 Aufl., 2005.

Lemešov, Nekotorye problemy tolkovanija ponjatija „affilirovannoe lico“ v arbitražnoj praktike [Einige Auslegungsprobleme des Begriffs „affiliierte Personen“ in der Rechtsprechung der Arbitragegerichte], in: Vestnik Arbitražnogo Suda Rossijskoj Federacii, 2005, Nr. 12, S. 160-163.

Leprich, Uwe: Die vier großen deutschen Energieunternehmen unter der Lupe, Saarbrücken, 28.11.2007, abrufbar unter: http://www.insel-im-fluss.de/WAe/Material/Planungen+Alternativen/studie_evugewinne.pdf

Lieder, Jens / Ziemann, Lars: Entflechtung mit Pachtmodellen im Energiewirtschaftsrecht, RdE 2006, 217-224.

Lomakin D.: Pravo akcionera na informaciju [Die Informationsrechte eines Aktionärs], in: Choyzjastvo i pravo 1997, Nr. 11, S. 162-170.

Lomakin, D.V.: Očerki istorii akcionernogo prava i praktiki primenenija akcionernogo zakonodatel'stva [Grundrisse der Geschichte des Aktienrechts und der Anwendungspraxis der Aktiengesetze], Moskau, 2005.

Matijaščuk, S.V.: Osobennosti pravovogo regulirovanija otnošenij, svjazannych s funkcionirovaniem optovogo rynka ėlektričeskoj ėnergii (moščnosti) [Besonderheiten der rechtlichen Regelung von Beziehungen im Zusammenhang mit dem Funktionieren des Großhandelsmarktes für Elektrizität bzw. Leistung], Irkutsk, 2005.

Mathhes, Felix Christian: Stromwirtschaft und die deutsche Einheit: eine Fallstudie zur Transformation der Elektrizitätswirtschaft [Diss. Berlin], 2000.

Methodische Richtlinien zur Entflechtung von Unternehmen der Elektrizitätswirtschaft [Metodičeskie rekomendacii po razdeleniju vidov dejatel'nosti sub''ektami ėlektroėnergetiki], Föderale Antimonopolbehörde, Moskau, 2005.

Mitteilung der Kommission über den Begriff des Zusammenschlusses der Verordnung (EWG) Nr. 4064/89 des Rates über die Kontrolle von Unternehmenszusammenschlüssen, ABl. EU Nr. C 066 vom 02.03.1998, S. 5.

Monstadt, Jochen, unter Mitarbeit von *Naumann, Matthias*: Netzgebundene Infrastrukturen unter Änderungsdruck – Sektoranalyse, 2003.

Möschel, Wernhard: Das Instrument der Entflechtung im Kontext des deutschen und europäischen Wettbewerbsrechts: ein Vorschlag zur Ausgestaltung. Abrufbar unter: http://www.perspektive-wettbewerb.de/files/vortrag_ moeschel.doc

Mozolin, V.P.: Gosudarstvennaja korporacija vs akcionernoe obščestvo [Staatliche Körperschaft vs. Aktiengesellschaft], in: Žurnal rossijskogo prava, 2010, Nr. 6, S. 19-34.

Möllinger, Claus: Eigentumsrechtliche Entflechtung der Übertragungsnetzbetreiber. Unter besonderer Berücksichtigung des 3. Binnenmarktpaketes für Energie, 2009.

Müller, Birgit: Entflechtung und Deregulierung, 2004.

Müller-Terpitz, Ralf / Weigl, Michaela: Ownership Unbundling – eine gemeinschaftsrechtlicher Irrweg?, EuR 2009, 348, 369.

Nikolaev N., FPG kak sub''ekt regional'nogo ėlektoral'nogo processa v Samarskoj oblasti [Finanz-Industrie-Gruppen als Subjekt des Wahlenprozesses in der Region Samara], in: Vlast', 2008, Nr. 11, S. 93-97.

Ospanova, A. Z.: Nejavnyj kontrakt i reforma upravlenija rossijskoj regional'noj ėlektroėnergetikoj (na primere Omskoj oblasti) [Ein impliziter Kontrakt und die Verwaltungsreform für die örtliche Stromwirtschaft (am Beispiel der Region Omsk)], abrufbar unter: http://lab.obninsk.ru/public/articles.php?htmlfile=ospanova-02-1.htm

o. A., Kruglyj stol „Učastie gosudarstva v akcionernych obščestvach: pravovye problemy" [Runder Tisch/Diskussion zum Thema: „Die Beteiligung des Staates an Aktiengesellschaften: Rechtsprobleme"], in: Predprinimatel'skoe pravo, 2009, Nr. 3, S. 4-19.

Otto, Philipp-Nikolas: Organisatorisches und informatorisches Unbundling, RdE 2005, 261-268.

Panšenskij, I.: Opredelenie gruppy lic po Zakonu o zaščite konkurencii [Die Definition einer Personengruppe nach dem Gesetz zum Schutz des Wettbewerbs], in: Korporativnyj jurist 2007, Nr. 7, S. 38-43.

Pavlov, V.A., Die Rechtsfähigkeit des Betreiber des einheitlichen nationalen (gesamtrussischen) Elektrizitätsnetzes [Pravosposobnost' organizacii po upravleniju edinoj nacional'noj (obščerossijskoj) ėlektričeskoj set'ju], in: Žurnal rossijskogo prava, 2005, Nr. 9, S. 143-148.

Pießkalla, Michael: Die Kommissionsvorschläge zum „full ownership unbundling" des Strom- und Gasversorgungssektors im Lichte der Eigentumsneutralität des EG-Vertrags (Art. 295 EG), EuZW 2008, 199-204.

Piroženko, A.: O monitoringe razdelenija vidov dejatel'nosti v ėlektroėnergetike [Zum Monitoring der Entflechtung in der Elektrizitätswirtschaft]. Präsentation, abrufbar unter: http://www.fas.gov.ru/competition/goods/3275.shtml

Pogosova, Z.N.: Problemy pravovogo regulirovanija peredači ob''ektov edinoj nacional'noj (obščerossijskoj) ėlektričeskoj seti territorial'nym setevym organizacijam po dogovoru arendy // Ėnergetika i pravo. Vyp. 2. Pod red. P.G.Lachno [Probleme der rechtlichen Regelung der Verpachtung von Anlagen des einheitlichen nationalen (gesamtrussischen) Elektrizitätsnetzes an örtliche Netzbetreiber, in: Energie und Recht, 2. Bd., hrsg. von P.G.Lachno], Moskau, 2009, S. 288-294.

PricewaterhouseCoopers (Hrsg.), Entflechtung und Regulierung in der deutschen Energiewirtschaft, 2. Aufl., Freiburg u. a., 2008.

Rabensdorf, Renate: Die Durchgriffshaftung im deutschen und russischen Recht der Kapitalgesellschaften [Diss. Berlin], 2009.

Raevskaja, T.S., Ponjatie i pravovoe regulirovanie affilirovannych lic po zakonodatel'stvu Rossijskoj Federacii [Der Begriff und Regelungen über affiliierte Personen im russischen Recht], in: Pravo i politika, 2009. Nr. 1, S. 101-110.

Ramsauer, Ulrich, Verwaltungsverfahrensgesetz. Kommentar, 11. Aufl., 2010.

Recknagel, Henning: Aspekte des Datenschutzes beim Entflechten integrierter Energieversorgungsunternehmen, in: Klees, Andreas / Langerfeldt, Michael (Hrsg.): Entflechtung in der deutschen Energiewirtschaft. Kostenfalle oder Effizienzquelle?, 2004, S. 87-96.

Red'kin, I.V.: Pravovoe regulirovanie reformy ėlektroėnergetiki v Rossii [Rechtliche Regelung der Elektrizitätswirtschaftsreform in Russland], in: Neftegaz, ėnergetika i zakonodatel'stvo 2005-2006, S. 5-16.

Richterman, Vera: Porjadok provedenija prinuditel'noj reorganizacii juridičeskogo lica [Das Verfahren zur zwingenden Umwandlung einer juristischen Person], in: Juridičeskij biznes 2010, Nr. 2, S. 59-63.

Rosin, Peter: Die Privilegierung von Objektnetzen nach § 110 EnWG, RdE 2006, 9-16.

Roth, Eva: Unbundlingkonforme Netzorganisation [Diss. Köln], 2006.

Sadikov, O.N. (Hrsg.): Graždanskoe pravo [Zivilrecht], Bd. 1, Moskau, 2006.

Säcker, Franz Jürgen (Hrsg.): Berliner Kommentar zum Energierecht, 2. Aufl., 2010. Zitiert: BerlKomm EnR.

Säcker, Franz Jürgen (Hrsg.), Handbuch zum deutsch-russischen Energierecht, 2010.

Säcker, Franz Jürgen (Hrsg.), Russisches Energierecht. Gesetzessammlung, 2009.

Säcker, Franz Jürgen: Entflechtung von Netzgeschäft und Vertrieb bei den Energieversorgungsunternehmen: Gesellschaftsrechtliche Möglichkeiten zur Umsetzung des sog. Legal Unbundling, DB 2004, 691-695.

Säcker, Franz Jürgen: Aktuelle Rechtsfragen des Unbundling in der Energiewirtschaft, RdE 2005, 85-124.

Säcker, Franz Jürgen: Die wettbewerbsrechtliche Beurteilung von Netzkooperationen, Beteiligungen an Netzgesellschaften, Netzpacht und Betriebsführungsverträgen, ZNER 2005, 270-285.

Säcker, Franz Jürgen: Das neue „institutionelle Design“ des Independent System Operator, ET 2007, 86-91.

Säcker, Franz Jürgen / Wolf, Maik: Integrierte Energieversorgung in geschlossenen Verteilernetzen, 2009.

Schmidt-Preuß, Matthias: OU – ISO – ITO: Die Unbundling-Optionen des 3. EU-Liberalisierungspakets, ET 2009, 82-89.

Schünemann, Wolfgang B.: Wettbewerbsrechtliche Zulässigkeit wirtschaftlicher Tätigkeit, in: Stober, Rolf / Vogel, Hanspeter (Hrsg.), Wirtschaftliche Betätigung der öffentlichen Hand. Staat und Kommunen als Konkurrenten der Privatwirtschaft, 2000. S. 41-74.

Sektoruntersuchung Stromerzeugung/Stromgroßhandel (B10-9/09), Bundeskartellamt, Januar 2011, abrufbar unter: http://www.bundeskartellamt.de/wDeutsch/download/pdf/Stellungnahmen/110113_Bericht_SU_Strom__2_.pdf

Setz, Natalie, Operationelle Entlflechtung: Gewährleistung der Unabhängigkeit des Netzbetreibers im Rahmen des § 8 EnWG unter Berücksichtigung der Änderungsvorschläge zu den Richtlinien 2003/54/EG und 2003/55/EG [Diss. Berlin], 2008.

Sipko, P.A.: Affilirovannost' čerez gosudarstvo [Die Affiliierung durch den Staat], in: Akcionernoe obščestvo: voprosy korporativnogo upravlenija, 2009, Nr. 6, S. 47-48.

Staebe, Erik: Zur Novelle des Energiewirtschaftsgesetzes (EnWG), DVBl 2004, 853-862.

Steger, Ulrich / Bündenbender, Ulrich / Feess, Eberhard / Nelles, Dieter: Die Regulierung elektrischer Netze: Offene Fragen und Lösungsansätze, 2008.

Storr, Stefan: Die Vorschläge der EU-Kommission zur Verschärfung der Unbundling-Vorschriften im Energiesektor, EuZW 2007, 232-237.

Šitkina, I.S. (Hrsg.), Korporativnoe pravo [Gesellschaftsrecht], Moskau, 2008.

Teljukina, M.V.: Kommentarij k Federal'nomu zakonu ob akcionernych obščestvach [Kommentar zum russischen Aktiengesetz], Moskau, 2005.

Tot'ev, K.Ju.: Konkurentnoe pravo [Wettbewerbsrecht], hrsg. von O.M.Olejnik, Moskau, 2000.

Tot'ev, K.Ju.: Predpisanie antimonopol'nogo organa [Die Anordnung der Antimonopolbehörde], in: Zakonnost' 2000, Nr. 12, S. 7-11.

Varlamova, A.N., Konkurentnoe pravo Rossii [Russisches Wettbewerbsrecht], Moskau, 2009.

Veršinin A.P., Ėnergetičeskoe pravo. Učebno-praktičeskij kurs [Energierecht. Handbuch], St.-Petersburg, 2007.

Veršinin, A. / Kokovin, A.: Rynok kak on est' [Der Markt, wie er ist], in: Zeitschrift Ėnergorynok 2006, Nr. 12.

Vitruk, Konstitucionnoe pravosudie. Sudebno-konstitucionnoe pravo i process [Die Verfassungsrechtspflege. Das Recht und Verfahren der Verfassungsgerichtsbarkeit], Moskau, 2008.

Vollmuth, Hilmar J.: Bilanzen richtig lesen, besser verstehen, optimal gestalten, 9. Aufl., 2009.

Wörner, Georg: Handels- und Steuerbilanz nach neuem Recht – mit IAS/IFRS und US-GAAP, 8. Aufl., 2003.

Ždanov, D.V.: Reorganizacia akcionernych obščestv v Rossjskoj Federacii [Die Umwandlung von Aktiengesellschaften in der Russischen Föderation], Moskau, 2001.

Zenke, Ines / Neveling, Stefanie / Lokau, Bernhard: Konzentration in der Energiewirtschaft, 2005.

Anhang: Die wichtigsten relevanten Vorschriften des russischen Energierechts

Art. 6 ÜbergangsG

[...]

[7.] Ab dem 1. April 2006 ist es juristischen Personen und Einzelunternehmern untersagt, die Tätigkeit der Stromdurchleitung und der operativen Netzsteuerung in der Elektrizitätswirtschaft gleichzeitig mit der Tätigkeit der Stromerzeugung und des Handels mit Strom auszuüben. Mit Ablauf der Übergangszeit gilt dieses Verbot auch für Personengruppen und affiliierte Personen innerhalb einer Preiszone des Großhandelsmarktes.

[8.] Zum Zwecke der Gewährleistung dieser Voraussetzungen ist es ab dem 1. April 2006 unzulässig, das für die Stromdurchleitung und operative Netzsteuerung in der Elektrizitätswirtschaft genutzte Vermögen und das unmittelbar bei der Stromerzeugung und dem Handel mit Strom genutzte Vermögen gleichzeitig als Eigentum oder aus einem anderen, in föderalen Gesetzen vorgesehenen Grund zu besitzen.

[9.] Die Vorschriften dieses Artikels zur Sicherstellung der Entflechtung finden keine Anwendung auf:

[2] Wirtschaftssubjekte, die in technisch isolierten örtlichen Elektrizitätssystemen bei fehlendem oder beschränktem Wettbewerb tätig sind, sowie Betreiber von Elektrizitätsanlagen, die an das Einheitliche Elektrizitätssystem Russlands nicht angeschlossen oder ausschließlich über Elektrizitätssysteme ausländischer Staaten angeschlossen sind;

[3] Wirtschaftssubjekte, welche die Tätigkeit der Stromdurchleitung und der operativen Netzsteuerung in der Elektrizitätswirtschaft ausschließlich zur Deckung des eigenen Produktionsbedarfs betreiben;

[4] örtliche Netzbetreiber, denen gemäß föderalen Gesetzen der Status eines Grundversorgers zuerkannt wurde;

[5] Betreiberunternehmen, die ihre Tätigkeit aufgrund von Lizenzen für Arbeiten im Bereich der Kernenergienutzung ausüben, wenn sie Stromnetzanlagen besitzen, die einen sicheren Betrieb von Atomkraftwerken gewährleisten;

[6] Wirtschaftssubjekte, welche die in diesem Artikel genannten Tätigkeiten unter Nutzung der ihnen als Eigentum oder aus einem anderen in föderalen Gesetzen vorgesehenen Grund gehörenden Kraftwerke und sonstiger Elektrizitätsanlagen, welche unmittelbar miteinander und (oder) mit den diesen Wirtschaftssubjekten gehörenden Stromentnahmevorrichtungen verbunden sind, hauptsächlich zur Deckung des Eigenproduktionsbedarfs betreiben. Die Ausnahme steht

unter der Voraussetzung, dass diese Teilnehmer die von der Föderalen Regierung festgelegten besonderen Vorgaben einhalten und das von der Regierung befugte föderale Exekutivorgan über die Nutzung der genannten Elektrizitätsanlagen unterrichten.

[10.] Konnte ein Einzelunternehmer die Einhaltung der in diesem Artikel bestimmten Vorgaben binnen der genannten Frist nicht gewährleisten, ist seine Tätigkeit auf gerichtlichem Wege einzustellen. Die Klage vor dem Arbitragegericht über die Einstellung der Tätigkeit von Einzelunternehmern ist von dem durch die Regierung befugten föderalen Exekutivorgan zu erheben.

[11.] Juristische Personen, welche die in diesem Artikel genannten Vorschriften nicht fristgemäß erfüllen, sind nach der Entscheidung des von der Föderalen Regierung befugten föderalen Exekutivorgans binnen der von diesem gesetzten Frist gemäß Gesetzen der Russischen Föderation zwangsweise zu reorganisieren (in Form einer Aufspaltung oder Ausgliederung).

[12.] Im Falle einer zwangsweisen Reorganisation von Aktiengesellschaften ist die Verteilung der Anteile am Kapital der bei dieser Reorganisation zu schaffenden Aktiengesellschaften unter den Gesellschaftern der zu reorganisierenden Gesellschaften verhältnismäßig zu deren Anteilen am ursprünglichen Satzungskapital vorzusehen.

[13.] Die Preise für Waren, Arbeits- bzw. Dienstleistungen von Wirtschaftssubjekten, die am Tag des Wirksamwerdens des Föderalen Gesetzes „Über die Elektrizitätswirtschaft" die genannten Tätigkeiten gleichzeitig ausüben, unterliegen der staatlichen Regulierung gemäß der Gesetzgebung über die staatliche Preis- bzw. Tarifregulierung.

[14.] Für solche Wirtschaftssubjekte, welche die Vorschriften dieses Artikels nicht erfüllten, kann die Föderale Regierung gemäß den geltenden föderalen Gesetzen weitere Verpflichtungen im Hinblick auf deren Tätigkeit festlegen.

[15.] Die Kontrolle über die Erfüllung der Vorschriften dieses Artikels, insbesondere die Kontrolle über die Einhaltung der besonderen Vorgaben für die Wirtschaftssubjekte, ist vom […] befugten föderalen Exekutivorgan in der von der Föderalen Regierung vorgeschriebenen Weise auszuüben.

Art. 8 EltWG

Betreiber des einheitlichen nationalen […] Elektrizitätsnetzes

[…]

4. Dem Betreiber des einheitlichen nationalen […] Elektrzitätsnetzes und seinen affiliierten Personen und Personengruppen ist es untersagt, Handel mit Strom und Leistung zu betreiben (mit Ausnahme von Strom- bzw. Leistungs-

kauf für den eigenen (wirtschaftlichen) Bedarf; Beschaffung von Ausgleichsstrom und -leistung; Strombeschaffung zur technischen Gewährleistung des Zusammenwirkens des russischen Elektrizitätssystems und der Elektrizitätssysteme von ausländischen Staaten sowie mit Ausnahme von Fällen, wo er die Aufgaben eines Grundversorgers, in den von der Föderalen Regierung vorgeschriebenen Fällen und Weise wahrnimmt).

[...]

Art. 12 EltWG

Mit der operativen Netzsteuerung befasste Personen

[...]

4. Dem Systembetreiber und seinen affiliierten Personen und Personengruppen sind Stromerzeugung und -handel untersagt. Ausgenommen ist der Strom- und Energiehandel im Rahmen der technischen Gewährleistung des Zusammenwirkens des russischen Elektrizitätssystems mit den Elektrizitätssystemen ausländischer Staaten.

Art. 43 EltWG

Besonderheiten bei der Erfassung von Erlösen, Produktion und Kosten nach den Tätigkeiten im Bereich der Elektrizitätswirtschaft

1. Unternehmen der Elektrizitätswirtschaft sind verpflichtet, eine getrennte Erfassung (insbesondere primäre buchhalterische Erfassung) von Produktion, Erlösen und Kosten nach folgenden Tätigkeiten im Bereich der Elektrizitätswirtschaft zu führen:

Stromerzeugung;

Stromdurchleitung (insbesondere Betrieb von Elektrizitätsnetzen);

Stromvertrieb;

Netzsteuerung.

2. Methodische Richtlinien zur getrennten Erfassung nach Tätigkeiten im Bereich der Elektrizitätswirtschaft werden von der Föderalen Regierung festgelegt.

Art. 4 WettbG-1991

Begriffsbestimmungen

In diesem Gesetz werden folgende Begriffe benutzt:

[...]

Affiliierte Personen: natürliche und juristische Personen, die Einfluss auf Aktivitäten von unternehmerisch tätigen juristischen und/oder natürlichen Personen ausüben können.

Affiliierte Personen einer juristischen Person sind:

Mitglieder ihres Direktorenrates (Aufsichtsrates) und ihrer anderen kollegialen Verwaltungsorgane, Mitglieder ihres Vorstandes sowie die Person, die Aufgaben der Geschäftsführung wahrnimmt;

die zu derselben Personengruppe gehörenden Personen;

Personen, die über mehr als 20 % der Stimmen aus stimmberechtigten Aktien oder Anteilen an dieser juristischen Person verfügen;

Personen, an denen die juristische Person über mehr als 20 % der Stimmen aus stimmberechtigten Aktien oder Anteilen verfügt;

gehört die juristische Person zu einer Finanz-Industrie-Gruppe, so sind ihre affiliierten Personen auch Mitglieder der Direktorenräte (Aufsichtsräte) und anderer kollegialer Verwaltungsorgane der Mitglieder der Finanz-Industrie-Gruppe sowie Personen, die Aufgaben des Geschäftsführers wahrnehmen.

[...]

Art. 9 WettbG-2006*

Personengruppe

1. Als Personengruppe gelten:

1) eine Kapitalgesellschaft (Personengesellschaft) und eine natürliche Person oder eine juristische Person, soweit diese natürliche oder juristische Person kraft ihrer Beteiligung an der betreffenden Kapitalgesellschaft (Personengesellschaft) oder gemäß den ihr von anderen Personen erteilten Vollmachten über 50% der auf die stimmberechtigten Aktien (Anteile) am Satzungskapital (Stammkapital) dieser Kapitalgesellschaft (Personengesellschaft) insgesamt entfallenden Stimmen hält;

2) Kapitalgesellschaften (Personengesellschaften), in welchen ein und dieselbe natürliche Person oder ein und dieselbe juristische Person kraft ihrer Beteiligung an der betreffenden Kapitalgesellschaft (Personengesellschaft) oder gemäß den ihr von anderen Personen erteilten Vollmachten über 50% der auf die stimmberechtigten Aktien (Anteile) am Satzungskapital (Stammkapital) jeder dieser Kapitalgesellschaft (Personengesellschaft) insgesamt entfallenden Stimmen hält;

---

* Übersetzung von Thomas Kleinhub, abgedruckt in: Handbuch für Wirtschaft und Recht in Osteuropa, hrsg. von S. Breidenbach u. a., 2009, 3. Bd, RUS 400; aktualisiert von der Verfasserin.

3) eine Kapitalgesellschaft (Personengesellschaft) und eine natürliche Person oder eine juristische Person, soweit die betreffende natürliche Person oder juristische Person die Funktion des alleinigen geschäftsführenden Organs der betreffenden Kapitalgesellschaft ausübt;

4) Kapitalgesellschaften, in welchen ein und dieselbe natürliche Person oder ein und dieselbe juristische Person die Funktion des alleinigen geschäftsführenden Organs der betreffenden Kapitalgesellschaft ausübt;

5) eine Kapitalgesellschaft (Personengesellschaft) und eine natürliche Person oder eine juristische Person, soweit die betreffende natürliche Person oder juristische Person auf Grund der Statuten oder eines mit dieser Kapitalgesellschaft (Personengesellschaft) abgeschlossenen Vertrags gegenüber der betreffenden Kapitalgesellschaft (Personengesellschaft weisungsbefugt ist;

6) Kapitalgesellschaften (Personengesellschaften), in welchen ein und dieselbe natürliche Person oder ein und dieselbe juristische Person auf Grund der Statuten dieser Kapitalgesellschaften (Personengesellschaften) oder mit diesen Kapitalgesellschaften (Personengesellschaften) abgeschlossener Verträge gegenüber den be¬treffenden Kapitalgesellschaften (Personengesellschaften) weisungsbefugt ist;

7) eine Kapitalgesellschaft und eine natürliche Person oder eine juristische Person, soweit das alleinige geschäftsführende Organ der betreffenden Kapitalgesellschaft auf Vorschlag dieser natürlichen oder juristischen Person berufen oder gewählt wurde;

8) Kapitalgesellschaften, deren alleiniges geschäftsführendes Organ auf Vorschlag ein und derselben natürlichen Person oder ein und derselben juristischen Person berufen oder gewählt wurde;

9) eine Kapitalgesellschaft (Personengesellschaft) und eine natürliche Person oder eine juristische Person, soweit mehr als 50% der zahlenmäßigen Besetzung des kollegialen geschäftsführenden Organs oder Vorstandes (Aufsichtsrates) der betreffenden Kapitalgesellschaft auf Vorschlag ein und derselben natürlichen oder ein und derselben juristischen Person berufen oder gewählt wurden;

10) Kapitalgesellschaften, soweit mehr als 50% der zahlenmäßigen Besetzung des kollegialen geschäftsführenden Organs und/oder Vorstandes (Aufsichtsrates) der betreffenden Kapitalgesellschaft auf Vorschlag ein und derselben natürlichen oder ein und derselben juristischen Person berufen oder gewählt wurden;

11) Kapitalgesellschaften, soweit ein und dieselben natürlichen Personen mehr als 50% der zahlenmäßigen Besetzung des kollegialen geschäftsführenden Organs und/oder Vorstandes (Aufsichtsrates) stellen;

12) Personen, die Gesellschafter ein und derselben Industriefinanzgruppe sind;

13) natürliche Personen, deren Ehepartner, Eltern (einschließlich Adoptiveltern), Voll und Halbgeschwister;

14) Personen, deren jedwede aus einem der in Pkten. 1–13 dieses Absatzes genannten Gründe einer Gruppe mit ein und derselben Person angehören sowie andere Personen, die aus einem der in Pkten. 1–13 genannten Gründe einer Gruppe mit jedweder der oben genannten Personen angehören.

2. Die in diesem Gesetz für Wirtschaftssubjekte geregelten Handlungs- und Unterlassungsverbote erstrecken sich auch auf Handlungen (Unterlassungen) von Personengruppen.

Veröffentlichungen des Instituts für deutsches und europäisches Wirtschafts-, Wettbewerbs- und Regulierungsrecht der Freien Universität Berlin

Herausgegeben von Franz Jürgen Säcker

Band 1 Franz Jürgen Säcker (Hrsg.): Deutsch-russisches Energie- und Bergrecht im Vergleich. Ergebnisse einer Arbeitstagung vom 31. März / 1. April 2006. 2007.

Band 2 Franz Jürgen Säcker / Walther Busse von Colbe (Hrsg.): Wettbewerbsfördernde Anreizregulierung. Zum Anreizregulierungsbericht der Bundesnetzagentur vom 30. Juni 2006. 2007.

Band 3 Dirk Zschenderlein: Die Gleichbehandlung der Aktionäre bei der Auskunftserteilung in der Aktiengesellschaft. Zum Problem der Zulässigkeit der Weitergabe von Informationen an einzelne Aktionäre und Dritte. 2007.

Band 4 Simone Kirchhain: Die Anwendung der Vertikal-GVO auf innerstaatliche Wettbewerbsbeschränkungen nach der 7. GWB-Novelle. 2007.

Band 5 Franz Jürgen Säcker: Der Independent System Operator. Ein neues institutionelles Design für Netzbetreiber? 2007.

Band 6 Stefanie Otto: Allgemeininteressen im neuen UWG. § 1 S. 2 UWG und die wettbewerbsfunktionale Auslegung. 2007.

Band 7 Jochen Eichler: Vertragliche Dritthaftung. Eine Auseinandersetzung mit der Frage der Dritthaftung von sogenannten Experten und anderen Auskunftspersonen im Rahmen des § 311 Abs. 3 BGB. 2007.

Band 8 Markela Stamati: Die Anforderungen der operationellen Entflechtung nach den Beschleunigungsrichtlinien der Europäischen Kommission. Umsetzung in Deutschland und Griechenland. 2008.

Band 9 Franz Jürgen Säcker: The Concept of the Relevant Product Market. Between Demand-Side Substitutability and Supply-Side -Substitutability in Competition Law. 2008.

Band 10 Renate Rabensdorf: Die Durchgriffshaftung im deutschen und russischen Recht der Kapitalgesellschaften. Eine rechtsvergleichende Untersuchung. 2009.

Band 11 Franz Jürgen Säcker: Der beschleunigte Ausbau der Höchstspannungsnetze als Rechtsproblem. Erläutert am Beispiel der 380-kV-Höchstspannungsleitung Lauchstädt – Redwitz – Grafenrheinfeld mit Querung des Rennsteigs im Naturpark Thüringer Wald. 2009.

Band 12 Helen Mahne: Eigentum an Versorgungsleitungen. 2009.

Band 13 Franz Jürgen Säcker (Hrsg.): Russisches Energierecht - Gesetzessammlung. 2009.

Band 14 Franz Jürgen Säcker / Maik Wolf: Integrierte Energieversorgung in geschlossenen Verteilernetzen. Zum Gestaltungsspielraum des Gesetzgebers zur Neuregelung des § 110 EnWG im Lichte des Dritten EG-Energiepakets. 2009.

Band 15 Franz Jürgen Säcker (Hrsg.): Das Dritte Energiepaket für den Gasbereich. Deutsch-Englische Textausgabe mit einer Einführung. 2009.

Band 16 Franz Jürgen Säcker (Hrsg.): Das Dritte Energiepaket für den Elektrizitätsbereich. Deutsch-Englische Textausgabe mit einer Einführung. 2009.

Band 17 Thomas Dörmer: Die Unternehmenspacht. Rechtsstellung der Vertragsparteien unter besonderer Berücksichtigung der Pflicht des Unternehmenspächters zur ordnungsgemäßen Unternehmensführung sowie der Rechtslage bei Vertragsbeendigung. 2010.

Band 18 Klaas Bosch: Die Kontrolldichte der gerichtlichen Überprüfung von Marktregulierungsentscheidungen der Bundesnetzagentur nach dem Telekommunikationsgesetz. 2010.

Band 19 Geng-Sook Leem: Einheitliche Corporate Governance-Grundsätze für die Europäische Aktiengesellschaft (SE). Eine rechtsvergleichende Untersuchung anhand der Ausgestaltung der SE im deutschen und britischen Recht. 2010.

Band 20 Wiebke Gebhardt: Gentechnik und Koexistenz nach der Gesetzesnovelle von 2008: Zivilrechtliche Haftung im Vergleich Deutschland und USA. 2010.

Band 21 Cathrin Isenberg: Die Geruchsmarke als Gemeinschaftsmarke. Schutzfähigkeit und Einsatzmöglichkeiten. 2010.

Band 22 Franz Jürgen Säcker / Jochen Mohr / Maik Wolf: Konzessionsverträge im System des europäischen und deutschen Wettbewerbsrechts. 2011.

Band 23 Judith Antonia Loeck: Die unzumutbare Belästigung nach der UWG Novelle 2008 und dem Gesetz zur Bekämpfung unerlaubter Telefonwerbung und zur Verbesserung des Verbraucherschutzes bei besonderen Betriebsformen. 2011.

Band 24 Jörg Jaecks: Konzernverrechnungsklauseln und verwandte einseitige Verrechnungsbefugnisse im Mehrpersonenverhältnis. 2011.

Band 25 Franz Jürgen Säcker: Marktabgrenzung, Marktbeherrschung, Markttransparenz und Machtmissbrauch auf den Großhandelsmärkten für Elektrizität. 2011.

Band 26 Susanne Wende: Die einheitliche Auslegung von Beihilfen- und Vergaberecht als Teilgebiete des europäischen Wettbewerbsrechts. 2011.

Band 27 Leonie Kempel: Die Anwendung von Art. 102 AEUV auf geistiges Eigentum und Sacheigentum. Die Voraussetzungen des Kontrahierungszwangs nach Art. 102 AEUV und der Essential-Facility-Doktrin unter besonderer Berücksichtigung der Unterschiede zwischen geistigem Eigentum und Sacheigentum. 2011.

Band 28 Christoph Schuldt: Werbejingles – schützenswerte Kompositionen!? Die urheberrechtliche und markenrechtliche Schutzfähigkeit von Werbejingles vor unbefugter Nachahmung. 2012.

Band 29 Lydia Scholz: Die Rechtfertigung von diskriminierenden umweltpolitischen Steuerungsinstrumenten. Eine Untersuchung der Reichweite der Warenverkehrsfreiheit und ihrer Begrenzung durch den Umweltschutz als Vertragsziel am Beispiel der deutschen Energiefördergesetze EEG und KWKModG. 2012.

Band 30 Franz Jürgen Säcker: Investitionen in Kraftwerke zur Sicherung einer zuverlässigen Elektrizitätsversorgung nach der Energiewende. Rechtliche und ökonomische Rahmenbedingungen. 2012.

Band 31 Florian Leib: Kartellrechtliche Durchsetzungsstrategien in der Europäischen Union, den USA und Deutschland. Eine rechtsvergleichende Darstellung. 2012.

Band 32 Holger Hoch: Marktverschlusseffekte und Effizienzen vertikaler Zusammenschlüsse. Kartellrechtliche Beurteilung nach europäischem und deutschem Recht. 2012.

Band 33 Sebastian Kemper: Gasnetzzugang in Deutschland und in Spanien. 2012.

Band 34 Elena Timofeeva: Unbundling in der russischen Elektrizitätswirtschaft im Vergleich zum deutschen und europäischen Energierecht. 2012.

www.peterlang.de

For the avoidance of doubt, input of the whole or any part of this publication into any generative artificial intelligence model, chatbot, program, software or technology is expressly prohibited without the prior written consent of the publisher.